ESCRITOS POLÍTICOS Y CIENTÍFICOS DE J.C. DEL VALLE

ERANDIQUE
COLECCIÓN

ESCRITOS POLÍTICOS Y CIENTÍFICOS DE J.C. DEL VALLE
SELECCIÓN DEL PADRE ANTONIO VALLEJO

©Colección Erandique
Supervisión Editorial: Óscar Flores López
Diseño de portada: Andrea Rodríguez
Administración: Tesla Rodas—Jessica Cordero
Director Ejecutivo: José Azcona Bocock
Primera Edición
Tegucigalpa, Honduras—Enero de 2026

UN SABIO Y UN PADRE

Diez años después del fallecimiento de José Cecilio del Valle (el 2 de marzo de 1834), nació en Tegucigalpa, un 17 de marzo de 1844, Antonio Ramón Vallejo, considerado el padre del estudio de la historia en Honduras.

Con toda seguridad, los adultos contaban, entre otras historias, la de dos personajes que dejarían su huella para siempre en Centroamérica: el general Francisco Morazán y el sabio José Cecilio del Valle.

Ambos son mencionados extensamente en una de las obras cumbre de Ramón Vallejo: *Compendio de la historia social y política de Honduras*, publicado en 1888.

En 1892, Vallejo hizo la primera recopilación de escritos del Sabio Valle, enfocada, principalmente, en economía y política. El libro, cuyo tiraje se realizó en la Tipografía del Gobierno, se llamó *Discursos y escritos políticos y científicos de José Cecilio del Valle*.

Con el tiempo, extraordinarios "vallistas" como Rafael Heliodoro Valle, Eliseo Pérez Cadalso y Ramón Oquelí realizarían otras antologías de la obra del Sabio.

"Después de recoger, a fuerza de pacientes trabajos, nos hemos determinado a darles publicidad a algunas producciones del Sabio Valle para salvarlas del cruel olvido en que se encuentran y para que la generación que se levanta, amante de las ciencias y las letras, las conozca, las estudie y procure sacar todo el provecho de ellas", señala el recopilador en su introducción.

Vallejo llama a Valle, y con razón, "Sabio que se anticipó a su época y reveló los grandes destinos de Centroamérica; estadista insigne, autor del acta de nuestra independencia; hombre de principios, que hizo del saber un elemento de gobierno y cuyas obras honran a la América Central, y queremos comprobarlo reproduciendo sus luminosos escritos, que hoy son desconocidos casi por completo".

A pesar de la pasión que puso (como era su estilo) en aquella iniciativa, *Discursos y escritos políticos y científicos de José Cecilio del Valle* es uno de los libros menos conocidos del padre Antonio Ramón Vallejo.

En ese sentido, "rescatarlo" del olvido toma carácter de urgente. Vallejo eligió algunos de los escritos y artículos más famosos de José Cecilio del Valle, como *El Acta de Independencia*, *Memoria sobre la educación* y *El Sabio*.

Cada individuo —expuso el Sabio Valle en *Memoria sobre la educación*— tiene su derecho para cultivar su espíritu, formar su corazón, para labrar sus tierras y mejorar sus propiedades, para elegir oficio y ocuparse en el electo, para comunicar privada o públicamente, por escrito o de palabra, sus pensamientos, para donar, vender o enajenar sus frutos, artefactos o mercaderías. Si tú puedes ilustrarte, enriquecerte y darte los valores de la belleza y de la virtud, yo, obra como tú de la creación, individuo de la misma especie, ¿no tendré la misma facultad? Este es el derecho primordial, fuente de donde fluyen los demás derechos.

Pero más que un enfoque individual, *Memoria sobre la educación* dicta pautas de cómo se debe gobernar, cómo deben ser las autoridades de una nación, entre ellas, los legisladores.

Nos hemos atrevido a agregarle a la selección del padre Vallejo artículos como *Libertad de imprenta*, *Ideario de economía política* y *Gobierno y América*, en los que se puede encontrar la visión de estadista del Prócer.

En *Poder*, Valle nos hace esta sencilla, pero hermosa comparación:

"Comparemos unos con otros los instrumentos de la Agricultura que alimenta y de la guerra que destruye. Arado, azadón, azadilla, hacha, piqueta, trillo, agramadera, espadilla: esto es lo que se ha inventado para labrar la tierra y dar riquezas a los hombres.

Fusiles, escopetas, carabinas, arcabuces, esmeriles, trabucos, pistolas, espadas, sables, cutos, cuchillos, puñales, machetes, espadines, lanzas, flechas, cañones de batir, cañones de campaña, cañones de crujía, morteros, bombas, balas, granadas, mazas, pilos, arietes, etcétera: esta es la nomenclatura horrorosa que ha sido necesario inventar para sostener a los Gobiernos que quieren sacrificar el mayor número al bien del mínimo".

No hay edad para descubrir a Valle. Veamos el caso de otro vallista insigne, Matías Funes, escritor, filósofo, diputado al Congreso Nacional y candidato presidencial, quien ya pasaba de los treinta años cuando tuvo lo que llamó "una verdadera revelación".

"El penetrar en el pensamiento del prócer fue para mí una verdadera revelación. La lectura de sus escritos me hizo reflexionar sobre lo injustos que hemos sido al desconocerlo, negarlo o tergiversarlo. Y vi con claridad, asimismo, que Honduras ha transitado por caminos muy diferentes a los que él nos trazó".[1]

Los artículos seleccionados por el padre Vallejo pueden servir como una guía de "iniciación vallista" para aquellos que aún no han leído o estudiado a José Cecilio del Valle.

De esa forma, salvarlo del cruel olvido —como el padre Vallejo señaló—.

Su sabiduría, sin duda, servirá para orientarnos en estos tiempos en los que, lamentablemente, impera la ignorancia política y ciudadana.

Óscar Flores López
Editor Colección Erandique

---

[1] Matías Funes Valladares. Valle: su tiempo y el nuestro. 2008. Litografía López. Primera edición.

DOS PALABRAS

En la creencia de que haremos un servicio, un importante servicio a las letras, no solamente hondureñas, sino también a las centroamericanas, dando a conocer algunas producciones del sabio hondureño José Cecilio del Valle, que hemos podido recoger a fuerza de pacientes trabajos, nos hemos determinado a darles publicidad para salvarlas del cruel olvido en que se encuentran y para que la generación que se levanta, amante de las ciencias y las letras, las conozca, las estudie y procure sacar todo el provecho de ellas.

Se ha llamado a Valle, y con razón sobrada, sabio que se anticipó a su época y reveló los grandes destinos de Centroamérica; estadista insigne, autor del acta de nuestra independencia; hombre de principios, que hizo del saber un elemento de gobierno y cuyas obras honran a la América Central, y queremos comprobarlo reproduciendo sus luminosos escritos, que hoy son desconocidos casi por completo.

Entre los artículos que hemos recogido, figuran: el Elogio fúnebre de Fray Antonio Liendo de Goicoechea; el Acta de Independencia de 15 de septiembre de 1821; Descripción geográfica de Guatemala y Centroamérica; La América y el Barón de Humboldt; Reflexiones sobre nuestra independencia; Discurso demostrando la utilidad de las ciencias; su Manifiesto del año de 1825; Discurso que pronunció en el primer Congreso Federal; el pronunciado el 28 de marzo de 1826; su Memoria sobre Instrucción Pública, y varios otros discursos y artículos sobre Economía Política, Geografía, Mineralogía y otros distintos ramos, porque Valle poseía casi el secreto de todas las ciencias.

Damos principio con el Elogio fúnebre del reverendo padre Fray José Antonio de Goicoechea, que, por comisión de la Sociedad Económica de Guatemala, pronunció Valle en junta general de la misma, el 7 de agosto de 1814, pocos días después de la muerte de aquel virtuoso sacerdote, acaecida el 2 de julio del mismo año.

Según datos que nos han sido suministrados, es éste uno de los primeros escritos del ilustre Valle, que mereció entonces, como merece ahora, aplauso y admiración.

José Francisco Barrundia, uno de los republicanos más puros que ha tenido Centroamérica; José Francisco Barrundia, el publicista de corazón de oro y de palabra de fuego, parece que condensó en su alma tierna, en su alma sublime, todos los pensamientos y todos los dolores de la patria; y al morir Valle, escribió estas inolvidables palabras que justamente han pasado a la Historia:

«¡Ha muerto Valle! Este hombre era conocido en Europa. Su cabeza fue una luz, su boca fue el órgano de la elocuencia en la tribuna; sus escritos, la honra de la patria y de las ciencias. Se hundió Bentham en la noche eterna, en la Inglaterra; desapareció su amigo Valle en Centroamérica. Ciudadano pacífico, cultivó con ardor la sabiduría; él estaba lleno de todos los principios elementales de gobierno; él escribía por la gloria nacional y por el interés de la humanidad. Su concepción profunda y exacta aparecía en un lenguaje pausado, puro y majestuoso que presentaba los objetos por todas sus fases, y se desarrollaba en una argumentación clara y victoriosa. Su carácter firme y decidido tenía acaso los caprichos y las singularidades del genio. Sin transacción para los transgresores de la libertad pública, él oponía siempre todo el rigor de los principios; él sostenía la rectitud de las leyes. Su mente concibiera la vasta Confederación americana, núcleo inmenso de pueblos independientes contra la liga de reyes y tiranos.

Si deseaba el mando en la República, si su corazón ardía en ilusiones, no se lisonjeaba con el honor de regularizar el gobierno y de aplicar la ciencia del gobernante. Pero esmerado en la educación de su hijo, tranquilo en la vida privada, orgulloso y libre en su retiro, jamás se humilló ni a la revolución ni al poder. Su alma era el altar de Minerva: su placer era la armonía de la civilización. En su gabinete estaba el asilo sagrado de la sabiduría, contra las tempestades civiles.

Bajó ya a la tumba, cuando sus sentimientos por la nacionalidad, cuando los votos del pueblo lo ponían al frente de la República agitada. ¡Honor de esta cara patria, descansa en paz! Recibe el tributo de los sabios y el gemido de tus amigos. Únete a Bentham y a los astros. Pensador luminoso, el crepúsculo de tu ocaso brillará siempre en la nación. ¡Que el honor de los hombres ilustres coronen tus sienes, y que enjuguen el llanto de tu familia la virtud inmortal y los acentos de la patria!»

Antonio Vallejo

ELOGIO FÚNEBRE ELOGIO FÚNEBRE DEL PADRE GOICOECHEA

Señores:

En diversos países, la mente de un hombre de letras es suceso indiferente que no merece la atención que se da a un ignorante, rico o poderoso; y el honor de los panegíricos fúnebres, reservado a ciertas clases, no se cree debido a los que, reformando algunas ciencias o creando otras, aumentan la suma de nuestra felicidad.

En Guatemala, la sociedad, después de haber llorado la muerte de Fray José Antonio de Liendo y Goicoechea, uno de sus fundadores, acordó que se formase su elogio, porque, superior a las preocupaciones de la vanidad, está convencida de los derechos que tiene a la gratitud pública el mérito de cualquiera clase, sea literario, político, militar o fabril.

Este es acaso el primer ejemplo en 289 años corridos desde la fundación de esta ciudad. La sociedad es el cuerpo benéfico que lo da; y cuando siga sus pasos la Universidad; cuando los literatos trabajen para serlo positivamente, sabiendo que después de su muerte serán juzgados por hombres respetables; cuando este estímulo, creando o desarrollando talentos, haga avanzar las ciencias que nos interesan; cuando el sabio, teniendo la opinión de la posteridad, no sea un doctor ocioso ocupado en lecturas improductivas o abstracciones estériles, sino un hombre útil al país que habita; cuando, unidos todos los hechos posibles sobre la vida de los hombres de talento, se llenen los votos de quien deseaba la formación de una especie de física experimental sobre las almas, entonces las generaciones futuras, recibiendo luces unas de otras, designarán a VV. SS. como autores de su bien y recordarán con ternura el nombre de esta sociedad.

Yo he sido el individuo electo para publicar sus sentimientos. Otros podrían expresarlos con mayor elocuencia. Pero el honor de manifestar a Guatemala lo que debe al P. Goicoechea; el placer puro de hablar de un amigo sincero, son de ascendiente muy poderoso para una alma sensible.

Que los hombres fríos censuren mis expresiones: que los razonadores a compás burlen mis sentimientos.

Si tu alma, fundador benéfico de esta sociedad, se complacía en abrirse a la mía sin ocultar misterios o esconder secretos; si tu mano poderosa fue la que rompió las cadenas con que el escolasticismo filosófico tenía oprimida la razón de nuestros mayores; si tu larga y laboriosa vida fue útilmente empleada en formar el espíritu de la juventud, yo, sensible a tu fiel amistad, sensible al bien de la patria, seré el eco de la voz universal que se oye en toda la provincia: uniré mis votos a los del pueblo, a las bendiciones del pobre, a los afectos tiernos de esa juventud amable que reconoce en ti el reformador de sus estudios. Pero celebrando tu memoria, no olvidaré tu máxima. La adulación, objeto de tus risas, no será jamás el alma de mis discursos. Si un elogio sincero debe tener forma distinta de las demostraciones del geómetra, hasta cierto punto debe ser como ellas el cálculo del valor positivo de un hombre grande: la medida justa de sus talentos: la estimación exacta de sus servicios.

Para numerar los del P. Goicoechea recordaré primero el estado de nuestros estudios antes de su nacimiento: manifestaré después el grado a que se elevaron por la fuerza de sus talentos: hablaré seguidamente de la instrucción que dio a Guatemala; y para que sus servicios no sean los últimos, concluiré indicando una de tantas medidas felices para multiplicar esa clase útil de hombres ilustrados.

Recorriendo la historia de los pueblos antiguos, y volviendo la vista a los modernos, se observa que todos tienen uno de tres estados: el de la ignorancia: el del error; y el de la ilustración.

Los primeros son como las tierras incultas, pero limpias, en que basta arrojar buenas semillas para que broten plantas útiles: los segundos, semejantes a aquellos campos llenos de espinas y raíces enmarañadas, en que es preciso arrancar la maleza que los cubre antes de comenzar a sembrar; y los terceros, son esos huertos hermosos cubiertos de frutos regalados.

Guatemala... permítaseme hablar con libertad. Livio no ofendió a Roma pintando la ignorancia de los primeros romanos, y Newton recordaba con placer los tiempos de su niñez. Guatemala no era un pueblo ignorante, ni una capital ilustrada. Era el país del error.

Se afectaba un respeto ciego a los antiguos: se miraba con horror toda verdad nueva; pero realmente no era la ciencia de la antigüedad la que se cultivaba.

La antigüedad era sabia: y si en las ciencias experimentales y exactas se ha avanzado más que los antiguos, en los demás géneros se ha hecho bastante acercándose a su saber. La antigüedad fue la que fijó las leyes del gusto: la que señaló la línea de perfección en las Bellas Artes: la que produjo esos modelos grandes que los genios sublimes han procurado imitar.

Dieciocho siglos no han podido presentar un poeta superior al autor de la Eneida. Tácito, Plutarco y Livio son hasta ahora en posesión de primeros historiadores; y el elogio más grande de Buffón ha sido compararle con Plinio y Aristóteles.

No era su más sabia doctrina, ni la de los filósofos de la antigüedad la que formaba nuestro sistema de estudios. El escolasticismo era infelizmente el que lo regía: el que influyó en las constituciones de nuestra Universidad: el que hizo de esta respetable casa una habitación oscura donde no penetraba la luz sino envuelta en nieblas, o confundida con exhalaciones pútridas: el que, entreteniendo a nuestros mayores en sutilezas inútiles, les alejaba de las ciencias provechosas que aumentan los brazos del hombre inventando máquinas, mejoran los instrumentos de las artes, señalan las fuentes de riqueza pública, descubren la de nuestro suelo, manifiestan las plantas útiles que hermosean su superficie, y abren los tesoros ocultos en el seno de la naturaleza.

Nuestro idioma, cuya armonía y riqueza confiesan los mismos extranjeros, rivales de la literatura de Castilla, se veía abandonado por cultivar otro que estanca las ciencias. La elocuencia sagrada, que tiene tantos motivos para ser sublime y patética, porque ella sólo habla de verdades grandes al pueblo, unido en un lugar santo, era como la del orador que un talento feliz supo ridiculizar con tantas gracias.

La del foro, que si no discute entre nosotros los asuntos que examinaba en Roma, debe al menos ser clara e interesante, porque siempre lo es la propiedad aun de una cabaña pajiza, se ocupaba en hacinar leyes romanas y glosas bárbaras sin discurrir con precisión, ni expresarse con propiedad; y la de la Academia, que pudo ya haber ilustrado a este país en actos literarios tan repetidos, se reducía a disertar sobre lo que se llama problema sin ser más que una duda afectada o insulsa.

El arte grande de saber discurrir: este arte, alma de todas las ciencias, que en las audiencias y juzgados decide nuestra suerte, era entonces un sistema mal organizado de abstracciones inútiles, un diccionario bárbaro de voces oscuras y sutiles. Las ciencias naturales que deben levantarse sobre la observación razonada de la naturaleza, eran romances menos ingeniosos que los de Descartes, formados por el delirio de las sectas que dividían el escolasticismo.

Las líneas del geómetra y las ecuaciones del álgebra parecían cifras de magia, o caracteres de aquella filosofía teúrgica que se ocupaba en misterios y encantos. Las familias eran espantadas por duendes: los jueces seriamente ocupados en procesar brujos; y las escuelas de filosofía convertidas en torneos de caballeros que se batían por el ente de razón y otras hermosuras imaginarias.

No fue este el único mal. Semejantes a aquellas nubes densas que, extendiéndose con los vapores sucesivos que reciben, cubren últimamente toda la atmósfera y oscurecen el día, el escolasticismo se dilató al fin por las ciencias más sublimes e importantes.

La de la religión, pura en el libro sublime de la Biblia, no era enseñada con el método que exige la sublimidad misma de su objeto. La jurisprudencia, tan grande en las manos de los autores felices que han sabido manejarla, era un puñado de fragmentos de leyes derivadas de las sectas que dividieron el imperio romano: leyes sutiles que no lo son para nosotros y dictadas por gobierno distinto, en tiempos diversos, no tienen relaciones de analogía con los nuestros.

El estudio de la historia respetable de la Iglesia: el de los concilios y cánones sancionados en ellos; estudio necesario para el eclesiástico, útil para el filósofo e interesante para el político, se veía olvidado por dedicarse al de las decretales que no forman un cuerpo organizado de derecho, sino una colección de casos decididos por principios diversos en muchos puntos de los de Castilla; y la legislación que debe ser sabida de todos, porque es la guía del hombre desde que se forma su razón hasta que entra en el sepulcro, enredada por las argucias escolásticas, era misterio para el pueblo, tormento para el juez íntegro, juego criminal para el perverso, arma doble para el abogado.

Los que se llamaban filósofos eran entonces unas cabezas llenas de universales, de categorías y sutilezas metafísicas; y estos eran los sabios que en las cátedras daban lecciones a la juventud.

El escolasticismo no sólo la formaba en este sistema de errores. Le impedía también salir de él: le prohibía aun el derecho de dudar, que exige la debilidad de nuestra constitución física; y aun en lo que no era dogmático, se ordenaba la fe, que sólo es debida a nuestra religión.

Fe ciega en la Dialéctica: fe ciega en la Metafísica: fe ciega en la Jurisprudencia. La razón era víctima de lo que se llamaba filosofía. Y lo que diste para pensar como el don precioso de tu bondad, Ser eterno, amigo del hombre: lo que nos eleva sobre todos los seres: lo que distingue al filósofo, que sube a lo sublime de las ciencias, del insecto que se arrastra por el suelo: la razón, esa emanación luminosa de tu sabiduría, era un presente inútil, que sólo servía para repetir las necedades de los glosadores de Aristóteles y llenar cursos largos y penosos de nadas y pequeñeces.

En tiempos tan infelices nació, a 400 leguas de esta capital, el que debía dar alguna luz a este caos tenebroso.

Los filósofos más grandes: los talentos que admiramos en los cuatro siglos que forman como las épocas de la grandeza del espíritu humano: los que brillaron en las edades venturosas de Pericles, Augusto, León X y Luis IX nacieron en países cultos donde las ciencias tenían premios y los auxilios literarios eran multiplicados.

El P. Goicoechea nació el día 3 de mayo de 1735, en Cartago, donde apenas había escuela de primeras letras. Perdió a sus padres y quedó huérfano a los 9 años de su edad: tomó el hábito de San Francisco a los 12: fue ligado por el voto de obediencia: obligado por las constituciones de su orden y la autoridad de los prelados, a hacer los estudios de aquellos tiempos oscuros: formado en aulas donde sólo se oía la vocinglería de los escotistas: enseñado por lectores que no permitían dudas; y condenado a seguir la escolástica por todo el poder de la opinión pública, sostenida en la Universidad y comunidades religiosas, únicas que le daban dirección.

Era semejante a aquellas plantas útiles que nacen entre yerbas y espinas, y no pueden crecer sino abriéndose paso por en medio de ellas. Pero si la mano dura de la suerte le arrojaba estorbos por todas partes, la naturaleza, destinándole a objetos sublimes, le dio un cuerpo robusto, capaz de pruebas que otros no pudieran hacer: una alma digna de él, infatigable para el trabajo: un espíritu penetrador que se anticipa a las glosas y comentarios: una memoria prodigiosa que, a la edad en que los septuagenarios sólo piensan en las necesidades físicas que los afligen, repetía las canciones más hermosas de los poetas que habían deleitado su juventud: un genio lleno de gracias, inclinado como el de Fontenelle, Quevedo, La Fontaine y Boileau a ver las cosas por el aspecto que mueve a risa: un carácter de naturalidad, enemigo de artes y afectaciones: un deseo insaciable de saber.

Distinguido por dotes tan brillantes fue, a pesar de ellas, discípulo del escotismo, porque esta fue la primera doctrina que se le enseñó; porque sus talentos no eran aún desarrollados; porque la niñez es inocente y no tiene copia abundante de hechos para entrar en comparaciones.

Cuando la lectura le ofreció datos para hacerlas y sus talentos comenzaron a predecir lo que serían, las disputas que en los demás no producían otro efecto que hacerlos más reacios en sus sectas fueron para él como el choque o colisión de los cuerpos que, frotándose unos con otros, arrojan chispas luminosas.

Descartes, elevándose a la altura a que se sube un filósofo; considerando, dice un autor, que lo era, las opiniones de los hombres; viendo tanta contrariedad de ideas, tanta oposición de sentimientos, tanta variedad de abusos y costumbres: he aquí, dijo, lo que es la razón de los pueblos.

Goicoechea, observando los sistemas de las sectas, la contradicción de sus pensamientos, el furor con que se batían, la confianza con que se creía cada una posesora exclusiva de la verdad, dudó de todos, y decidido a cultivar sus talentos en la soledad, concibió la idea grande, origen de nuestros progresos, de no seguir otra guía que la que nos ha dado el Creador de nuestra especie.

Solo, en el ámbito estrecho de su celda, entregado en el silencio de la soledad a meditaciones de que solo es capaz quien ha adquirido el hábito feliz de pensar, recorría cuanto había aprendido: sometía a

18

la severidad del análisis la doctrina decisiva de sus lectores: juzgaba a sus mismos maestros.

Su genio, siempre pronto a descubrir ridiculeces, le hizo ver todas las del escolasticismo; y su alma sintió la necesidad de otros estudios, diversos en el todo de los que había hecho.

Las matemáticas puras, que son siempre el recurso del filósofo en aquellas situaciones de tormento, en que solo puede contentar lo que es verdadera demostración, le presentaron el método de exactitud, necesario para una alma melindrosa que, burlada por el escolasticismo, sospechaba ya de las demás ciencias.

Hubo tiempo en que solo las exactas llenaban los deseos de su alma: hubo tiempo en que solo los números y líneas escapaban a la risa de su genio. Pero cansado al fin de tantas abstracciones, volvió los ojos al campo de la naturaleza, a esos jardines que deleitaban a Newton después de los trabajos complicados del cálculo.

Los libros de Pluche, los primeros que leyó en este género, le presentaron un espectáculo muy diverso del que entretenía a los escolásticos; y los experimentos célebres de Torricelli, Pascal y Perrier, le indicaron el verdadero método de estudiar la naturaleza.

El gusto que tomó por ella y el espíritu de exactitud que se había formado, le hicieron sentir los efectos del sistema con que habían sido tratadas las demás ciencias: la jurisprudencia, sobre todo, que debe ser clara y sencilla, porque debe ser una ciencia popular; y la de la religión, donde las equivocaciones son de tanta trascendencia.

Si la ley es sancionada para el bien universal de los pueblos, el cálculo o comparación exacta de los bienes y males que puede producir, debe ser la guía de la Jurisprudencia; y si la religión se estableció y dilató por el mundo, enseñando las verdades sublimes de la Biblia, expuestas por el juicio de la Iglesia, la autoridad de esta y la Escritura, deben ser la luz de la ciencia.

Estos raciocinios le fijaron por último en el medio sabio a que no se llega sino después de haber pasado por extremos. Discípulo del escotismo al principio: escéptico después en lo que no era dogmático, conoció al fin, que las ciencias no lo serían si no tuvieran principios incontestables: que en las exactas, la demostración; en las naturales, los experimentos; en la legislativa, el bien de los pueblos; y en la de nuestra religión, la Biblia y la Iglesia deben ser la guía de sus estudios.

Tal fue el principio a que se elevó, luchando consigo mismo, para borrar las primeras impresiones de su educación. Apoyado en él entró en el estudio de los elementos de casi todas las ciencias, porque todas tienen gracias para quien sabe sentirlas.

Las obras de los mejores escritores de las edades felices de Atenas y Roma: las de Wolf, que manejó la Lógica, la Moral y la Jurisprudencia, con el mismo método con que había tratado las matemáticas: las de Locke, ese hombre modesto que, descubriendo la generación de nuestras ideas, confesaba su ignorancia cuando no podía penetrar la verdad: las de Nollet, que enseñó a estudiar la Física, haciendo experimentos y deduciendo de ellos consecuencias útiles para las artes y oficios: las de Buffón, que presentan cuadros en grande y en detalle de la naturaleza e individuos de los reinos animal y mineral: las de Linneo, donde se reúnen los elementos de la ciencia provechosa e inocente de los vegetales: las de Mably, que supo manifestar la identidad de principios en la moral privada y la pública: las del género sublime que, abrazando los objetos más grandes de la ciencia legislativa, la simplificó, reduciéndola a dos puntos: las primeras de los que han sabido cultivar la ciencia de la religión, que era una de las que más le ocupaban: todas fueron formando sucesivamente su espíritu y llenándolo de conocimientos. Su lectura fue extendida más allá de lo que puedo indicar.

Yo os pongo por testigos hombres dichosos que fuisteis sus amigos y merecisteis su confianza.

Pero no bastaron los conocimientos de los libros. Quiso adquirir los que dan los viajes, porque los viajes son los que hacen conocer el mundo, no el mundo hecho en el cerebro exaltado por el entusiasmo, sino el mundo verdadero, el mundo de la naturaleza.

Viajaron los filósofos más grandes de la antigüedad para recoger conocimientos de los pueblos ilustrados. Viajó Goicoechea; y tuvo la felicidad de hacer su viaje a España en el reinado venturoso de Carlos III, cuando la nación recibió un impulso feliz en todos los ramos útiles: cuando Iriarte enriquecía nuestra literatura y satirizaba las fruslerías de los escolásticos: cuando Cruz llenaba de gracias el teatro español, y Moratín elevaba la poesía en género distinto: cuando hermoseaban a la Península dos condes célebres, ambos fiscales dignos del consejo: el uno, escritor de materias útiles y amigo de las sociedades patrióticas; el otro, protector de las ciencias, ministro y presidente de la Central: cuando se atraía los votos públicos Jovellanos, ese hombre raro, poeta, político y filósofo a un mismo tiempo, desgraciado y perseguido por ese genio maligno que en todos los tiempos y países se place en morder todo lo grande.

El P. Goicoechea supo reunir los conocimientos que recoge un viajero ilustrado. Visitó las mejores bibliotecas, leyendo manuscritos preciosos que hasta ahora no han sido publicados: observó el jardín botánico y oyó la voz de Ortega que le dirigía: reconoció el gabinete de historia natural: asistió a las juntas generales de diversas academias y sociedades: observó los estudios restablecidos por Carlos III y el sistema de sus calificaciones menos equívoco que el de nuestra Universidad: fue espectador de dos sucesos grandes para quien sabía pensar, la muerte de Carlos III y la coronación de Carlos IV: vio en Castilla los efectos tristes de una y otra amortización; en Cataluña, el honor que se da a los artesanos; en Navarra, la sabiduría de sus fueros; en Aragón, la historia de sus antiguas instituciones; en algunas provincias de Francia el genio de esa nación que ha tenido influjo tan grande en los sucesos de nuestros días; en Madrid, el espectáculo de una Corte, los movimientos de la intriga, las artes de todo género, tanto bien y tanto mal reunidos en un punto.

Espectador de objetos tan grandes, capaces de ocupar el alma en su totalidad, no olvidó lo que debía a esta provincia donde había nacido. Regresó a Guatemala lleno de riquezas literarias, de conocimientos, de globos, de tablas y libros, raros aun en la Corte de donde venía.

Dedicado a su lectura, cualquiera otro hubiera llenado sus deseos en el goce pacífico de sus conocimientos. Pero la vista de los salvajes, donde se ve la naturaleza pura sin las formas del arte, no era para él menos interesante que el espectáculo de los pueblos ilustrados.

Semejante a los sacerdotes de los celtas y de los seitas que buscaban la filosofía en los bosques y montañas, superior a ellos en conocimientos y con miras más grandes, hizo viaje a nuestros montes de Agalta.

Los eruditos de estrado: esos hombres que agonizan el día que no pueden visitar todos los cuarteles de una ciudad, habrían muerto seguramente en las soledades de Agalta.

El P. Goicoechea, solo con su pensamiento y los indios, pasaba días más deliciosos que en el ruido de esta capital. Conservo como un tesoro las cartas que escribía desde esas montañas célebres entonces por su residencia. En ellas decía: que nunca había repasado en su corazón, con más placer, la hermosa estrofa de Horacio, Beatus ille qui procul negotiis: que la soledad le comunicaba a manos llenas el contento: que su vida era alegre, porque entre los cien aspectos de las cosas, las miraba por el único que podía ser útil: que, ejercitado en trasegar corazones, se valía de la llave maestra de ciertas notas que rara vez le engañaban: que los vestidos de la naturaleza son sencillos: que se deleitaba en contemplarla acechando los momentos en que descubre algunas de sus travesuras, meditando los apotegmas de Erasmo y las aventuras del amor propio, y observando a los indios, vistos por muchos, conocidos de pocos y denostados por Paw, aquel extranjero atrevido que sin conocer la América arrojó aserciones desmentidas por la experiencia.

Este tono, señores, no es el de un charlatán que quiere imponer. Es el del hombre de la naturaleza que se abraza con ella y los seres que produce: es el del amigo de los indios que interesaron siempre su compasión.

No hizo en la ciencia aquellos descubrimientos que las hacen progresar a pasos largos: no formó sistemas como Buffón, ni fue como Newton inventor de la teoría sencilla del universo. Pero pudo impugnar los sistemas de Buffón: y fue capaz de entender las obras de Newton que, aun entre los hombres de letras, encuentran pocos lectores.

En el seno mismo de los escotistas: en la edad de los errores, supo elegir los libros más sublimes de las ciencias a que fue dedicado: apropiarse los conocimientos más grandes: darles las gracias de su genio, y comunicarlos a nosotros y a nuestros mayores. Ved aquí su justo valor. Fue lo que Fontenelle dice de un filósofo: el Prometeo de la fábula que robó el fuego a los dioses para comunicarlo a los hombres.

En la oratoria dio modelos predicando el Evangelio en su pureza, presentando la Escritura en el sentido genuino de la Iglesia y de los Padres, distinguiéndose en la elocuencia didáctica que era su género;

pero acreditando a veces que también era capaz de la fuerza de Bridaine, y la sublimidad de Bossuet.

En los estudios de la filosofía tuvo la entereza noble de sostener los derechos de la razón: y cuando Jovellanos decía en España que mientras las universidades fuesen lo que habían sido y lo que eran entonces, jamás progresarían en ellas las ciencias experimentales, él había ya combatido la tiranía escolástica: preparado una revolución feliz de ideas: dado lecciones de física experimental, y leído un curso de Aritmética y Geometría.

En los de Teología dio a esta ciencia la sencillez majestuosa que debe tener: señaló los puntos diversos de contacto en que se unía la escolástica con la religión: desenvolvió la extensión de la moral, que fue su estudio predilecto: manifestó la que publicaba el estoico, la que predicaba Epicuro y la que enseña la Biblia, que no es un sistema de escepticismo como la de Montaigne, ni una invectiva acre como la de Rochefoucauld, sino una moral pura, superior a la de Sócrates y Confucio.

En la Botánica, nombrado por el Gobierno para elegir muestras de las maderas más exquisitas de nuestras montañas, y comisionado por el intendente del Jardín de Madrid para la remisión a España de las plantas y semillas dignas de cultivo, llenó ambas comisiones acreditando sus conocimientos, y trabajando una memoria sobre el plátano, gloria de la América, y el vegetal que, entre todos los conocidos, da más cantidad de materia alimenticia, en igual espacio de tierra.

En esta sociedad, VV. SS. han sido testigos de su ilustrado patriotismo: de este celo activo con que cooperó a su establecimiento: de la voluntad con que asistió a todas sus juntas: de los pensamientos útiles que daba en ellas, fijo siempre en mejorar nuestra suerte o hacerla menos infeliz: de sus notas sabias como útiles a la memoria que publicó Mosiño sobre nuestro añil: de la memoria que escribió para destruir la mendicidad que no existe en los países estériles y helados del Norte, y se veía multiplicada en las tierras feraces de Guatemala: del discurso que dijo en este lugar, desplegando sobre el mismo asunto la humanidad de su filosofía, para que el verdadero pobre fuese socorrido y los mendigos robustos o capaces de trabajar no ensuciasen los portales, no se oyese en nuestras calles el zumbido desapacible de estos moscones, sino el cencerro deleitoso de las recuas o el ruido agradable de un trajín activo: de la representación que dirigió desde su celda a la Corte de Carlos IV, manifestando la necesidad de dar honor a las clases infelices, porque ellas son las que ejercen nuestras artes y oficios; y las artes no prosperan cuando están envilecidas las manos que las manejan: de la memoria que trabajó sobre los indios, objeto de sus meditaciones en el púlpito, donde predicó sus virtudes, en sus conversaciones de amistad, donde acumulaba hechos y discurría sobre ellos, y en la memoria donde trató de su industria y trabajos rurales.

En Agalta fundó dos pequeñas poblaciones; interesó en su beneficio la atención del Gobierno; y dando a los indios lecciones de religión, de física rural y de sociedad, recordaba la pintura de aquellos dioses que bajaron del cielo para enseñar a los salvajes de Grecia la justicia, el manejo del arado y el uso del trigo.

En nuestra Universidad no cesó de trabajar para que este establecimiento, fundado para perfeccionar el espíritu, no lo empeorase cargándole de preocupaciones y paralogismos.

Cerca de treinta años ocupó en dar lecciones como catedrático de Filosofía y Teología; y estas lecciones son las que influyeron para que se mudase el aspecto de nuestros estudios. En ellas fue donde hizo conocer a la juventud que el pensamiento sofocado por el escolasticismo es el atentado más grande contra la naturaleza humana; donde, haciendo comparaciones felices de la exactitud de la Geometría y la algarabía de los escolásticos, inspiró gusto por las matemáticas, y comenzó a formar el espíritu geométrico, más útil aún que la misma Geometría; donde, manifestando las amenidades de la naturaleza, comunicó a los jóvenes el entusiasmo con que se habla siempre de los objetos que se aman; donde dio los principios sublimes del gusto y trabajó en la destrucción del que había en aquella edad; donde, desenvolviendo la teoría grande del enlace de los idiomas con el arte de pensar, hizo conocer la necesidad de progresar en los unos para adelantar en el otro.

Tantas verdades no fueron oídas sin espanto. La verdad, dice un escritor, es como ese elemento útil y terrible que alumbra, pero quema y puede devorar al mismo que se sirve de él para el bien público. Los que la han dicho, los que han levantado la voz contra la doctrina de las escuelas, los que han sabido distinguirse, han sido siempre víctimas de las pasiones. Sócrates, condenado a muerte; Aristóteles, fugó; Descartes, acusado; Galileo, preso; Jovellanos, desterrado; son ejemplos tristes que atestan la miseria del hombre y deben cubrirle de oprobio.

Los escolásticos, viendo que se destruía la base única de su nombre, se ligaron para anonadar el del P. Goicoechea. La envidia movió los resortes de su encono. La hipocresía jugó sus antiguos ardides; la intriga maniobró en secreto; los prelados penitenciaron y condenaron a ser último lector a quien tenía tantos derechos para ser el primero; la opinión se volvió contra quien la ilustraba; y el público, señores, el público a quien daba luces provechosas, el público a quien hacía servicios tan heroicos, llegó a verle como objeto de horror.

Una alma pequeña hubiera renunciado al derecho de servir a ingratos dejándolos en la oscuridad que les placía.

Goicoechea, firme en sus principios, siguió la marcha de su genio, porque sabía que si los primeros rayos de luz hieren los ojos de quien sale de tinieblas, los siguientes hacen sus delicias y hermosean su existencia.

La verdad fue desenvolviendo sus bellezas. La juventud, siempre la primera en sentirlas, comenzó a tomar gusto por ella. Cesó el vértigo; y se hizo justicia a quien era digno de ella.

Su Majestad mandó que en su real nombre se le diesen gracias por el celo con que se dedicaba a la enseñanza de la juventud e instrucción del vecindario. Su comunidad le eligió prelado de la provincia. Esta Sociedad, que por estatutos y por principios no prodiga jamás sus sufragios, acordó que se hiciese mención honrosa de su mérito; la Universidad mandó poner su retrato en el salón de actos literarios. Y el pueblo llenó de bendiciones a su bienhechor.

Mereciéndolas cada día más; ejerciendo su ministerio con celo infatigable; dando el ejemplo útil de una virtud pura que conoce las añagazas de la hipocresía; amando a los pobres y presentándoles la religión en el aspecto en que ofrece más consuelos al infeliz, comenzó a sentir flojedad en los resortes de la máquina.

Sintió su debilidad progresiva; pero la sintió sin perturbarse, porque una alma acostumbrada a observar la naturaleza ve sin susto una de sus más sabias leyes.

Que la vean con espanto los hombres pequeños que se han enlazado con todas las fruslerías del suelo; los impostores que han seducido a los pueblos; los miserables que después de haber hecho daño se ven en la situación terrible de no poderlo reparar.

Pero tú, hombre superior a la edad en que viviste: tú has llenado el lugar donde fuiste colocado. Perfeccionaste tu espíritu. Mejoraste el espíritu público de Guatemala. Enseñaste verdades útiles. No hiciste mal; y si erraste, tus errores fueron de buena fe.

Esto es hecho, señores. Se ha cumplido la ley. A la voz de su muerte lloraron los pobres; y llevando cestillos de flores, cubrían de ellas su cadáver. VV. SS. han perdido un ilustrado y activo compañero; y yo he quedado sin un buen amigo.

Para reponerle y llenar su vacío es preciso duplicar los esfuerzos. Sírvanse VV. SS. trabajar en el cultivo de los talentos nacientes de la juventud, dándole dirección recta, porque acaso en ellos hay alguno semejante a los del hombre que lloramos; sírvanse formar su gusto, porque el gusto es el tacto o instinto del hombre de letras y el primer paso que debe darse para la ilustración. Sírvanse fundar una academia de bellas letras, porque las bellas letras son el precursor feliz de las ciencias útiles y el garante más cierto de sus progresos. Si se unen los hombres para ocuparse en conversaciones insípidas o para verse unos a otros, fumar y bostezar, únanse VV. SS. para cultivar las ciencias, comenzando por donde debe principiarse. Todo origen es pequeño.

Las academias que ahora son la luz más hermosa de la razón fueron oscuras en su principio; y a la fecha de su erección, muchos países donde se establecieron tenían menos conocimientos que Guatemala. Si dura siglos, se extenderá el bien que promete a las últimas generaciones; y si es un establecimiento momentáneo, lo gozará al menos la presente. La Academia del Cimento solo duró diez años; y sus descubrimientos serán eternamente memorables en la historia de las ciencias experimentales.

Que se dé principio a la obra, señores. Esto perpetuará la memoria de la Sociedad: creará genios como el del individuo que hemos perdido; y abrirá a las ciencias el camino por donde deben ser dirigidas.

Guatemala, 7 de agosto de 1814.

ACTA DE INDEPENDENCIA

Palacio Nacional de Guatemala, quince de septiembre de mil ochocientos veintiuno.

SIENDO públicos e indudables los deseos de independencia del gobierno español que por escrito y de palabra ha manifestado el pueblo de esta Capital: recibidos por el último correo diversos oficios de los Ayuntamientos Constitucionales de Ciudad Real, Comitán y Tuxtla en que comunican haber proclamado y jurado dicha Independencia, y excitan a que se haga lo mismo en esta Ciudad: siendo positivo que han circulado iguales oficios a otros Ayuntamientos: determinado de acuerdo con la Exma. Diputación Provincial que para tratar de asunto tan grave se reuniesen en uno de los salones de este Palacio la misma Diputación Provincial, el Illmo. Sr. Arzobispo, los señores individuos que diputasen la Exma. Audiencia Territorial, el venerable Sr. Deán y Cabildo Eclesiástico, el Exmo. Ayuntamiento, el M. I. Claustro, el Consulado y M. I. Colegio de Abogados, los prelados regulares, jefes y funcionarios públicos: congregados todos en el mismo salón: leídos los oficios expresados: discutido y meditado detenidamente el asunto: y oído el clamor de ¡Viva la independencia! que repetía de continuo el pueblo que se veía reunido en las calles, plaza, patio, corredores y antesala de este Palacio, se acordó: por esta Diputación e individuos del Exmo. Ayuntamiento:

1.° Que siendo la Independencia del gobierno español la voluntad general del pueblo de Guatemala, y sin perjuicio de lo que determine sobre ella el congreso que debe formarse, el Sr. Jefe Político la mande publicar para prevenir las consecuencias que serían temibles en el caso de que la proclamase de hecho el mismo pueblo.

2.° Que desde luego se circulen oficios a las Provincias por correos extraordinarios para que sin demora alguna se sirvan proceder a elegir Diputados o Representantes suyos, y éstos concurran a esta Capital a formar el Congreso que deba decidir el punto de

Independencia general y absoluta y fijar, en caso de acordarla, la forma de gobierno y ley fundamental que deba regir.

3.º Que para facilitar el nombramiento de Diputados, se sirvan hacerlo las mismas juntas electorales de Provincia que hicieron o debieron hacer las elecciones de los últimos Diputados a Cortes.

4.º Que el número de estos diputados sea en proporción de uno por cada quince mil individuos, sin excluir de la ciudadanía a los originarios de África.

5.º Que las mismas Juntas electorales de Provincia, teniendo presente los últimos censos, se sirvan determinar según esta base el número de Diputados o Representantes que deban elegir.

6.º Que en atención a la gravedad y urgencia del asunto se sirvan hacer las elecciones de modo que el día primero de marzo del año próximo de 1822 estén reunidos en esta Capital todos los Diputados.

7.º Que entre tanto, no haciéndose novedad en las autoridades establecidas, sigan éstas ejerciendo sus atribuciones respectivas con arreglo a la Constitución, decretos y leyes, hasta que el Congreso indicado determine lo que sea más justo y benéfico.

8.º Que el Sr. Jefe Político, Brigadier D. Gabino Gaínza, continúe con el Gobierno Superior Político y Militar; y para que éste tenga el carácter que parece propio de las circunstancias, se forme una Junta Provisional Consultiva, compuesta de los señores individuos actuales de esta Diputación Provincial, y de los señores D. Miguel de Larreynaga, Ministro de esta Audiencia; D. José del Valle, Auditor de Guerra; Marqués de Aycinena; Dr. D. José Valdez, Tesorero de esta Santa Iglesia; Dr. D. Ángel María Candina; y Lic. D. Antonio Robles, Alcalde 3.º constitucional: el primero por la Provincia de León, el 2.º por la de Comayagua, el 3.º por Quezaltenango, el 4.º por Sololá y Chimaltenango, el 5.º por Sonsonate, y el 6.º por Ciudad Real de Chiapa.

9.º Que esta Junta Provisional consulte al Sr. Jefe Político en todos los asuntos económicos y gubernativos dignos de su atención.

10.º Que la Religión católica, que hemos profesado en los siglos anteriores y profesaremos en los sucesivos, se conserve pura e inalterable, manteniendo vivo el espíritu de religiosidad que ha distinguido siempre a Guatemala, respetando a los ministros eclesiásticos seculares y regulares, y protegiéndoles en sus personas y propiedades.

11.º Que se pase oficio a los dignos Prelados de las comunidades religiosas, para que cooperando a la paz y sosiego, que es la primera necesidad de los pueblos cuando pasan de un gobierno a otro, dispongan que sus individuos exhorten a la fraternidad y concordia a los que, estando unidos en el sentimiento general de la Independencia, deben estarlo también en todos los demás, sofocando pasiones individuales que dividen los ánimos y producen funestas consecuencias.

12.º Que el Excmo. Ayuntamiento, a quien corresponde la conservación del orden y tranquilidad, tome las medidas más activas para mantenerla imperturbable en toda esta Capital y pueblos inmediatos.

13.º Que el Sr. Jefe Político publique un manifiesto haciendo notorios a la faz de todos los sentimientos generales del Pueblo, la opinión de las autoridades y corporaciones, las medidas de este gobierno, las causas y circunstancias que lo decidieron a prestar en manos del Sr. Alcalde 1.º, a pedimento del Pueblo, el juramento de independencia y fidelidad al Gobierno americano que se establezca.

14.º Que igual juramento presten la Junta Provisional, el Excmo. Ayuntamiento, el Illmo. Sr. Arzobispo, los Tribunales, Jefes políticos y militares, los Prelados regulares, sus comunidades religiosas, jefes y empleados en las Rentas, autoridades, corporaciones y tropas de las respectivas guarniciones.

15.º Que el Sr. Jefe Político, de acuerdo con el Excmo. Ayuntamiento, disponga la solemnidad y señale el día en que el Pueblo deba hacer la proclamación y juramento expresado de independencia.

16.º Que el Excmo. Ayuntamiento acuerde la acuñación de una medalla que perpetúe en los siglos la memoria del día quince de septiembre de mil ochocientos veintiuno, en que proclamó su feliz independencia.

17.º Que imprimiéndose esta acta y el manifiesto expresado se circule a las Excmas. Diputaciones Provinciales, Ayuntamientos Constitucionales y demás autoridades eclesiásticas, regulares, seculares y militares, para que siendo acordes en los mismos sentimientos que ha manifestado este Pueblo, se sirvan obrar con arreglo a todo lo expuesto.

18.º Que se cante el día que designe el Sr. Jefe Político una misa solemne de gracias con asistencia de la Junta Provisional, de todas las autoridades, corporaciones y jefes, haciéndose salvas de artillería y tres días de iluminación.

MEMORIA SOBRE LA EDUCACIÓN

Las ciencias son el origen primero de todo bien. No hay en las sociedades políticas un solo que no mane de ellas. Lo más bello lo más grande lo más sublime es obra suya. Yo las adoraría como divinidades si no existiera la que reclama nuestros cultos

Eran diversos los pensamientos que inspiraba el entusiasmo o hacia hacer la meditación. Habla visto distintos diccionarios filosóficos y literarios, todos de mérito eminente y utilidad acreditada. Pero no había leído uno que presentase ejecutada la idea que desde mucho tiempo había concebido

Deseaban un diccionario que consagrado a las ciencias, ofreciese en la suma de sus articulas un sistema de métodos dirigidos a faltar su adquisición, que desarrollas en el artículo EDUCACIÓN el plan de instrucción especial en cada una de ellas

No es posible hacerme ilusión. Vela clara la inferioridad de mis conocimientos para llenar una idea superior a ellos. Pero pensaba sobre lo que era objeto del deseno: iba reuniendo en artículos distintos las que ocurrían sucesivamente: iba haciendo un libro de los artículos que formaba.

Algunos, escritos en posiciones memorables para mí, tienen caracteres que serán indelebles en mi alma. Uno de los artículos, EDUCACION, que escribí en México en 1822, cuando don Agustín Iturbide, Emperador entonces de aquella nación, ordenó mi arresto y el de otros diputados, mis dignos compañeros.

Yo he sostenido, decía, los derechos de mi patria, y manifesté que ni el Capitán General, ni la Junta Consultiva, ni los Ayuntamientos tenían autoridad para sacrificar nuestra Independencia, haciendo provincia subalterna la que era nación soberana. Demostré que la agregación de Guatemala a México era obra de la intriga y la violencia; y mi opinión era apoyada en hechos y deducida de principios. Si el pueblo guatemalteco fuera ilustrado en su intereses, yo no habría venido a México ni estaría arrestado en un convento. La ignorancia del pueblo es el origen de la esclavitud que sufro y la prisión que padezco, y juro procurar su ilustración de la manera posible a mis facultades y alcances Este mi propósito más firme: mi voto más solemne. Yo trabajaré para cumplirlo.

Pensé entonces sobre la educación y formé un nuevo artículo para el diccionario. Mi viaje en 1823: las ocupaciones del Gobierno de 1824 y en principios de 1825, no habían permitido concluir el diccionario; y la falta de libertad de imprenta en los años siguientes de revolución horrorosa había embarazado la publicación del artículo.

No la hago todavía de la obra entera porque sería costosa su edición en un país donde es cara la imprenta y no son muchos los compradores de libros. La hago solamente del artículo, y son diversas les causas que me han decidido.

La Sociedad de París, que abraza al mundo entero en las concepciones vastas de su filantropía, procurando la lustración de los pueblos para mejorar los destinos del género humano, se sirvió de hacerme el honor de nombrarme socio suyo y remitirme el diploma que recibí en agosto de 1827, cuando seguía, cada vez más horrible, a marcha de la revolución que cesó en abril próximo.

Un título tan honroso, contesté a la Sociedad, es superior para mí a los de la vanidad o del orgullo. Yo lo estimo en todo su valor y ofrezco a la Sociedad mi gratitud y respetos. Son dignas de ellos las Academias que han creado el genio para hacer marchar las ciencias a pasos rápidos, y acercarlas cada día más al objeto sublime de sus inquisiciones.

Pero las ciencias que trabajan en hacer feliz al género humano no pueden existir sino en Estados regidos por Gobiernos justos protectores de los derechos que tiene el hombre para pensar y mejorar su ser: los Gobiernos justos se conservan por el espíritu público de los pueblos que conocen derechos y saben sofocar la tiranía opresora de ellos, y los pueblos no pueden reunir estos conocimientos si no hay establecimientos que cuiden su instrucción elemental. La ilustración es el principio primero de todo bien. Procurar la de los pueblos es abrir la fuente de donde fluyen todas sus venturas: es trabajar por su felicidad y mejorar la suerte de la especie humana. Este es el objeto, tan sublime como extenso de esa importante Sociedad; y unido a ella por el nombramiento que se ha servido hacer en mí, yo me veo asociado a sus grandes miras.

Para empezar a corresponder a ellas, determiné hacer, al momento que hubiese libertad de imprenta, la publicación que hago ahora. Deseaba entonces, y deseo al presente, que si hay algunos pensamientos útiles, comiencen a circular desde luego. Quiero que se piense al fin en la instrucción de este pueblo centroamericano, que seréis más feliz o menos desgraciado, si los cuidados empleados y los gastos impedidos para derramar su sangre, empobrecerlos, oprimirlo y anonadarlo, se hubieran invertido en plantear el sistema más conveniente de su lustración y moralidad.

El despotismo destruye; y la educación conserva y mejora. ¡Qué diversa seria tu suerte, pueblo infeliz, si los días consumidos tristemente en los cuarteles y campos de batalla los hubieras pasado en el cultivo de la tierra, en los trabajos del taller recibiendo lecciones en escuelas dominicales! ¡Qué distintos fueran tus destinos si tantos miles erogados en tantos instrumentos de destrucción horrible, se hubieran gastado en establecimientos de instrucción benéfica!

No hay libro, decía un escritor de la antigüedad, tan mal concebido y redactado que no sea útil en algún aspecto. Si hubiere suscriptores para el diccionario, se comenzará desde luego su impresión. Acaso contiene alguna idea útil; y un solo pensamiento provechoso difundido por todos los pueblos, puede ser como una semilla que da frutos cuando germina felizmente.

Poco antes de plantear el sistema general de educación, importaría pensar desde luego en una de sus más principales partes. La Constitución que ha organizado la forma de nuestro Gobierno, ha creado tres poderes, y los agentes de ellos deben ser legisladores, gobernantas y jueces o magistrados. Yo deseo pues, que se establezcan tres escuelas o aulas para enseñar al menos los principios de la ciencia de legislar, en la primera; de la ciencia de gobernar, en la segunda; de la ciencia de juzgar, en la tercera. Si debemos tener legisladores, gobernantes y magistrados, es preciso que haya establecimientos donde se enseñe a serlo; y de otra suerte, los pueblos serian víctimas de malas leyes: de malos Gobiernos; y malas sentencias.

En siglos oscuros, cuando eran posesores exclusives de los empleos los individuos de las clases atas que desdeñaban las ciencias y no tomaban el trabajo de cultivarlas, sucedió lo que era natural que sucediese. El interés de unos, la adulación de otros, la ignorancia de los demás, hizo creer que no había principios ciertos, ni reglas fijas para gobernar; y esta opinión propagada sin examen, tiene todavía ecos que la repitan del mismo modo.

Un hombre, tan elocuente como profundo, supo combatirla en una obra clásica. Otro abrió un curso importante y dio lecciones para manifestar que en la ciencia de gobernar hay, como en las otras ciencias, principios positivos y reglas constantes.

En la naturaleza hay variedad casi infinita de fenómenos que se suceden unos a otros; todos son, sin embargo, efecto preciso de leyes invariables; y el conocimiento coordinado de estas leyes forma la ciencia.

En las sociedades políticas hay diversidad menos numerosa de fenómenos o acaecimientos: todos son obra necesaria de leyes igualmente constantes; y el conocimiento de ellas, elevado a un sistema o cuerpo organizado de doctrina, forma la ciencia.

No posees la de gobernar, dijo un escritor, si en ella no hay principios ni reglas fijas.

La obra más grande entre todas las obras es la de crear, y la educación es una especie de creación.

Educar es formar un ser que no existía del modo que se ha formado: es darle los conocimientos útiles y hábitos morales que exige su conservación y perfección.

Los conocimientos y hábitos que miran a este gran objeto, forman una escala inmensa que no puede abrazar la mente más vasta. Unos dan aptitud para conservarse y perfeccionarse de un modo: otros la dan para conservarse y perfeccionarse de otro. El salvaje solo la tiene para vegetar: el indio para sembrar y cosechar granos: el comerciante para meditar negociaciones complicadas y extensas; el economista para descubrir el origen de la riqueza y las leyes de su producción, circulación y consumo: el historiador para observar el nacimiento, progreso y decadencia de las naciones y presentar a un siglo la experiencia de todos los siglos: el estadista para conocer los intereses de millones de hombres y dar a todos una dirección que los haga marchar al bien general.

Negar a los hombres todos los conocimientos útiles y descuidar enteramente su educación moral, sería condenarlos a más absoluta ineptitud o incapacidad, dejarlos sin valor alguno, hacer que en la tierra no hubiere más que salvajes, lacandones o comanches y que la especie humana fuese una especie de horda de animales bípedos, esparcidos por las selvas y bosques. Este es el espectáculo que presentaron las naciones antes de su civilización: este es el cuadro que quieren reproducir los tiranos para que no haya seres racionales, sino bestias domesticadas en toda el área donde pasa el yugo de su despotismo.

Dar a todos la suma universal de conocimientos de toda clase, e inspirarles al mismo tiempo todas las virtudes cívicas, es imposible, tan grande como formar una nación de sabios o hacer que sean pueblos de filósofos millones de hombres, ocupados triste y diariamente, unos en el arado, otros en el taller, etcétera.

Platón, a quien se da el título de divino, quería que hubiese unidad en su República. "No debe haber familias —dijo—, ni madres ni padres conocidos: todos debemos ser hijos comunes de la patria". Pero él mismo sintió la imposibilidad de dar a este pensamiento toda su extensión.

"Unos deben quedar —añadió— confundidos en la masa de la nación: otros deben ser militares; y los que se distingan por los indicios de su talento, deben separarse de la multitud, instruirse en las ciencias, elevarse a la sabiduría, y cuando ésta les haya hecho superiores a sus semejantes bajar a la tierra y ser jefes de su patria".

Dividir la enseñanza, comunicando a unos solamente los conocimientos groseros de los oficios mecánicos, dando a otros los más extensos del cálculo y elevando a otros a los más sublimes de las ciencias: dejar a los primeros en la abyección y abatimiento, y levantar los segundos a la altura del honor, es dar a unos más aptitudes que a otros, hacer superiores e inferiores, sofocar la igualdad que debe haber del modo posible para que no haya opresores, destruir el equilibrio necesario para que todos respeten recíprocamente su dignidad y derechos.

La identidad de una misma educación no es posible en individuos de organizaciones diferentes, de profesiones diversas, de oficios y sexos distintos. La diversidad de educaciones produce diversidad de aptitudes; y la variedad de capacidades hacen nacer todos los males que son resultado necesario o consecuencia precisa de ella.

La sociedad que no puede ser un pueblo de Sócrates, ni conviene que sea un bosque de Chaimas, es un teatro de actores formados para representar diferentes papeles. En los tres planes hay males graves, o se ofrecen dificultades grandes.

¿No habrá otro que prevenga aquellos y ocurra a éstas? ¿Los pueblos serán, por ley irrevocable de la naturaleza, condenados a perpetua infelicidad? ¿No habrá otro medio que el de la resignación o paciencia en los males que sufren?

He aquí una cuestión superior a todas en importancia y dificultad animadas por la primera: no arredrados por la segunda, son innumerables los autores que han escrito de educación. No está sin embargo agotada la materia. Puede todavía pensarse sobre ella; y esto es únicamente lo que voy a hacer.

Hombres, semejantes en las superficies exteriores y diferentes en la estructura interna de su organización, se unieron en sociedad y comenzaron a formar lo que se llama estado o nación.

Al principio, cuando sus necesidades eran pocas y sencillas, cada uno podía satisfacerlas por sí solo sin servirse de los brazos de otros. Pero en los siglos posteriores, desarrollándose y multiplicándose sucesivamente, no pudo un individuo sólo abrazar todos los trabajos necesarios para llenarlos. ¿Cómo era posible ser simultáneamente labrador, artesano, arriero, mercader, sacerdote, etcétera?

El hombre sintió la necesidad de dividir el trabajo. Hubo oficios, artes y ciencias: para cada oficio, arte y ciencia fue necesaria una educación particular más o menos dilatada, costosa y desagradable: la diversidad de educaciones produjo diversidad de conocimientos y hábitos morales; y la variedad de aptitud y moralidad hizo nacer la de sus valores.

Hubo ignorantes e ilustrados: pobres y ricos: desvalidos y poderosos: opresores y oprimidos: hubo clases separadas unas de otras por la diferencia de costumbres, capacidad, intereses Y capitales, hubo desigualdad y brotaron las pasiones y vicios que existen siempre cuando unos pueden todo lo que quieren, y otros son impotentes aún para lo que deben querer. Un número grande de individuos ignorantes y pobres forma un parte o sección del Estado: un número menor de sacerdotes, ministros del culto establecido, forma otra: un número más pequeño de ricos, poseedores de las luces necesarias para conocer sus intereses, forma otra: un número mínimo de hombres dedicados al estudio de las ciencias, forma otra. La primera sección tiene el poder del número: la segunda el del sacerdocio; la tercera el de la riqueza: la cuarta el de la ilustración.

El poder del número es el más débil de todos. Una piedra no tiene otro que el de su peso; en un animal sólo existe el de sus músculos; y en un hombre ignorante y pobre tampoco puede hacer más que el de su fuerza física. Tiene necesidades y carece de recursos para satisfacerlas. No ha cultivado sus talentos, ni es capaz de conocer las artes de la astucia que quiere sacrificarle o los resortes de un plan combinado para destruirle. Recibe pasivamente las ideas que le comunican, las creencias que le enseñan; las opiniones que le dictan y los movimientos que le dan el interés de unos y la ambición de otros.

Es esclavo, siervo, jornalero, artesano o dependiente. Y el mismo número que mirado en un aspecto aumenta su poder, multiplicando la fuerza de cada individuo; visto en otro lo debilita, multiplicando los jornaleros, artesanos y dependientes, y haciendo por esta multiplicación que sean bajos los salarios y precios de los artefactos. Todo es en daño de los infelices. Su ignorancia hace su miseria; su número influye en su pobreza, y su pobreza ocasiona su ignorancia.

El poder civil o temporal del sacerdocio, pequeño en su origen, se fue aumentando con los siglos. Los eclesiásticos forman un cuerpo compuesto de miembros que existen en diversos estados y dilatan por todos ellos sus relaciones: se subdividen en diversas sociedades o comunidades, y cada una ofrece distinto punto de contacto con las secciones más interesantes del pueblo: unos dan lecciones a la juventud: otros auxilian a los agonizantes: otros sirven a los enfermos: otros asisten a los convalecientes: otros catequizan a los infieles, etcétera; son confesores de los reyes. príncipes, magistrados, etcétera, y penetran los secretos más íntimos de los palacios y familias: pueden facilitar o dificultar los matrimonios que la enlazan e influyen en sus destinos; tienen el derecho de hablar a los pueblos reunidos en los templos, y darles dirección como párrocos, obispos, etcétera: imprimir las ideas o sentimientos que quieren inspirarles con todo el poder de las ceremonias, símbolos, imágenes, etcétera; son ministros o vicarios de Dios, Señor universal de todo; y la idea del poder del uno se extiende al de los otros. Gregorio VII meditó una monarquía universal, y quiso subordinar la autoridad de los reyes a la de los pontífices; Adriano IV publicó que todas las islas donde se introdujese el cristianismo pertenecían al dominio de San Pedro; Martino V, Nicolás V y Calixto III donaron a Portugal todas las tierras que descubriese desde las Canarias hasta la India; Alejandro VI donó la América al Gobierno Español.

El poder de la riqueza, menor que el del sacerdocio, es sin embargo de latitud muy grande.

Los ricos reúnen simultáneamente muchos poderes. Ejercen el que les da sus capitales y relaciones: disponen del que tiene el número, siendo dependientes suyos los pobres: participan del de la religión, haciendo donaciones o limosnas a los templos y sus ministros: disfrutan hasta cierto grado de ilustración; teniendo tiempo, recursos y medios para adquirirla.

Armados con todos estos poderes, se hacen dueños de los empleos que comunican el de la autoridad, o dominan a aquellos que los sirven.

Las leyes son en lo general dictadas, modificadas y variadas según el interés de su clase. Se ha creado cámaras de pares o grandes, y no se tiene por ley sino la que es aprobada por ellos. La propiedad, de que son señores, ha merecido consideración más grande que la vida de los pobres. Se ha impuesto pena capital al hurto en diversos Códigos de diferentes naciones. Se hace esclavos a los hijos de un continente para que haya operarios en los cañales y cafetales de otro; se han hecho grandes revoluciones y derramando bastante sangre para tener o dar más extensión a las relaciones de su interés.

El poder de la ilustración, noble en su objeto, pacífico en sus medios, es trascendental en sus efectos. Los sabios son los soles del mundo político. De ellos salen los rayos que dan luz a todos los oficios y profesiones útiles; de ellos emanan los que disipan las nieblas o vapores de la superstición, los que ponen en claro los horrores de la tiranía, los que hacen sentir al hombre su dignidad y conocer sus derechos, los que hacen ver el caos de la anarquía y las bellezas del orden. Fuertes con la fuerza de la razón, publican verdades inspiradas por ella misma. Pero este mismo oficio, el más noble de todos los oficios: esta función, la más sublime y benéfica:

este trabajo, que debía ser título de gratitud, es origen de persecuciones.

Un sistema de error no se consolida y perpetua sino porque hay poderosos interesados en SU establecimiento. Escribir contra él: conocerlo: dudar, es delito que no se perdona jamás. Se da veneno a Sócrates; se carga de cadenas a Anaxágoras: se asesina a Remo: se pone en un calabozo a Galileo: se proscriben las producciones hermosas del siglo XVIII: se persigue a sus autores: se sofoca la libertad de leer y escribir. ¡Los que debían tener el poder más grande, son débiles, deprimidos y degradados! ¡Los que debían ser sus defensores, son instrumentos de los tiranos que los oprimen! El pueblo a quien defiende Arístides vota el destierro de Arístides.

Cada fracción o clase tiene poder muy diverso, y no debe esperarse jamás un equilibrio perfecto entre ellas. Es preciso confesarlo. No hay en las ciencias políticas, estática exacta como en las matemáticas. Esta es una de las mil desgracias de la especie humana. Pero puede haber aproximación; puede pensarse....

Oídlo, hombres sensibles, amigos ilustrados de la humanidad.... puede pensarse en aumentar los poderes de las clases débiles sin ofender la razón, y disminuir los de las fuertes sin agraviar la justicia.... puede.... debe hacerse lo que inspira la razón y dicta la justicia; y la razón jamás aprobará, y la justicia nunca permitirá que se hunda en la nada a unas clases y se eleven a otras a lo más alto del poder.

Dar a las primeras lo que necesiten para ser o tener existencia; poner límites en las segundas a tanta sobreabundancia de poder; es restablecer las cosas al orden de la razón y justicia; impedir crímenes y multiplicar virtudes; quitar lo más horrible sustituirlo por lo más bello que puede adornar a los Estados.

Este es el punto grande de las sociedades políticas; lo más decisivo de sus destinos; lo más influyente en su futuro, próspero o adverso.

Yo deseo: 1°.- Que en todos los pueblos del mundo se establezca la forma de gobierno más útil, respectivamente, según la totalidad de circunstancias, para hacer que los individuos del Estado tengan la mayor suma posible de aptitud intelectual y moral; 2°.- Que se deroguen las leyes contrarias y se decreten las favorables a aquel fin;

3°.- Que se plantee el sistema de educación más benéfico para el mismo objeto.

Son muchas las formas de gobierno porque son diversas las que pueden darse a la combinación de los poderes supremos del Estado. Los poderes pueden acumularse en un solo hombre, depositarse en una corporación compuesta de individuos de una sola clase, fiarse a la masa del pueblo, o dividirse con prudencia, dando el legislativo a cámaras, dietas o cortes de representantes electos por el pueblo; el ejecutivo a un jefe electivo o a un monarca hereditario, y el judicial a tribunales compuestos del número correspondiente de magistrados.

Un sistema de gobierno que acumula en un individuo todos los poderes, somete a la voluntad de uno solo los destinos de millares. Ese individuo puede ser injusto, porque es fácil que quiera aún lo que no puede el hombre, que puede todo cuanto quiere. La autoridad expansible siempre por su misma naturaleza, se va dilatando progresivamente.

El despotismo se presenta al fin sin velos ni máscaras, y para conservarse en el trono hace lo que le inspiran sus intereses. Sabe que un pueblo ilustrado y rico reúne los poderes de la ilustración y riqueza, y armado con ellos hace respetar sus derechos. Obstruye en consecuencia las fuentes de donde fluyen las luces y riqueza; mantiene al pueblo en la ignorancia y miseria; y lleva sobre su abyección y abatimiento a los que pueden ser apoyo de su tiranía.

Mirad el estado de Roma desde que Augusto usurpó todos los poderes, el de las otras naciones de Europa en los siglos funestos del feudalismo, el de Turquía, el de Rusia y las monarquías absolutas. ¿El cuadro de ellas no ha sido desgraciadamente el de una masa bruta de hombres pobres, ignorantes y miserables, sacrificada al poder, riqueza y orgullo de un número pequeño de señores, tiranos subalternos de vasallos o esclavos? La servidumbre, la esclavitud, suerte triste de los pueblos en los siglos anteriores, no fueron abolidas sino el año 1770 a 1790 en Alemania, el de 1781 en Austria, el de 1806 en Pomerania, el de 1807 en Prusia y Varsovia, y el de 1808 en Westfalia. Hasta el de 1761 la Reina Sofía Magdalena emancipó en Dinamarca a los paisanos de sus dominios, y dio a los propietarios este loable ejemplo. Hasta en 1801 Alejandro I, concedió a los rusos el derecho (que se les había arrebatado) de adquirir tierras. Hasta el de 1810 empezó la América a pronunciar acentos de independencia y libertad. La Grecia lucha todavía por la de sus hijos; y el África ve hasta ahora salir los suyos a donde los lleva la codicia a servir como esclavos de dueños inhumanos o poco sensibles.

Si todos los poderes se depositan en individuos de una sola clase, se reproduce el mismo fenómeno con caracteres más odiosos. La que tiene la autoridad quiere extender la que ejerce para perpetuarse en el trono; está iniciada en los secretos del despotismo, y posesora de ellos, conoce que un hombre no es dominador injusto, sino quitándole las fuerzas químicas y morales, debilitándole y anonadándole. Todo es nulidad en tal posición.

Un orden solo reúne todas las existencias sociales que ha quitado a las demás clases; y ese orden no muere como los individuos. Es un cuerpo siempre existente; es un Nerón siempre vivo. En los tiempos del Imperio respiraron los pueblos cuando Tito, Trajano, Antonio y Marco Aurelio sucedieron a Tiberio, Calígula, Claudio, etcétera. En los primeros siglos de la República, el sistema tiránico de los patricios fue continuado sin interrupción. Derribaron el trono de los Tarquinos para sentarse orgullosamente en él; se apoderaron de los poderes ejecutor y juzgador, y casi fueron árbitros del legislador, ocuparon las tierras, se hicieron dueños de todas las riquezas, prohibieron el enlace de sus hijos con los del pueblo, sintieron que éste respirase el mismo aire que respiraban ellos, le sacrificaron en guerras lejanas para distraerle de reclamaciones contra tiranía.

La de los nobles de Venecia fue sutil en la opresión y fría en la crueldad. Un consejo formado de ellos proscribía el mérito y castigaba el pensamiento. El pueblo debía estar hundido en la nada; y el que subía empujado por las fuerzas de su talento era sospechado al instante, condenado sin proceso, ejecutado sin dilación. No hay en un gobierno aristocrático otros intereses que los de la aristocracia, no se tiene otro objetivo que el de su conservación. Si agota las fuerzas que los sostienen, si no las encuentra en el pueblo que oprime, va a buscarlas en naciones extrañas, Poco importa la patria de tanto precio para la razón y la virtud.

El aristócrata ingrato la ofrece, como si fuera propiedad suya, al conquistador que promete conservarla superior al pueblo, sacrifica a un yo criminal, millones de hombres inocentes, que no han cometido otro delito que el de no sufrir más tiempo de opresión. Los nobles de Génova, dijo una sociedad respetable que escribió en 1772 la historia de aquella República querían más bien ver a su patria sometida a una dominación extraña, gimiendo bajo un yugo pesado, que verla feliz bajo el Gobierno de hombres que no tenían nacimiento. En Francia manifestó la nobleza el mismo carácter a fines del siglo último.

Para recobrar sus injustos privilegios y su poder depresor para no ser ciudadanos como los demás, ni estar sometidos al imperio de una misma ley, los nobles galos salieron de sus hogares a conmover la Europa y a armar las potencias extranjeras contra su patria. De la América, dice el Barón ilustrado que supo observarla antes de su independencia en 1799 a 1804. En cada lugar hay un pequeño número de familias que por una opulencia hereditaria, o la antigüedad de su establecimiento en las colonias, ejercen una verdadera aristocracia municipal. Ellas quieren más bien estar privadas de ciertos derechos, que dividirlos con los demás, ellas preferirían una dominación extraña a la autoridad ejercida por americanos de clase inferior, ellas detestan toda constitución fundada en la igualdad de derechos, ellas temen especialmente perder las condecoraciones y títulos que han adquirido con tanto trabajo y forman una parte esencial de su felicidad doméstica.

La nación, que es la universidad de individuos que las componen, la nación donde reside originalmente la soberanía, parece llamada al ejercicio de los poderes que la constituyen. Todos serían en tal hipótesis legisladores, gobernadores y jueces, la educación se acercaría al grado posible de identidad; y la filosofía no vería oprimidos en una parte y opresores en otra. Pero es imposible la ejecución de un sistema tan brillante en la teoría y tan impracticable en la realidad. Una sociedad de hombres dilatados por una área de 10, 15 o 20 mil leguas cuadradas, no podrían reunirse con la frecuencia que exigen las funciones de la soberanía, sin movimientos, dilatados, penosos y costosos.

Ocupada diariamente en el ejercicio de los poderes supremos, era necesario que existiese otra nación de hombres condenados a servir a la de los legisladores: que hubiese ilotas destinados al servicio de los espartanos, o esclavos que trabajasen, o tributarios que contribuyesen para mantener el lujo, o conservar la existencia el romano ocupado en el foro y el senado.

Sacrificada la existencia de los primeros a la conservación de los segundos, la nación aparecería dividida en dos naciones, enemigas unas de otras, con intereses opuestos y tendencias muy contrarias. La de legisladores, guiada por interés, procuraría tener subyugada a la de siervos, y la de éstos impedida por la naturaleza, trabajaría para recobrar su libertad. La lucha sería el fin inevitable, las disensiones precisas, las guerras intestinas necesarias. Hay infaliblemente tarde o temprano, combate encarnizado doquiera que hay señores y esclavos.

Los negros asesinaron en Santo Domingo a los amos que los oprimían. El Norte de América se levantó contra Inglaterra. El Centro y el Mediodía se pronunciaron independientes. Y la Grecia sigue alzada contra el musulmán que la humillaba. En los periodos de paz, antes de las explosiones de la guerra, tampoco sería feliz su suerte. El pueblo más civilizado no sube jamás al grado de ilustración necesaria para saber dictar leyes y gobernar estados.

No ha habido en la extensión de lo pasado, ni habrá en la inmensidad de lo futuro naciones de sabios; y es preciso serio para ser legislador. Puede el pueblo recibir las luces de un senado que tenga el derecho de presentar proyectos de ley, puede oír la voz de oradores inspirados por la elocuencia para defender unos la afirmativa y sostener a otros la contraria. Pero no podrá elevarse a la altura precisa para juzgar desde ella el proyecto del senado, el Pro de unos oradores y el contra de otros, no podrá reunir toda la masa de conocimientos indispensables para descubrir en el laberinto de los intereses y en el caos de las intrigas, cuál es la voz de la razón, cuáles son los acentos de la verdad, dónde está el verdadero bien de la patria: será juguete del patriotismo, más astuto y simulado, creerá voz del patriotismo lo que es vocinglería de las pasiones, desterrará a Temístocles que le ha salvado en Salamina, elevará a César, que medita su esclavitud, lanzará de Roma a Cicerón que acaba de ser padre sabio de la patria. Platón dijo, más de dos mil años ha: mientras los sabios no tengan el gobierno no cesarán los males del género humano. La filosofía, sensible a ellos, debe repetirlo en este siglo de regeneración, debe retirarlo en los siguientes que prometen más felicidad o menos desgracias; y no debe callar hasta que vea a sus hijos haciendo en el gobierno de los estados la ventura de los pueblos.

Dividir los poderes con sabiduría previsora, dar el elector al pueblo, el legislador a cámaras de representantes, el ejecutor al rey de la monarquía o al jefe primero de la República, y el juzgador a los tribunales o cortes de justicia, este es el sistema más prudente para impedir males o asegurar bienes, dividiendo los poderes se evita la acumulación de la autoridad, productora casi siempre del despotismo que proscribe las ciencias y a los que las cultivan, y mantiene a los hijos de la nación ignorantes, pobres y débiles.

Dando al pueblo el poder elector, se le hace centro u origen de donde emana la autoridad legisladora, se le da parte en el ejercicio de la soberanía, se le guardan las consideraciones habidas siempre a los que tienen la facultad de nombrar elevados, se le pone en aptitud de elegir a los sabios que desprecian los grandes porque son defensores de las libertades y fueros de las naciones, se le saca de la humillación o envilecimiento en que se le haya tenido, le inspira elevación y honor y se le prepara a recibir la educación correspondiente.

Otorgando a cámaras de representantes el poder legislador, se pone el de dictar leyes en las manos de los que han elegido el que tiene más interés en que tiendan al mayor bien posible, del mayor número posible, se establece la armonía que deba haber, entre el Gobierno y el pueblo, se hace amar la ley porque tiene el carácter de bien universal que debe distinguirla se cumple con gozo por los ciudadanos, y se vuela a la prosperidad marchando por la vía que designa con este objeto.

Concediendo a un monarca hereditario o a un jefe electivo el poder ejecutor, se da a la administración la unidad y energía que debe tener, se impide la arbitrariedad y asegura o consolida el imperio de la ley dictada por los electos del pueblo.

Declarando a los tribunales o cortes el poder juzgador no permitiéndoles otras funciones que las de dirimir o sentenciar causas; y sujetándolos a la responsabilidad severa de la ley, se hace expedita y la administración de justicia y el propietario no es largo tiempo privado de su propiedad, ni el arrestado, corrompido o viciado en las cárceles, se obliga a ser recta, como la perpendicular la de los geómetras la magistratura que decide sobre las personas y haberes, y tiene puntos más inmediatos de contacto con los ciudadanos.

Todos los poderes tienen influencia muy activa en la educación intelectual y moral. Los representantes de los pueblos, los reyes o jefes, los magistrados y jueces, son los institutores primeros de las naciones. Ellos les dan lecciones más trascendentales que las de un ayo o maestro, con su vida pública y privada, con sus leyes, reglamentos y sentencias.

No hay escuela, no hay academia, no hay liceo tan respetable y provechoso como una cámara dieta o asamblea. Allí se aprende a hablar el idioma patrio, hermoseado con las bellezas que inspiran la importancia de los asuntos y el celo del patriotismo, allí se ve en acción el arte de la discusión y análisis en las cuestiones más difíciles de hacienda, guerra, política, etcétera.

Allí se oye hablar la elocuencia deliberativa sobre lo más sublime, delicado e interesante para el pueblo, allí resuena en toda su majestad la voz de Bailly, que dijo. La nación junta en cortes no recibe órdenes de nadie, allí se desarrollan en todas sus consecuencias, los principios de la ciencias morales, políticas y económicas, y se forma la ley reguladora de las acciones del ciudadano, y protectora de sus derechos y deberes, de allí salen los diarios que circulan por todas partes del espíritu que dicta la razón, que sirve de base, y el objeto a que se dirige la ley, de allí salen los diputados que al fin de la legislatura vuelven a sus pueblos y propagan los conocimientos que han recibido.

Esta circulación de luces, más preciosa que la del oro, aumenta las de los hombres de letras; y comunicando al pueblo las que no tenía, le ilustra y predispone a la conquista o conservación de sus derechos. Las del parlamento británico, atravesando el océano, penetraron por el Norte de la América, e influyeron en la revolución de su independencia, origen de la riqueza y cultura del pueblo angloamericano. Y las de la Asamblea de Nacional Francia, después de haber subido los Pirineos ilustrado a las Cortes de Cádiz y pasado el Atlántico, ¿no están actualmente ejerciendo su imperio en la revolución del nuevo mundo y la ilustración de sus hijos?

De los salones del poder ejecutivo, reservado siempre en todas sus conferencias, y misteriosos a veces en sus acuerdos no salen luces en tanta abundancia. Pero es basto su imperio y grande su influencia en la educación. Ejecuta la ley que da a la de los pueblos la primera dirección; planten el sistema de instrucción decretado por el poder legislador; nombra los funcionarios que no cesan de obrar en el pueblo, gradúa los servicios y méritos, distribuye los honores y empleos; eleva o humilla; estimula o desalienta; da vida o muerte. Sin sobreponerse a la ley, acordando su cumplimiento para evitar las consecuencias de la responsabilidad, o el oprobio de una deposición, puede cumplirla de muchas maneras diversas.

¿Pero cuánta es la diferencia entre un ejecutor celoso penetrado de la importancia del decreto que manda observar, y un ejecutor frío, contrario a la ley que ordena guardar? Fernando VII, es ejemplo reciente que no deben olvidar jamás las generaciones futuras, Juró en 1820 la Constitución de 1812; prometió ser su apoyo más firme; añadió que en el centro de las cortes, rodeado de los representantes de los pueblos, se placería en concurrir a la obra grande de la prosperidad nacional, y al mismo tiempo que se obligaba con palabras y juramento tan solemne, buscaba subterráneamente fuerzas para sofocar la voluntad de la nación, destruir su ley fundamental, y volver los pueblos a la ignorancia y miseria a que los precipita el gobierno absoluto de sus predecesores.

Los tribunales, ejecutores, como el gobierno, de las leyes y los decretos, son corno las Asambleas, escuelas de instrucción y moralidad. No es tan extensa su esfera, ni tan grande su autoridad como la del poder legislador, pero ejercen sin duda una censura influyente en las costumbres y propagan luces que mejoran una de las secciones importantes del sistema de los conocimientos humanos. Los oradores de las partes contendoras defienden la inocencia, acusan el crimen y hacen hablar otro género de elocuencia menos augusta a la verdad que la deliberativa; pero útil para la moral, benéfica para la propiedad e interesante para los progresos de la jurisprudencia.

Los Magistrados discuten los puntos más importantes de la legislación, se ejercitan en el arte difícil de sacar la verdad pura y sencilla, del caos de los procesos y de aplicar la ley a los hechos; abrazan todas las acciones de los ciudadanos; las califican declarando las inocentes o criminales; castigan los delitos imponiéndoles las penas correspondientes; hacen de esta manera que las propiedades y personas sean respetadas; moralizan a los hombres y les dan el valor de las buenas costumbres. Si los censores de Roma, que graduaban el haber y vigilaban la conducta de los ciudadanos, tenían tanto influjo en la moralidad los magistrados de los tribunales que arrestan, destierran, decapitan, condenan o absuelven ¿cuánto será el que ejercen con sus autos y sentencias?

Los gobiernos constitucionales producen del modo posible, a más de otros, cuatro bienes muy grandes, impiden el despotismo, dan al pueblo el poder de la ilustración y moralidad; dan a los hombres de letras el de la autoridad; forman el espíritu público, garantía la más sólida de los derechos del hombre y los fueros de las naciones.

Seguid, hombres benéficos, cultores de las ciencias y defensores de los pueblos, la lucha en que estáis empeñados para bien de la humanidad. Unidos en sociedades de amigos del sistema constitucional para conservarlo en los Estados donde existe y plantearlo donde lo repugna el poder absoluto. Organizadles sobre un plan combinado sabiamente para facilitar su correspondencia y armonía y aumentar sus fuerzas multiplicando sus relaciones. Acumulad todas sus luces, hablad todos los idiomas, usad todos los estilos, aprovechad todas las influencias, haced, en fin, rolar la razón por toda la tierra para que no haya la extensión de ellas más que gobiernos constitucionales. Vuestros trabajos han sido hasta hoy victoriosos. Las regiones oscuras del poder absoluto se van disminuyendo y las de los gobiernos constitucionales dilatando cada día más.

No a muchos siglos que el imperio del despotismo se extendía a todo el globo. La América entera es ahora constitucional; la Europa lo es también en gran parte de su territorio; la Grecia combate por su libertad y la Grecia, que en siglos remotos tuvo el honor de ilustrar al mundo entonces conocido, y de cooperar en el XV al renacimiento de las letras, tendrá tal vez en el XIX la gloria de propagarlas por el África y el Asia. Donde hay comprensión debe haber reacción. Es ley de la naturaleza positiva como la de los cuerpos elásticos. Si ha habido en el mundo días de despotismo, tristes como los de inviernos; debe haber días de libertad constitucional, alegres como los de primavera.

Pero no basta el establecimiento de una forma prudente de gobierno. Es preciso que lo sean también las leyes dictadas por el poder legislador y cumplidas por el ejecutor.

El género humano ha sido muchos siglos víctima infeliz de la ignorancia, superstición, fanatismo, interés y pasiones de los legisladores. Puede decirse, sin temor a equivocarse, que los enemigos más grandes de la especie humana han sido los legisladores.

Antes de tener la suma de observaciones y cantidad de conocimientos precisa para dictar leyes justas y previsoras, cuando eran todavía infantes que no poseían en su plenitud las ciencias morales, económicas y políticas, o estaban infectados de pasiones que no permitían ver la verdad en toda su pureza, los hombres osaron ser legisladores de los hombres.

No hubo desde entonces género alguno de delito que no cometiera la ley. Halló los derechos más sagrados de propiedad y seguridad, puso en la clase de delitos acciones inocentes, y en la de virtudes acciones criminales; dio más consideración de haber de los ricos que a la vida de los pobres, imponiendo al hurto pena capital, sofocó los sentimientos más tiernos de la naturaleza, permitiendo que un padre comiese a su hijo en el caso de sitio, inmoló multitud de víctimas mandando que las hubiese en los altares del fanatismo, condenando a muerte a los que mataban involuntariamente animales que se llamaban sagrados, a los que en un siglo no daban sus votos a una opinión, y a los que en otro siglo creían en ella, a los que tenían pensamientos diversos de los del gobierno (despótico o arbitrario que los regía), a los que defendían los derechos del pueblo o escribían para ilustrarle, a los que se elevaban sobre las supersticiones y enseñaban la moral en su verdadera pureza, etcétera.

Se ha burlado del hombre, acordando unas veces que se le marcase como se marcan las bestias, y decretando otras que se le cortase la mano, se le sacasen los ojos, se le ahorcase, se le arrojase de la altura de una roca, se le ahogase metido en un saco con monos, víboras y gallos, se le fusilase con ceremonia, se le quemase vivo, etcétera. Los ladrones más codiciosos, los homicidas más depravados, no han sido tan devoradores ni tan asesinos como los legisladores de siglos oscuros o tiempos corrompidos.

Una época de luz promete futuros menos tristes. El malvado cede y el legislador debe respetar los derechos del hombre. ¿Cuál es entre uno y otro la diferencia que los distingue, ambos atacan lo que debe ser sagrado?

La verdadera ley no es destructora sino protectora de los derechos de los hombres; y todos los que han recibido éstos se reducen en último análisis a uno solo, el de ejercer, y perfeccionar sus facultades y disponer libremente de los productos de ellas.

Cada individuo tiene su derecho para cultivar su espíritu formar su corazón, para labrar sus tierras y mejorar sus propiedades, para elegir oficio y ocuparse en el electo, para comunicar privada o públicamente, por escrito o de palabra, sus pensamientos, para donar, vender o enajenar sus frutos, artefactos o mercaderías. Si tú puedes ilustrarte, enriquecerte y darte los valores de la belleza y de la virtud, yo, obra como tú, de la creación, individuo de la misma especie, no ¿tendré la misma facultad? Este es el derecho primordial, fuente de donde fluyen los demás derechos.

No hay bien alguno físico o moral que no sea efecto del desarrollo bien dirigido de las potencias del hombre. La agilidad o destreza es resultado del ejercicio repetido de la facultad de moverse. La ilustración es obra de la de pensar y comunicar libremente el pensamiento. La riqueza es producto de la de trabajar y disponer con libertad del producto del trabajo. La moralidad es el hábito feliz de las virtudes, formado por la de sentir, pensar y conocer sus verdaderos intereses.

Las leyes que embarazan, obstruyen o contrarían injustamente el desarrollo o ejercicio libre de las facultades del hombre, producen su ignorancia, pobreza y corrupción. Las que facilitan y protegen en todas las clases aquel desarrollo o ejercicio, influyen en su ilustración, riqueza y moralidad.

No hay en la historia una sola nación que no ateste este principio luminoso, gula de los legisladores que quieran ser dignos de título tan grande.

La opinión que en Grecia y Roma creía viles las ocupaciones importantes do la industria y comercio embarazaba en los ciudadanos que no querían vivir degradados el derecho que tenían para elegir libremente la profesión u oficio que les conviniese, Los de artesanos, mercaderes y artistas estaban en manos de esclavos. El pueblo era pobre, sometido a la influencia de los ricos, posesores de los empleos, tierras y esclavos; y su pobreza influía en su ignorancia y poca moralidad.

El sistema mercantil, nacido en la época oscura del feudalismo y conservado hasta el último siglo; ese sistema injusto que por desfavorecer al fabricante despojaba al labrador del derecho que tiene para exportar y llevar al mercado de más consumo sus granos y materias primeras, y arrebataba al pueblo el de comprar los artículos mejores o más baratos, que manufacturase el extranjero, produjo, como era preciso, sus naturales efectos.

Autorizó el monopolio, que no es otra cosa que dar a un número pequeño y quitar a la universalidad de individuos el derecho que deben disfrutar todos para disponer libremente de sus haberes; elevó al mínimum y humilló al máximum; hizo nacer las pasiones del orgullo y vanidad en el primero, y las del abatimiento y miseria en el segundo.

La inquisición, establecida en el siglo XIII, y perpetuada sucesivamente en Italia, Portugal, España y América, sofocó la facultad más noble del género humano; quitó el ornamento más bello de las naciones; mató la razón; quemó al hombre. No es una hipérbole exagerada. Es una verdad acreditada en los anales de aquel tribunal.

Lo que eleva al hombre sobre la creación es la facultad de pensar, y esa potencia fue sofocada por los edictos que prohibían la publicación y circulación libre del pensamiento. Lo que hermosea más los Estados es la ilustración; y ésta no puede existir, donde la facultad de pensar no es desarrollada con libertad justa. Moría la razón en los edictos que prohibían lo que la forma, y el hombre que hacía uso de ella era condenado a las llamas.

La esclavitud, autorizada en Grecia, en Roma, en el imperio, en la Edad Media y en los siglos posteriores; disminuida al presente y no abolida todavía en algunos reinos, llegó la degradación al extremo último a que podía extenderse. Anonadó al hombre; le despojó de sus derechos; le privó del ejercicio de sus facultades; le redujo a propiedad semoviente, igual a la bestia que se vende, alquila y hace trabajar a voluntad de su dueño.

El sistema colonial, que gravitó cerca de tres siglos sobre la América, ha sido la suma do los sistemas más funestos que han oprimido a los pueblos. Autorizó la opinión que envilecía las artes y oficios, abandonándolos a los brazos degradados de las que se llaman bancastas; estableció la inquisición, que embaraza el desarrollo de la facultad de pensar; elevó a la ley el sistema mercantil, decretando para sostenerlo, las penas más injustas; quitó a los mineros que llamaba clase importante y privilegiada el derecho de extraer su oro y platas, y a los agricultores, que creía dignos de protección, el de exportar sus frutos a las plazas donde valían más; cerró los puertos del nuevo mundo a todas las naciones del antiguo, excepto la conquistadora; sujetó los intereses de millones de hombres a los del comerciante de Cádiz, hizo aparecer delito enorme lo que llamaba contrabando y no era más que el uso que hacía de su propiedad un propietario legítimo; cerró las puertas del honor a los individuos del pueblo, y estancó los primeros empleos en los hijos de España más adictos al sistema de aquella deplorable época; mantuvo a los indígenas en la más estúpida ignorancia y los condenó a tutela perpetua en consideración a la ignorancia en que los tenía; mandó que en los reinos conquistados por la fuerza no se cultivasen los frutos ni estableciesen las fábricas que se cultivaban y estaban establecidas en los reinos conquistadores; fundó los pueblos en la parte central del Continente, lejos de las costas y puertos de extracción; aisló a la América, y la separó de las naciones donde se cultiva y hace progresos la razón; hizo sufrir los horrores de esclavitud, condenando a ella a los indios que donaba a los conquistadores y encomenderos y permitiendo el tráfico de negros para los trabajos de las minas y cultura de los campos; hizo pobre al país de la riqueza; anonadó un mundo entero.

El hombre, comprimido por los pesos del fanatismo, de opiniones erróneas, de leyes injustas y gobiernos despóticos, no ha podido hasta ahora, después de tantos siglos, desarrollar plenamente sus facultades o potencias. Ha habido siglos, en que era Turquía la tierra entera. No ha existido uno solo en que el globo fuese iluminado en todas sus fases.

La Europa, conquistada por el romano, y el romano deprimido por el orgullo de los patricios; tiranizada posteriormente por los Césares; devastada por los bárbaros del Norte; esclavizada por los señores feudos; sometida al cetro de reyes absolutos, sólo ha gozado momentos de despotismo. cortos de libertad en siglos largos de despotismo.

El Asia, cortada por desiertos tristes que dificultan las comunicaciones; cubierta de tártaros al Norte y de conquistadores al Mediodía; infectada en algunos lugares de la religión de Mahoma, que aumenta las fuerzas de la tiranía, reuniendo en un solo individuo los poderes de monarca y sacerdote supremo, y hace a los hombres siervos del gobierno y a las mujeres esclavas de los hombres; plagada en otros de la de Brahma, que manda adorar a los déspotas y sufrir en paciencia sus agravios y violencias, es desde la antigüedad el país de las supersticiones, el teatro del despotismo, la tierra donde los reyes de Persia se hacen respetar como divinidades, y el Emperador de China gobierna su imperio como monarca absoluto y le mantiene cerrado a las relaciones libres con el mundo.

El África, desde la caída de Tiro, Cartago y Egipto, no ha vuelto a ver luces en su suelo. Ha sido desde entonces el país de las tinieblas; es ahora el mercado donde se vende el hombre para ser esclavo del hombre.

La América, separada por el Océano de las otras partes de la tierra, sin relaciones con los pueblos donde primero nacieron y crecieron las ciencias; dominada en los siglos anteriores a su conquista por los reyes cakchiqueles, los incas, los moctezumas y caciques, subyugada después por los españoles, apenas comenzó en 1810 a desenvolver sus capacidades o potencias, cuando fue turbada en su movimiento por el de las revoluciones que ocurren siempre que se mudan las formas de gobierno.

Recórranse uno a uno los diversos países de la tierra, y se ofrecerá a los ojos un cálculo siempre triste. La República donde se ha reconocido la soberanía del pueblo, y fiado su ejercicio a él mismo, o a autoridades electas por él, ha sido en lo general, comparadas con otros gobiernos, como las luces o fuegos que se apagan poco tiempo después, o casi al instante mismo en que brillan.

Las monarquías constitucionales donde los poderes están positivamente divididos, y se ejercen por autoridades en realidad independientes, son días tranquilos por la serenidad de la atmósfera; pero raros y de poca duración en el curso del tiempo. Las monarquías absolutas donde el rey concentra en sus manos todos los poderes, son por el contrario tenebrosas y largas como las noches de los países inmediatos a los polos.

Roma, que llegó a señora del mundo entonces conocido, cuenta 2.580 años desde su fundación; y en número tan grande sólo 495 fue República. En los restantes fue dominada 244 por reyes, expulsados al fin por su tiranía; 489 por emperadores que sofocaron las libertades patrias; 76 por reyes ostrogodos, bárbaros como pueblos de su origen; 203 por reyes lombardos, semejantes a los ostrogodos, y más de mil por los Pontífices Supremos, que comenzando en el siglo VIII a reunir las dos potestades, empezaron desde entonces a influir con doble poder.

Los períodos de libertad han sido un mínimum casi imperceptible en la extensión del tiempo, y los de esclavitud un máximum que abraza los más grandes espacios. Si a pesar de esto, el hombre oprimido la mayor parte del tiempo, ha sabido crear las artes y ciencias y hacer progresos que asombran a quien se detiene a contemplarlos ¿cuáles haría dejándole en libertad justa para desenvolver sus facultades, sin estorbos ni embarazos? ¿Quién osaría señalar en caso tan alegre la meta última hasta donde podría llegar marchando libremente en su carrera?

El uso de sus derechos; el ejercicio de sus facultades, no es un delito. Sería contradicción muy absurda crear al hombre con derechos y hacerle cargo por el uso de ellos. Delito es la acción con que un hombre embaraza los derechos de otro hombre. Lo comete el gobierno que prohíbe al labrador vender sus frutos en la plaza de más consumo, o al hombre de letras publicar libremente sus pensamientos. No lo perpetra el cosechero que exporta sus granos a los mercados de más valor, ni el escritor que ilustra a los pueblos dando a luz sus ideas.

Cada uno de los derechos y facultades del hombre es una fuente de prosperidad individual y nacional. En la de pensar y comunicar los pensamientos, está el origen de las artes y ciencias; en la de trabajar y disponer de los productos del trabajo, existe el de las riquezas y prosperidad.

¿Se ha pensado jamás impedir la facultad de germinar que tienen las semillas, o la de desarrollar las que hay en la tierra, o la de hermosear las producciones de la naturaleza y facilitar los trabajos del hombre que existen en las máquinas? Quitad al hombre el uso libre de sus facultades o ponedle trabas o limitaciones injustas, y los pueblos y las naciones, compuestas de ellos, serán ignorantes, pobres y desventurados.

Restituidle el goce de sus derechos; permitidle que ejerza libremente sus potencias, y todo será riqueza ilustración y felicidad. El hombre, sublime en un aspecto por el alma que lo anima, podría en otro considerarse como una máquina capaz de elaborar ciencias, artes y riquezas. ¿Será justo impedir los movimientos u obstruir los resortes de la máquina?

Legisladores, borrad de los códigos las leyes que hacen a los pueblos tan pobres y miserables que no pueden proporcionar a sus hijos aún la ilustración elemental, las que prohíben o embarazan la enseñanza de algunas ciencias, o acumulan a favor de unas la protección, honores y rentas, y las escasean a otras más útiles o de igual importancia, las que tienden a estancar los conocimientos de un orden o corporación, estableciendo academias de nobles, colegios de abogados con derecho exclusivo para ser ellos solos defensores de los otros, etcétera, las que prohíben la comunicación libre de los pensamientos, prohibiendo la libertad de imprenta y estableciendo mesas censorias, policías severas o tribunales inquisitoriales, perseguidores de las luces conocimientos, las que impiden la circulación de la propiedad autorizando los mayorazgos y manos muertas, las que estancan los frutos negando a los propietarios la facultad de cultivarlos en sus tierras, las que atacan sus derechos prohibiendo la libertad evidentemente justa de comercio, las que enriquecen a unos con perjuicio de otros, concediendo privilegios exclusivos, las que fijan el interés de los capitales y el precio de los frutos quitando este derecho al regateo libre de los contrayentes, las que tienden acumular la propiedad territorial en una clase de individuos, o establecer a favor de ellos el monopolio de riquezas o conocimientos, las que complican las formas o sustanciación de los procesos, y hacen oscura la verdad, costosa y difícil la administración de justicia las que adoptan un sistema de contribuciones que exige a los pueblos cantidad mayor que la precisa para los gastos del gobierno, y oponen al movimiento de la agricultura, industria y comercio obstáculos que lo entorpecen y desalientan, las que trastornan las ideas de moral, haciendo escalas injustas de delito y penas, o decretando castigos severos a culpas leves, y suaves a crímenes que las que permiten espectáculos o diversiones que sin dar luces ni inspirar virtudes, corrompen o hacen hipócritas, crueles o sanguinarios; últimamente, las que han sacrificado los derechos de la mayoría al interés del menor número, haciendo que la clases altas tuviesen primero multitud de Siervos que trabajasen en su riqueza, declarándolas después privilegiadas o exentas de pechos o contribuciones, dándoles al fin exclusivamente los primeros empleos, y tendiendo siempre a conservarlas en elevación a costa de los pobres o miserables.

Todavía no se sabe lo que el hombre es capaz de ser. Haced, legisladores, el experimento; permitid que desarrolle todas sus capacidades y desenvuelva todas sus energías. Si se place el alma viendo a Newton y Bufón, a Sócrates y Franklin, elevados por el ejercicio de sus facultades a la altura del saber, y al sublime de la virtud, ¿no será infinitamente mayor el gozo contemplando otros genios elevados a mayores alturas por el desarrollo más pleno de sus potencias?

Poned en lugar de las leyes que han hecho ignorante pobre y corrompido al pueblo, otras que sean expresión y garantía de sus derechos. Asegurad su cumplimiento exigiendo en los pretendientes de empleos las virtudes y talentos necesarios para su servicio. Mandad con el tono más firme, en los términos más decisivos, que ninguno sea colocado en las sillas del honor sin haber acreditado de la manera que designe la ley, la moralidad de su conducta. Formad una clasificación de conocimientos proporcional a la de empleos.

Declarad que es necesaria la instrucción, comprobada también del modo que señale la ley, en las ciencias económicas para los de hacienda, en las militares para los de guerra, en las jurídicas para los de justicia, en las políticas para los de gobiernos, en las legislativas para los de legislación. Dejad que el germen de la virtud y las semillas del talento sean todo lo que pueden ser. No cometáis el crimen de sofocarlas o impedir su germinación.

Cultivadlas por el contrario acordando y protegiendo el sistema más útil de educación. Que Herschel subiese desde la clase humilde donde nació hasta los astros que supo descubrir y observar. ¿Ha sufrido alguno por esto? ¿No han recibido bienes los mismos que desdeñan a los pueblos y sus hijos?

Hay un sistema de agricultura para desenvolver todas las capacidades de la tierra, labrándola y poniéndola por la labranza en aptitud de dar todas las producciones posibles.

Debe haber otro sistema de hominis cultura para desarrollar todas las facultades del hombre, cultivándolo y poniéndolo por el cultivo en estado de producir cuanto sea capaz de dar.

Hombres y tierras son los elementos grandes de la felicidad social, la riqueza de los pueblos y el origen de ella, la causa del bien y el bien mismo, las potencias y los agentes de la prosperidad de los individuos y de las naciones.

No labrando la tierra, ni cultivando los hombres, la primera es un desierto triste sin vegetación ni vida, o un suelo de grama y abrojos o un bosque enmarañado con sarmientos, y los segundos son salvajes y bárbaros, desnudos e infelices.

Cultivando la una, y educando los otros, los campos son jardines de flores, espigas y frutas regaladas, y los pueblos sociedades de virtudes, talentos y bellezas.

Todavía hay hombres y existen pueblos que no sienten toda la importancia de esta verdad. Cálculos falsos de interés les inclinan a preferir el salario mezquino de sus hijos en los primeros años de su edad a la ventaja infinitamente más grande de darles la educación que necesitan.

Prevenciones contra las ciencias, hijas de la ignorancia que no conoce su precio, les hacen creer perdido el tiempo que se consagra a su estudio. Un almacén donde solo se habla de fardos y numerario parece a sus ojos establecimiento más útil que las clases donde se dan a los hombres todas las aptitudes posibles para ser grandes en todas las carreras. Las influencias de los siglos en que se desdeñaban las letras se sienten hasta ahora en muchos individuos de las clases ricas; el peso de las edades oscuras en que no se veía la trascendencia de la ilustración gravita en los pueblos.

Es preciso volverse a los padres de familia, hablar a su alma interesando su ternura a favor de los que existen por su causa; convencer su espíritu manifestándoles la necesidad de la educación;

imponer silencio a su interés haciéndoles cálculos demostrativos y palpables.

Un niño trabajando como operario 300 días anualmente, ganando con su trabajo 1 1/2 o 2 reales diarios en 5 años corridos desde los 7 hasta los 11 de su edad, adquiere al cabo de todos ellos 2,250 o 3,000 reales que son 281 o 375 pesos. Pero queda condenado a no tener en toda su vida otra aptitud que la precisa para ser jornalero, y no ganar en este concepto más que 2 reales al día o 75 pesos al año.

Otro niño se dedica a recibir la educación que se le da. Pierde en 5 años 281 o 375 pesos; pero cultiva su espíritu y se pone en aptitud de subir a destinos que le proporcionen una renta anual de 200, 400, 600 o más pesos que en 5 años asciende a 1,000, 2,000, 3,000 o más pesos.

¿Cuál es en la comparación de estos cálculos el más ventajoso al interés? ¿El valor de 375 pesos será más grande que el de una educación productora de miles? Y el hombre, siervo de un trabajo diario y penoso, dependiente por su ignorancia de todos los que sean de más capacidad, ¿tendrá precio mayor que el hombre civilizado, superior a unos, independiente de otros, y libre para elegir entre muchos trabajos, el que sea más lucroso?

Linneo, creador del sistema seguido con más universalidad, dio en Upsal lecciones de Botánica. La fama de su nombre, el crédito de su doctrina atraían millones de discípulos, hijos de diversas naciones. Todos iban a Suecia a derramar la abundancia, y Upsal se enriquecía por la educación que supo darse un hombre, pobre y oscuro en sus primeros años; caballero y sabio en los últimos. Los que no la han recibido ¿han sido jamás productores de tanta riqueza?

El hombre inculto ¿ha producido nunca un centésimo al menos de lo que ha dado en los siglos anteriores y continuará dando en los futuros el inventor o perfeccionador de una máquina útil?

Un catecismo claro, breve y sencillo en que se evidencie la nulidad del hombre sin educación y los valores de quien la ha recibido, es el primero que debe escribirse. Entre los libros elementales, éste sería el más importante. Prepararía los ánimos al cumplimiento puntual de la ley organizadora de la educación; apoyaría su observancia en la base que la asegure más, que es el convencimiento de su utilidad; haría a los padres dignos de este título; haría a los hijos dignos de la patria.

Pero no basta la voluntad para llegar a este objeto, el más recomendable de todos. Son precisos labradores instruidos, por el arte y la experiencia, para saber cultivar la tierra son necesarios maestros, ilustrados por una y otra, para formar hombres.

Si hay ciencias y artes para hacer aritméticos, geómetras, etc. ¿no habrá para hacer maestros, profesores o institutores? Y si se han abierto clases para enseñar las ciencias y artes ¿no deberían establecerse para enseñar la que da impulso o hace progresar a todas las demás?

Este raciocinio, obvio y sencillo, había escapado a los siglos.

La Francia que tiene tantas glorias, ha tenido también la de concebirlos, perfeccionarlo y plantearlo. "Que se establezcan, dijo el año de 1795, escuelas normales, y en ellas no se enseñen las ciencias sino el arte de enseñar, que los sabios más eminentes, Lagrange, Laplace, Monge, Daubenton, Haüy, etcétera, sean los que presidan abriendo cursos de cuatro meses al menos y manifestando cómo deben aplicarse a la enseñanza del arte de leer, escribir, calcular, etc. los métodos designados en los libros elementales adoptados por el gobierno, que los administradores de distritos envíen discípulos proporcionados a la población para que aprendiendo el arte de enseñar puedan al salir de las escuelas ser no solamente hombres instruidos, sino capaces de instruir.

Por la primera vez en la tierra, la razón y la filosofía van a tener su seminario. Por la primera vez los hombres más distinguidos en las ciencias, los que han sido hasta ahora los profesores de los siglos, van a ser los primeros maestros de escuela. En los Pirineos y en los Alpes, el arte de enseñar será el mismo que se adopte en París; y ese arte será el de la naturaleza y el genio. No se verán ya en la inteligencia de una nación grande, espacios mínimos cultivados con el mayor cuidado y desiertos vastos sin labranza o cultura. La razón humana, cultivada en todas partes con igual esmero, producirá los mismos efectos; y esos efectos; serán la regeneración del entendimiento humano.

Era importante esta concepción sublime de genios ansiosos del bien universal de los pueblos. Pero no se le dio toda la extensión que exigía su objeto. Las madres son las institutrices primeras de los hombres. La primera leche que mama un niño, los primeros acentos, el primer idioma que oye, los primeros sentimientos, las primeras ideas, los primeros hábitos que recibe son los de la madre. Todo el orden moral depende de las madres dijo el filósofo que escribiendo de educación se dirigió a ellas desde las primeras líneas.

Si debe haber escuelas normales para formar los maestros que han de dar las segundas, terceras y últimas lecciones, ¿no será preciso establecerlas para formar a las que han de dar las primeras y más trascendentales? ¿Un hombre que sabe hacer geómetras será digno de consideraciones más grandes que una madre que sabe educar hijos?

El legislador debe organizar el sistema de Educación de las madres, y el gobierno ejecutar con celo el designado por la ley, la policía debe prevenir su inmoralidad, y los magistrados castigar sus delitos, los sabios deben formar catecismos, y enseñarles en ellos el método más fácil para educar a sus hijos. La moralidad de los pueblos es la suma de moralidad de las familias; y en las virtudes domésticas es incalculable la influencia de las madres. Ellas son las primeras a quienes la naturaleza entrega la obra más preciosa de sus manos.

Formados institutores capaces de enseñar debe pensarse en la enseñanza. Ya hay brazos labradores, cultívese la tierra. A las escuelas de maestros debe seguir las de discípulos.

No es posible dar en una sola la instrucción. Hay inmensidad en las ciencias y artes; y las facultades del hombre se van desarrollando gradualmente desde el momento en que nace hasta aquel en que cesa de progresar. Lo que es perceptible a la virilidad es oscuro a la adolescencia: y lo que ve claro un joven no puede entenderse darse por un niño.

Las leyes de la naturaleza, constantes en este punto como en el desarrollo sucesivo de una planta exigen que la enseñanza sea gradual y proporcionada a las facultades del hombre. Debe haber lecciones para la niñez que empieza a desenvolver sus potencias, lecciones distintas para la juventud, que las tiene más desarrolladas, lecciones diferentes para la virilidad que las ha formado y aspira a la gloria de extender o perfeccionar las ciencias.

Son diversos los sistemas inventados para cultivarlas y propagarlas. Las generaciones futuras jamás olvidarán los nombres de Filangieri, Talleyrand, Condorce y otros que se llenaron de gloria, y la comunicación al siglo XVIII, trabajando sin fatigarse para perfeccionar el plan de instrucción pública. Cada uno ha organizado la enseñanza de diversos modos; y las organizaciones que han querido darle pruebas el interés que toman por el elemento más grande prosperidad. Pero sucede en este punto lo mismo que en todos los otros. A excepción de las bases generales, todo lo demás debe ser local. Cada lugar debe tener sus leyes y establecimientos relativos a su posición política, así como tiene sus vegetales respectivos a su clima.

El plan de Filangieri, el de Talleyrand, el de Condorce, practicables en un estado muy rico y abundante al mismo tiempo en sabios, no podría ejecutarse en otro donde faltasen ambos elementos de riqueza y sabiduría. ¿Quién osaría plantearlos en las Repúblicas de América que están ahora consolidando sus gobiernos, formando su hacienda pública y pensando en la cultura primera de sus hijos descuidados anteriormente en la época deplorable de la dominación española?

Pero cualesquiera que sean las modificaciones de un plan de instrucción pública, debe haber escuelas elementales para enseñar los principios de las artes y ciencias en toda su extensión, y academias, sociedad o instituto para darles impulso, dirección y perfección.

Guatemala, 21 de junio de 1829.

MEMORIA SOBRE EL ABASTO DE CARNE

La libertad del giro, tráfico y comercio ha sido siempre un principio para mí.

Como fiscal interino de la Audiencia manifesté, el año de 1817, la que debe haber en el abasto de comestibles.

Como individuo de la Junta Gubernativa creada a la época de nuestra independencia, demostré la que debe gozar el comercio en el Discurso que presenté el 10 de febrero de 1822, al frente del Arancel de aduanas.

Como director de la Sociedad Económica evidencié la que debe existir en las importaciones y extracciones de todos los artículos de giro en la Representación que hice en julio de 1831.

Como hacendado manifiesto la que deben disfrutar el tráfico y expendio del ganado en la Memoria que ofrezco respetuosamente a los Estados de la República.

No publico principios míos, que pudieran creerse inspirados por el interés. Presento los de sabios que no han tenido otro que el de las ciencias y las naciones: los de inteligencias puras que nada tienen de terrestre.

La libertad mercantil es emanación de la propiedad: la propiedad es sagrada para mí. Los propietarios son a mis ojos una clase importante en todo Estado que ame el orden, riqueza y prosperidad; y en un siglo tan peligroso para las propiedades, deseo que los propietarios no se hagan odiosos…

Que circulen los principios de la ciencia, y que su influjo evite los sacrificios del público.

Este es mi objeto primero. Si no tuviera la satisfacción de lograrlo, recibid, centroamericanos, la voluntad que lo desea.

Guatemala, 29 de octubre de 1832.
José Cecilio del Valle.

La atención de Guatemala está al presente ocupada en tres cuestiones:

¿El abasto de carne debe ser libre como el de granos y mercaderías?

¿Debe restringirse rematándolo diaria o mensualmente en quien ofrezca más carne?

¿Debe coartarse rematándolo diaria o mensualmente en quien prometa más dinero?

Yo soy propietario; soy vecino de Guatemala, y en ambos conceptos me tocan de cerca estas cuestiones.

Voy a publicar la solución que han dado a ellas los economistas; voy a presentar la que han dictado los legisladores.

ECONOMISTAS

Los que ha habido desde que empezó a crearse la ciencia que se llama Economía Política (o Crisología) hasta el siglo presente, están divididos en tres clases:

Los que formaron el sistema mercantil, que hacía consistir la prosperidad de las naciones en el comercio exterior que extraiga frutos o mercaderías e introduzca cantidades de oro, plata o dinero; y para proteger este comercio aconsejaba el fomento de la industria, prohibiendo la exportación de materias primeras y la importación de mercaderías fabricadas en países extranjeros.

Los que fueron autores del sistema agrícola, que mira la tierra como fuente única de riqueza, y sostiene que ninguna industria es productora de nuevos valores si no se emplea en la agricultura, pesquería o minas.

Los que han creado, hermoseado y perfeccionado el sistema industrial, que ve en el trabajo, aplicado a la industria rural, fabril y mercantil, el manantial de donde fluyen las riquezas.

Estas tres clases de economistas, discordes en los principios fundamentales de sus sistemas, lo están también en las consecuencias que deducen de ellos. Pero en el comercio de abastos, en el giro de comestibles, no hay sectas ni sistemas: todo es unanimidad y armonía en los economistas de más nombre. Libertad es el principio que proclaman; libertad es el dogma que profesan.

CLASE PRIMERA
MONTESQUIEU

Vivió en la época del sistema mercantil, y parece adicto a él. Defiende, sin embargo, la libertad, y en obsequio de ella dice:

"El comercio recorre la tierra entera: huye de aquellos países en donde es oprimido; se fija en donde se le deja respirar; florece ahora en donde antes solo se veían rocas; progresaba antiguamente en donde no hay ahora más que desiertos."

Devastadas las haciendas en los períodos horribles de las guerras intestinas; obligados los propietarios a presentarse a la autoridad municipal, a pagar multitud de derechos y enterar, a más de todo esto, alguna cantidad de dinero para poder vender lo que es suyo; oprimido con el peso de gastos de cría, gastos de arreos, gastos de repastaje, gastos de pastoría, gastos de carnicería, gastos de vendaje, gastos de administración y gastos de acarreo; gravado con los impuestos de primicia y diezmo en unos lugares, y de cuatro reales por cada caballería de tierra en otros; con los de alcabala de extracción, alcabala de consumo, hospital, policía, derecho de un real por cada arroba de carne, majada y tablas; monopolizado o estancado en pocas manos, el giro de ganado desaparecerá del Estado infeliz de Guatemala: serán desiertos tristes los llanos que antes se veían pintados con novillos de diversos países; vegetarán para pudrirse y volverse tierra las plantas que los engordaban, si continúa un sistema tan sensible como gravoso.

"El deseo de la ganancia —dice— es el estímulo más vivo para animar al trabajo. Este deseo, que es el que suministra los abastos y procura la abundancia, no debe amortiguarse con restricciones, sino avivarse con libertades. Déjese que suba o baje el precio o proporción de las causas que producen esta variación: destiérrense los impuestos municipales: haya libertad."

Habiéndola, vendrán al mercado de Guatemala los ganados de Mita, Santa Ana, Sonsonate, San Salvador, etc., y la concurrencia libre producirá la abundancia y baratura. Habiendo posturas, estanco o monopolio, cesa la libertad de concurso: suben los precios y resultan muchas víctimas.

CLASE SEGUNDA
QUESNAY

Hijo de un labrador, recibió los sentimientos que inspira la madre agricultura. Fue fundador del sistema agrícola, que abraza el del ganado; y para fomentarlo creyó necesaria la libertad.

"Consérvese —dice— la entera libertad del comercio, porque la policía más segura y más ventajosa a un Estado consiste en la completa libertad de la concurrencia. Cuando los labradores y ganaderos gozan de la mayor libertad posible, su industria y, por consiguiente, su neto producto —que es el único fondo de que dimana toda riqueza nacional— subirá a la mayor cantidad posible."

El sistema de libertad es un sistema de atracción; y el de posturas, un sistema de repulsión. El primero es de tolerancia justa y benéfica; y el segundo, de intolerancia injusta y dañosa.

Un propietario se presenta gustoso a un mercado en donde conserva toda la dignidad de hombre libre que vende lo que es suyo a la hora que le agrada, en el lugar que le place y al precio que le conviene. Pero sufre mucho cuando no se le permite hacer pactos sino en la sala de la municipalidad, a las doce del día, y ofreciendo precisamente algún dinero.

Las posturas son fuente verdadera de muchos males. Condenan a humillaciones; coartan la libertad; quitan el tiempo, que tiene tanto precio; pueden dar ocasión para que se formen ligas o monopolios; alejan a los pequeños propietarios; embarazan la concurrencia.

Las posturas no corresponden al siglo XIX. Pertenecen a los siglos oscuros del feudalismo, cuando se daba a vasallos, por el dinero que ofrecían, el privilegio de vender algunos artículos de giro.

BAUDINI

Este digno arcediano de Sena dijo y supo probar que la falta de libertad es el medio más seguro para ocasionar escaseces y empobrecer los países más fértiles.

El estado comparativo del consumo de carne en los tiempos alegres de libertad y del mismo consumo en los días tristes de estanco o monopolio es la demostración más clara de la doctrina de Baudini. En el primer período hubo meses en que se consumieron ochocientas reses en el rastro, y en el segundo no ha habido uno en que se consuman al mes cuatrocientas.

El Estado de Guatemala es el más grande entre los cinco que forman la República. Sus tierras son dilatadas y fecundas, sus pastos abundantes, sus abrevaderos copiosos y sus salitrales multiplicados. No tiene, sin embargo, el ganado que necesita para su consumo interior. Es preciso que lo alimenten los Estados de El Salvador, Honduras y Nicaragua; y llegaría a ser herbívoro si continuara el sistema de impuestos inmoderados, de posturas y de estanco.

Para que cese una dependencia tan vergonzosa; para que tenga en su mismo seno lo que necesita para su existencia, es necesario que se proteja la cría de ganado, y el fomento de este artículo exige libertad plena. Es lozana y frondosa la planta que crece libremente, y marchita y desmedrada la que se oprime y ata con diversas ligaduras.

CLASE TERCERA
ADAM SMITH

He aquí el autor del sistema industrial; el descubridor de los verdaderos principios de la Economía Política; el hombre de cuya mente salió formada la ciencia.

"El precio de las cosas —dice— se regula por la proporción entre la cantidad de artículos que hay en el mercado y la concurrencia de compradores. Cuando la cantidad del artículo no alcanza para la demanda efectiva de los compradores, sube el precio más o menos, según sea mayor o menor el empeño o necesidad de comprarlo. Por el contrario, cuando la cantidad del artículo excede a la demanda efectiva de los compradores, el precio baja más o menos; según que la abundancia del género aumente más o menos la competencia de los vendedores, o según les sea más o menos importante vender su mercadería.

Un monopolio o privilegio exclusivo concedido a un individuo o a una compañía encarece los artículos. Los monopolistas, manteniendo siempre escaso y mal provisto el mercado, venden sus artículos a precio mucho más caro que el natural y suben sus ganancias a un valor excesivo sobre su natural proporción.

El precio del monopolio es siempre el más alto, y el precio de la concurrencia libre es el más bajo.

La misma tendencia de encarecer los artículos tienen aquellos reglamentos que restringen la libre concurrencia, concediendo todo a un corto número de los que se emplean en aquellos ramos. Estas restricciones son una especie de monopolio que hacen subir los precios mientras no se corrijan acordando la libertad."

¿Cuál fue en Guatemala el precio de la carne desde que se estancó este artículo en pocas manos? ¿Cuántas eran las onzas que se daban al público desde una fecha tan funesta? ¿Cuántos eran los pobres que desde entonces vivían privados de un alimento tan precioso? ¿Cuántos eran los que sustituían la carne de carnero a la de novillo?

Que haya carestía de carne en un país en donde no hay ganado es, sin duda, un mal necesario. Pero que se sufra aquella plaga, habiendo ganado y pidiendo sus dueños que se les permita la libertad de su expendio, este es el máximum de la desgracia: el extremo último del dolor.

FILANGIERI

Franklin, el Sócrates de los Estados Unidos, escribió a Filangieri que la obra que empezó a publicar en 1780 era la admiración e instrucción de sus conciudadanos.

En ella dice:

"La administración que no debía emplear su influencia sino en allanar el camino por donde podía marcharse a la felicidad de los pueblos; la administración que debería adoptar por regla de su conducta intervenir cuanto menos se pueda y dejar obrar cuanto más se pueda, se ha vuelto en la mayor parte de las naciones la causa de su miseria por haberse alejado de aquel saludable principio.

La carestía de un artículo es de dos especies: 1. cuando la cantidad de él es inferior a la que exige el consumo; 2. cuando el precio del artículo es tan alto, que una multitud de ciudadanos no puede comprarlo. Ninguna de estas carestías puede ser producida por la libertad. En el primer caso, los negociantes, sabiendo que la escasez de artículos en unos lugares los lleva de aquellos en donde abundan, y cesa al momento la carestía. En el segundo, cuando los artículos existen estancados en pocas manos, falta la concurrencia de vendedores: existe el monopolio; y este desorden se evita con la libertad, que hace concurrir a muchos vendedores."

JOVELLANOS

Hijo del Principado que en un espacio pequeño de tierra ha producido hombres muy grandes; amigo de los sabios, y sabio él mismo en alto grado, dijo:

"Los gobiernos han considerado a los hombres como pupilos. Todo lo reglamentan; y los reglamentos, poniendo trabas y restricciones, entibian el interés de los agentes de la riqueza.

Los gobiernos justos quieren que los labradores, hacendados y comerciantes produzcan la mayor cantidad de artículos y la mejor calidad; y el mejor medio de lograrlo es mandarles que ejecuten los que saben hacer sin ellos. Someterlos a reglamentos que tiendan a disminuir la cantidad y calidad de los artículos de riqueza sería obrar contra el bien general de los pueblos.

Los gobiernos deben dejar libre el interés de los labradores, hacendados y comerciantes: solo deben intervenir en allanar aquellos obstáculos físicos, políticos y morales que no puede vencer la mano de un particular.

No debe haber posturas, tasas, monopolios, trabas ni restricciones. La libertad del tráfico es la que produce la abundancia, y a esta sigue la comodidad de los precios."

Que los gobiernos allanen los obstáculos físicos facilitando las comunicaciones; que venzan los estorbos políticos moderando los impuestos, revocando las leyes hostiles a la propiedad y derogando los reglamentos restrictivos del uso libre de ella; que quiten los embarazos morales dirigiendo la opinión, inclinándola a respetar la propiedad y mirando como dignos de igual protección la ganadería, la agricultura y todos los ramos de riqueza. Pero que dejen en libertad plena a los hacendados, labradores y comerciantes para procurarse las mejores nacencias y cosechas, y vender sus ganados, granos y mercaderías en el lugar que les parezca, a la hora que les agrade y al precio que quieran.

Esta es la doctrina luminosa de Jovellanos. Yo conservaré siempre la memoria de este ilustre español. Él fue el primero que decidió mis inclinaciones al estudio importante de la Economía Política.

GARNIER

Comparó las teorías de aquella ciencia con los datos de la estadística; escribió con este objeto una obra célebre, y en ella dice:

"No estamos muy distantes de aquellos tiempos en que los gobiernos embarazaban la circulación interior. Al lado de los obstáculos opuestos a ella se veían privilegios exclusivos, y el monopolio particular, elevándose sobre el general, secaba muchos ramos para fecundar otros estériles o menos fértiles. Todas estas causas de miseria general han desaparecido en la mayor parte de los Estados de Europa, y al presente nadie ignora que en el comercio interior la circulación debe gozar la más ilimitada libertad. La opinión de los escritores, la autoridad de la experiencia, los principios de la razón están acordes y demuestran la necesidad y ventajas de esta libertad ilimitada."

También en Guatemala son uniformes la opinión, la experiencia y la razón.

El pueblo suspira por la libertad absoluta en el abasto de carne. Diversos pobres han venido en distintos días a darme gracias por haberla pedido en diferentes representaciones; y los hombres de principios desarrollan los que tienen contra las posturas y a favor de la libre concurrencia.

En los tiempos de libertad el consumo era mayor que en los de monopolio; y el consumo más grande de un artículo prueba siempre, en igualdad de circunstancias, su mayor cantidad o mejor calidad.

Si es absolutamente libre la venta de artículos de lujo y de primera necesidad, debe serlo también la de carne, que es un alimento precioso. Si no hay posturas ni remates en el giro o expendio de los primeros, tampoco debe haberlos en el de los segundos.

Supóngase que amanecen carteles anunciando: 1.º, que solo puede vender gasas, bretañas o royales el mercader que en la sala de la municipalidad haya prometido, a las doce señaladas por el reloj de Catedral, dar más dinero o más varas de aquellos tejidos; 2.º, que solo puede vender trigo, maíz o harina el labrador que en la oficina del Jefe Departamental haya ofrecido, precisamente a las ocho de la mañana, dar más cantidad de numerario o de granos; 3.º, que solo puede vender botas, sillas o azadones el zapatero, carpintero y herrero que, en un lugar designado y a una hora prefijada, haya pagado más dinero o prometido más baratos aquellos artefactos.

¿Cuál sería en caso tan original la sensación pública? ¿Cuál sería el desarrollo de consecuencias deducidas sucesivamente unas de otras? ¿Y podría ser justo para los hacendados o negociantes de ganado lo que no sería para los labradores, mercaderes y artesanos?

STORCH

Fue preceptor del que ahora es emperador de Rusia; escribió para su instrucción un Curso de Economía Política que ha merecido elogios en Europa; y en él dice:

"El precio de las cosas es el resultado de la oferta y de la demanda de ellas. Cuando son muchos los que ofrecen un artículo y pocos los que lo buscan, el precio es bajo; y, al contrario, cuando son muchos los que lo buscan y pocos los que lo ofrecen, el precio es alto.

Este orden justo de cosas se trastorna por el monopolio, que embarazando la concurrencia de vendedores favorece a algunos con perjuicio de otros y del público.

Los monopolios son de tres especies: 1. los que nacen de algún secreto que perfecciona la industria; 2.º los que son consecuencia de las propiedades particulares de un terreno, que produce frutos que no da otro; 3. los que resultan de las órdenes arbitrarias de los gobiernos.

Todos hacen subir el precio; pero los unos son efecto de la naturaleza, y los otros deben su existencia a la manía reglamentaria que echa a perder todo lo que quiere mejorar.

Las leyes que reducen la concurrencia a un pequeño número de individuos tienen la misma tendencia que los monopolios. Son realmente una especie de monopolio, y producen los efectos consiguientes."

El precio de las cosas —dice Storch— debe ser relativo a la proporción que haya entre la oferta de los vendedores y la demanda de los compradores. He aquí un principio del cual se deducen consecuencias importantes.

El artículo que ofrecen los vendedores no es del gobierno; el dinero que ofrecen los compradores tampoco es del gobierno. No es el gobierno quien debe señalar el precio. La concurrencia libre de los vendedores y compradores es la que debe fijarlo en regateo plenamente libre.

Si el gobierno embaraza la concurrencia libre de los vendedores, hace que valga 10 lo que en caso contrario solo valdría 8. Si embaraza la concurrencia libre de los compradores, hace que valga 8 lo que en circunstancias opuestas valdría 10.

Mandar que no pueda expender su ganado sino aquel que se presente ante las municipalidades a las doce precisas del día; acordar que haya posturas y no pueda hacerlas sino aquel que haya dado cierta cantidad de dinero; disponer que las pujas suban por lo menos a tres libras de carne, es embarazar la concurrencia libre de vendedores, alejar de ella a los pobres y a los que no tengan numerario, oponer obstáculos a los forasteros, estancar el abasto en un círculo pequeño de ricos, señalar precio a lo que es ajeno y herir en lo más vivo el derecho santo de propiedad.

BENTHAM

Murió en junio último este patriarca de la ciencia legislativa; murió este Néstor del mundo literario; murió este respetable amigo mío. Pero nos ha dejado la parte más preciosa de su genio: nos ha legado sus obras; y en ellas dice:

"El principio de la libre concurrencia cubre una gran parte del campo de la legislación: se aplica a las leyes constitucionales, económicas y administrativas.

El verdadero fundador de la Economía Política, Smith, dedujo de este principio una ciencia…

Dos concurrencias opuestas arreglan el precio de las cosas: la de los compradores y la de los vendedores. La primera asegura a los productos de la industria una recompensa suficiente para sostenerla y adelantarla; la segunda sirve de contrapeso y modera los precios.

Establecer monopolios, acordar privilegios, señalar el precio de las cosas, designar el lugar de los mercados, es obrar contra el principio de la libre concurrencia: es restringirla y perjudicar la riqueza nacional."

Concurrencia libre a la plaza para que se aumente el número de vendedores de granos o frutos.

Concurrencia libre al mercado para que se aumente el número de comerciantes y mercaderes.

Concurrencia libre al rastro para que se aumente el número de abastecedores, y goce el público este beneficio.

Abolición eterna de posturas, pujas y remates. Olvido perpetuo de restricciones de hora y lugar. Revocatoria para siempre de los acuerdos que exigen dinero para permitir la venta.

Existen los propietarios que desean vender libremente sus ganados; viven los consumidores que desean comprar libremente sus alimentos.

No embaracéis la concurrencia de los vendedores; no impidáis la de los compradores. Dejad libres los dos pesos de la balanza: ellos buscarán el equilibrio que exige la justicia y hace la prosperidad de los Estados.

SAY

Es el economista del siglo. Las obras que ha escrito y las notas que ha puesto a las de otros le dan este justo título. En ellas dice:

"Las facultades industriales, esto es, la instrucción o capacidad de hacer cosas útiles, forman una propiedad nuestra, porque son una creación de nuestros trabajos y de los gastos que hicieron nuestros padres en nuestra educación.

Los capitales forman otra propiedad que hemos producido trabajando, ahorrando y acumulando ahorros para hacer el capital.

Toda propiedad debe ser sagrada. ¿Quién podrá tener derecho a lo que es producción de mis afanes, o fruto de mi trabajo y ahorros?

El gobierno puede mandar que una pieza de dinero se llame duro o peseta; pero no puede mandar que por un duro o peseta se dé tanto de tal mercadería.

La propiedad de una cosa nace de la facultad afianzada a su poseedor para disponer de ella libremente.

El vendedor puede vender lo suyo como le parezca, y el comprador puede comprarlo como le convenga. Esta libertad que tienen es una emanación del derecho de propiedad, que es inviolable.

El monopolio, las trabas, las restricciones son contrarias al derecho de propiedad. Debe acordarse la libertad plena del giro o tráfico."

Pensar, escribir, es hacer uso de la industria que se llama intelectual; sembrar, cosechar, es hacerlo de la que se llama rural; fabricar tejidos o artefactos, es hacerlo de la que se llama fabril; vender, permutar, cambiar frutos o mercaderías, es hacerlo de la que se llama mercantil.

Si un gobierno mandara que no se pensase, escribiese, sembrase, fabricase, vendiese ni cambiase sino a las doce del día, a presencia de los municipales y dando previamente alguna cantidad de dinero, ¿habría quien creyese justa su orden? ¿No pensarían todos que era una violación del derecho de propiedad, que consiste en la facultad de disponer libremente de lo que es propio?

¿Cuál es el objeto que puede proponerse un gobierno acordando el sistema de posturas que lo ataca? ¿Favorecer a algunos abastecedores? ¿Proveer al público de carne buena y barata? ¿Proporcionar al erario los derechos que sea justo exigir? ¿Ocurrir a los gastos de una guerra intestina o exterior? ¿Reintegrar a los que dieron dinero para tener el privilegio funesto de ser abastecedores exclusivos?

El beneficio particular de un individuo o familia no es título justo, ni debe presumirse de un gobierno instituido para bien universal de todos. Deben esculpirse en columnas de bronce las palabras de Cicerón:

Omnino, dice en su obra preciosa De officiis, qui reipublicæ præfuturi sunt duo Platonis præcepta teneant: unum, ut utilitatem civium sic tueantur, ut quæcumque agunt, ad eam referant, obliti commodorum suorum: alterum, ut totum corpus reipublicæ curent, ne, dum partem aliquam tuentur, reliquas deserant[2].

---

[2] "En suma —dice en su preciosa obra De officiis— quienes han de estar al frente de la república deben tener presentes dos preceptos de Platón: el primero, que velen por el interés de los ciudadanos de tal modo que, hagan lo que hagan, lo refieran a ese interés, olvidándose de sus propias conveniencias; el segundo, que cuiden del cuerpo entero de la república, para que, al proteger alguna parte, no descuiden las demás."

La libertad es la única que provee al pueblo de carne buena y barata sin sacrificar a los abastecedores, obligándolos a venderla a un precio excesivamente bajo, ni al público, condenándolo a recibirla por un valor inmoderadamente alto. Si provee de granos, frutos y mercaderías, sabrá también proveer de carne en abundancia y a precio justo.

La concurrencia libre no embaraza el cobro de derechos. La hay en todos los artículos de giro, y sin embargo de haberla, se recaudan los que designa la ley.

Las guerras no exigen que se aumenten los sacrificios que son necesarios: exigen que se alivien los que sean precisos. Yo he leído la historia de las naciones más ilustradas de Europa. No he visto que en el siglo que se llama de luz hayan adoptado el arbitrio de conceder por dinero el privilegio exclusivo de vender alimentos de primera necesidad para ocurrir a los gastos de las guerras. He leído que en París algunos partidos intentaron sostener una guerra concediendo privilegios exclusivos en el abasto de artículos necesarios, y que el resultado fue fatal.

Conceder privilegios exclusivos en el abasto de artículos necesarios sería condenar al pueblo a sufrir dos guerras: la militar y la económica; la de las armas que lo atacan, y la de los comestibles que se le venden caros. Quitando a los propietarios, en tiempo de guerra, el derecho de vender los productos de sus propiedades, se les pondría en incapacidad de contribuir para las erogaciones de la misma guerra; se les haría un daño de mucha trascendencia y se les arrojaría tal vez a los abismos de la miseria.

El artículo 4.º de la Constitución de la República y el 24 de la del Estado dicen que todos deben contribuir a los gastos públicos, sin exención ni privilegio; y se infringirían estos artículos si se concediera a un número mínimo de individuos la gracia de ganar cantidades gruesas con daño del público y se condenase a los demás a sufrir los daños del monopolio y los pesos de las contribuciones ordinarias y extraordinarias.

Ocurrir a los gastos de una guerra vendiendo el privilegio exclusivo de expender alimentos de primera necesidad sería imponer al pueblo una contribución onerosa y eximir de ella a los privilegiados ricos; sería hacer que la guerra multiplicase para los pobres la suma de males y fuese para los privilegiados una especulación o fuente de riqueza. Si la venta de privilegios exclusivos es arbitrio justo para cubrir las erogaciones de la guerra, ¿por qué no se vendió el de expender artículos de lujo? ¿Por qué se vendió el de expender un alimento de tanta necesidad?

Yo excuso examinar si con arreglo a las leyes y a la razón debe volverse el dinero que se dio para tener el privilegio de sacrificar al pueblo. Yo omito discutir si debe destinarse al resarcimiento del daño que ha causado. Que otros decidan estas cuestiones. Yo pregunto: ¿si no están todavía reintegrados los que dieron mil pesos mensuales para sacar dos o tres mil de las entrañas del pueblo? Yo pregunto si no están pagados con rédito crecido los que por tanto tiempo han gozado las ventajas del monopolio.

Supongo, sin embargo, que no están todavía reintegrados. Aun en este supuesto, el método de posturas es acaso necesario... porque el gobierno acordó por este motivo que los abastecedores que quieran expender su ganado les entreguen junta aquella suma, y que después se cubran paulatinamente con el producto de los derechos que se cobren del ganado. Yo siento que se haya hecho este raciocinio. Es el monopolio, la confusión, la vergüenza de los que lo han hecho.

¿Conque los privilegiados que ofrecieron dinero para ser ellos solos abastecedores no deben reintegrarse paulatinamente con el producto de los derechos, sino a un tiempo con toda la cantidad o valor de su privilegio; y los no privilegiados que son condenados a dar dinero para poder expender lo que es suyo deben reintegrarse poco a poco con el producto de los derechos?

¿Conque los privilegiados que no han cesado de expender su ganado y han tenido en su expendio ganancias extraordinarias no deben ser cubiertos paulatinamente, sino junto con toda la cantidad; y los que no han podido expender una sola res por haber estado privados del uso libre de sus ganados deben dar cantidad de dinero y ser satisfechos de ella poco a poco con los derechos que se vayan enterando? ¿Conque las víctimas deben dar suma considerable de dinero a sus sacrificadores para poder expender lo que es suyo?

¡Dinero en tiempo de guerra para gozar el privilegio exclusivo de expender ganado! ¡Dinero en tiempo de paz para poder hacer posturas y beneficiar sus reses! ¿Y los que tienen ganado y no tienen dinero serán excluidos del círculo que ha formado el monopolio? ¿Y los pobres, dueños de algunas reses, serán también condenados a no expenderlas? ¿Y la ley que los declara a todos iguales en derechos será desatendida? ¿Y la otra ley que juzga sagrado el derecho de propiedad será también despreciada? ¿Y la otra que da al dueño el de disponer libremente de lo suyo será igualmente hollada?

Los abastecedores son de dos especies: privilegiados y no privilegiados. Los primeros tienen todo el dinero que les ha proporcionado el privilegio; y los segundos sufren toda la escasez que les hace experimentar la privación del uso libre de sus ganados. Conceder privilegio exclusivo a los que ofrecieron dinero para ser ellos solos abastecedores, y mandar después que se restablezcan las posturas y no puedan hacerlas sino aquellos que hayan dado el dinero ofrecido por los privilegiados, ha sido (permítase decirlo) continuar, en segundo orden, al sistema de estanco acordado en el primero: los privilegiados eran antes los abastecedores; los privilegiados son ahora los abastecedores.

No se diga que el Gobierno necesitaba dinero para los gastos de la guerra y solo vendiendo privilegios exclusivos podía proporcionárselo. La suma que dieron los agraciados por el estanco o monopolio de los meses de mayo, junio, julio, agosto, septiembre, octubre, noviembre y diciembre fue la de ocho mil treinta y dos pesos, según ha dicho el Gobierno; y creo que no era imposible reunir esta suma en un Estado en donde se calculan seiscientos mil individuos. Decir que había guerra injusta contra el Estado, y que no hubiera sido posible completar aquella cantidad para ocurrir a sus gastos, sería publicar que no tenemos elementos para ser soberanos.

Yo recuerdo las palabras de uno de los ministros más íntegros de la Francia. Un individuo ofrecía cantidad de francos para obtener un privilegio opuesto a los intereses generales. "Si tienes dinero —dijo el ministro— para hacer daño al público, exhíbelo para hacer su bien."

Los empréstitos son una de las concepciones sutiles que ha presentado el tiempo: una cosa original que no es préstamo, porque la fuerza lo hace exhibir, y no se devuelve ni la mitad de lo que se ha obligado a dar; ni contribución, porque no tiene los caracteres que debe haber en los impuestos. Los capitalistas hacen votos para que se borren de nuestra legislación. Pero por excusar empréstitos a algunos propietarios, ¿será justo estancar un alimento de primera necesidad, sacrificar al público, privar a unos hacendados del uso libre de sus ganados y enriquecer a otros?

FLORES ESTRADA

Es del mismo Principado en donde nacieron Jovellanos, Campomanes, Meléndez Valdés y otros sabios españoles. Quería escribir la historia de la revolución de España: le manifesté deseos de que escribiese sobre la ciencia importante que he amado siempre con predilección; y tendiendo la vista por todo…

"El derecho de propiedad no es un don de la sociedad: nació con el hombre; le es tan natural como las fuerzas físicas y facultades intelectuales con las cuales lo adquiere. El legislador no puede atacarlo. Es un producto de aquellas fuerzas; y si es natural la causa, no puede dejar de serlo el efecto.

Se atenta el derecho de propiedad cuando se priva al hombre del goce pacífico del fruto de su trabajo; se atenta cuando se le impide el uso libre de lo que es suyo; se atenta cuando se ponen obstáculos o se dictan leyes restrictivas que impiden que sean libres y espontáneos los cambios o ventas; se atenta cuando se exigen más contribuciones que las puramente necesarias, o cuando se exigen inmoderadas de los alimentos de primera necesidad; se atenta cuando se impide a un sujeto algún ramo de giro, sin satisfacerle el capital que tenía empleado en él; se atenta cuando se pone precio a su dinero o propiedad; se atenta cuando la ley ordena que para comprar y vender precedan posturas; se atenta cuando se prohíbe vender sino es a horas y sitios determinados."

Desde fines de octubre del año último el Gobierno ha establecido en once meses seis sistemas de posturas; y en todos ellos —permítase decirlo con todo el decoro debido a la autoridad— se ha herido el derecho de propiedad.

En el primero multiplicó, en su reglamento de 29 de octubre de 1831, las trabas y restricciones: mandó que en esta capital se rematasen en un día tres días con quince, catorce y trece de anticipación; y opuso por consiguiente embarazos a los que tienen menor número de reses de las que se consumen en un día; mandó que en las demás poblaciones del Estado se hiciesen los remates con tres u ocho días de anticipación, y opuso de esta manera obstáculos a los forasteros que tienen su ganado distante del mercado; mandó que las posturas no fuesen calificadas por la calidad, sino por la cantidad de carne; y de este modo igualó al que ofrece buena carne con el que la promete mala, al que mata novillos con el que mata toros; mandó que fuese fiador el que no tenga bienes conocidos, y con esta disposición decretó contra los pobres una traba que no existe en los tiempos de libertad; mandó que no fuesen admitidas las posturas de los que por enfermedad u otra causa no pueden presentarse a las doce precisas del día, y puso restricciones que son desconocidas en el sistema justo de libertad.

En el segundo concedió, a principios del corriente año de 1832, privilegio exclusivo de abastecedores a los que ofrecen mil pesos mensuales; estancó en pocos individuos ricos el expendio de un alimento de primera necesidad; privó del uso libre de sus ganados a los propietarios que no tenían dinero o noticia de su disposición; excluyó a los pobres poseedores de pocas reses; encareció un artículo preciso para la existencia; hizo sufrir al pueblo los tormentos del hambre; le impuso la contribución onerosa de los mil pesos y ganancias inmoderadas que los privilegiados sacaron de sus entrañas; disminuyó los consumos y menguó los intereses de la hacienda pública, de la policía y del hospital.

En el tercero acordó el 19 de julio último que no hiciesen posturas sino aquellos que dentro de quince días diesen el dinero que enteraron los agraciados para obtener su privilegio; volvió a excluir a los pobres; volvió a privar del uso libre de su ganado a los propietarios que no tenían numerario; dictó una providencia que tendía a dejar el abasto de carne en los mismos privilegiados que lo habían tenido estancado.

En el cuarto dispuso el 31 de dicho julio que las posturas subiesen hasta tres libras de carne; que de esta cantidad arriba las pujas se hiciesen en dinero; y este fuese aplicado a la hacienda pública: añadió un nuevo impuesto a todos los que pesan sobre este alimento necesario; agregó otra exhibición de dinero a la de darlo para poder hacer posturas; alejó por cuarta vez a los pobres; excluyó por tercera a los propietarios que carecen de numerario; confirmó a los privilegiados ricos la gracia que gozaban por su riqueza metálica.

En el quinto ordenó el 6 de agosto anterior que las pujas no se hiciesen en dinero sino en carne; pero que de tres libras arriba se diese al público la mitad de las pujas, y la otra mitad se valuase y su importe fuese aplicado a la Tesorería del Estado: hizo más trabajoso o complicado un giro que sería sencillísimo en el sistema de libertad; repitió la exclusión de los pobres que no pueden soportar las trabas de las posturas; reiteró la de los propietarios que tampoco puedan sufrirlas; embarazó de nuevo la concurrencia de los vendedores, y alteró por todas estas causas el valor justo que solo debe fijar la libertad.

En el sexto mandó el 28 de septiembre próximo que ya no se aplicase a la Tesorería la mitad de las pujas; pero que continuase el sistema de posturas que solo pueden hacer los que hayan dado la cantidad exhibida por los privilegiados: acordó, de consiguiente, la continuación del abasto en los ricos que tuvieron numerario bastante para enterar aquella cantidad; se ven excluidos los pobres; continúa abierta la puerta a los inconvenientes que puede producir el sistema de posturas en un Estado en donde se observa que en cada población hay una familia dedicada al giro de ganado, y los individuos de ella pueden hacerse entre sí pujas moderadas, y elevarlas excesivamente cuando se presente alguno que no sea miembro de la misma.

El sistema de posturas es esencialmente restrictivo, intolerante, hostil al derecho de propiedad.

Tú sola, libertad justa, emanación sublime de la misma fuente de donde nacen todos los derechos del hombre; tú sola proporcionas la riqueza de todos sin sacrificar a nadie. El pobre, el rico, el hijo de El Salvador, el de Honduras, el de Nicaragua: todos son admitidos. A nadie opones obstáculos. No hay hambres ni escaseces en los mercados que diriges. No hay monopolios, trabas ni restricciones en las plazas que presides. Los pueblos suspiran por ti. Los legisladores justos dictan leyes para garantizar tus derechos; y yo voy a publicar la voz respetable de ellos.

LEGISLADORES

Los que nos tocan más de cerca son: el de la Naturaleza, que dictó las leyes primeras de justicia; los de la Roma antigua, que, conquistando el mundo entonces conocido, hizo extensiva a todo él su legislación; los de Francia, que, propagando su filosofía y poniendo al mundo en movimiento, ha difundido sus pensamientos y su espíritu; los de España, que, siendo en un tiempo la monarquía más grande que han visto los siglos, dio leyes en Europa, en África, en Asia y en América; y los de Centroamérica y del Estado de Guatemala, que han consagrado los principios más justos sobre la propiedad y la libertad.

EL DE LA NATURALEZA

Ha hablado idioma muy claro en todos los climas y siglos. Creando al hombre con necesidades, el autor de la naturaleza le dio derecho para satisfacerlas; se lo dio para comerciar libremente sus alimentos. Quitar este derecho a unos y darlo exclusivamente a otros es olvidar la primera de las leyes.

En el Código del Derecho Natural no hay monopolios, posturas, trabas ni restricciones. Todos los hombres son individuos de una misma especie. Ninguno debe hacer daño a otro. Esta es la voz del Creador del hombre, el cálculo del género humano, el grito de la conciencia, la legislación de los gobiernos justos.

LOS DE ROMA

Mandaron en la ley setenta y dos de las Doce Tablas que se cortasen aun las ramas del árbol que con su sombra hiciesen daño al campo vecino. No estaba entonces creada la Economía Política; pero reconocieron el derecho que tienen los propietarios para vender libremente lo que es suyo al precio que les acomode, y lo sancionaron en una ley que les hará honor eterno. Prohibieron el monopolio y declararon nulos los pactos contrarios al bien público.

LOS DE FRANCIA

Tienen también por nulos, en su Código Civil, los contratos que sean opuestos a los intereses del pueblo; y en las Constituciones de 1791 y 1793, y en la Carta Constitucional de 1814, declaran que ninguno puede ser privado del uso de sus bienes sino por causa del bien público y con previa indemnización.

LOS DE ESPAÑA

Dicen en la ley 17, título 34, partida séptima, que ninguno debe enriquecerse con daño de otro; manifiestan en la ley 29, título 11, partida quinta, que no deben cumplirse los pactos que den carrera a los hombres para hacer mal; disponen en la ley 8, título 18, libro cuarto de la Recopilación de Indias, que los mantenimientos y viandas sean libres en su comercio.

Conocen los daños que resultan de gravar la carne con impuestos crecidos, y los que exigen son moderados. Mandan en la Constitución de 1812 que la propiedad debe ser protegida por leyes sabias y justas. Publican en acuerdo de 28 de julio de 1813, cuando España estaba en guerra con el conquistador de Europa, el aprecio con que veían el discurso escrito por don Manuel Palomino sobre medios de precaver el hambre y evitar el monopolio de granos, que son alimento de primera necesidad. Ordenan en decreto de 4 de agosto del mismo año que no se exijan a los ganados de cualquiera clase los impuestos que se cobraban en la Península con varios títulos. Acuerdan en el de junio de 1823 la libertad en el abasto de carne, y quedan abolidas las posturas.

LOS DE CENTROAMÉRICA

Declaran en el artículo 175 de la Constitución de la República que ni el Congreso, ni las Asambleas, ni las demás autoridades pueden privar a nadie del uso libre de sus bienes sino cuando lo exija, en favor del bien público, una grave urgencia, y que aun entonces se garantice previamente la justa indemnización.

LOS DEL ESTADO DE GUATEMALA

Dicen en el artículo 28 de la Constitución del Estado que todos los habitantes de él deben ser protegidos en el goce de su libertad y propiedad, y que ninguno puede ser privado de estos derechos sino en los casos prevenidos por la ley y con las formalidades legales. Declaran en el artículo 31 que la Constitución garantiza la inviolabilidad de todas las propiedades, el uso libre de los bienes de todos los habitantes y la justa indemnización de aquellos cuyo sacrificio exija con grave urgencia la necesidad pública, previamente justificada y garantizada.

CONSECUENCIAS

Las consecuencias que se deducen de leyes tan expresivas son obvias y exactas.

¿El sistema de posturas, que no permite expender libremente un artículo de primera necesidad, será conforme al derecho natural, que da a todos la libertad de comprar y vender sus alimentos?

¿El sistema de posturas, que hace tantos daños, será conforme a la ley de las Doce Tablas, que no permitía que se hiciesen perjuicios al vecino?

¿El sistema de posturas, que fija el precio de tres libras de carne y monopoliza un artículo tan preciso, será conforme a las leyes de los romanos que prohíben el monopolio y reservan al vendedor el derecho de señalar precio a lo que es suyo?

¿El sistema de posturas, que se opone tanto a los intereses de los pueblos, será conforme a las leyes de Francia, que, acordes con todas las legislaciones del mundo, declaran nulo todo lo que es contrario al bien público?

¿El sistema de posturas, que enriquece a los agraciados con daño de los demás propietarios y del pueblo, será conforme a la ley de Partida que prohíbe la riqueza de unos con perjuicio de otros?

¿El sistema de posturas, que abre la puerta para que puedan formarse ligas opuestas a los derechos de otros y del público, será conforme a la otra ley de Partida que prohíbe el cumplimiento de los pactos que dan carrera para hacer mal?

¿El sistema de posturas, que pone tantas restricciones al comercio de carne, será conforme a la ley de Indias que exige plena libertad en el comercio de mantenimientos y viandas?

¿El sistema de posturas, que además de las trabas del dinero que exige, del lugar que señala y de la hora que designa para hacerlas, opone también un catálogo largo de impuestos, será conforme a los decretos que quieren que los alimentos no sean gravados con derechos crecidos?

¿El sistema de posturas, que es una de las varias especies del monopolio, será conforme a las leyes que en tiempo de guerra y de paz lo prohíben?

¿El sistema de posturas, que sin exigirlo el bien público ha privado del uso libre de sus ganados a los hacendados que los compraron de buena fe, fundados en la ley que declaró libre este giro, será conforme a la Constitución de la República?

¿El sistema de posturas, que no ha garantizado la indemnización correspondiente a los pobres y a los propietarios a quienes ha privado del uso libre de su ganado, será conforme a la misma Constitución que ordena previa indemnización aun cuando el bien público exija privar a alguno del uso libre de sus bienes?

No hay armonía entre el espíritu de la Constitución y el de las posturas decretadas. La Constitución es eminentemente popular, y el sistema de posturas ha sacrificado al pueblo al interés de cinco o seis privilegiados. La Constitución proclama en voz alta lo sagrado del derecho de propiedad, y el sistema de posturas priva a muchos del uso libre de su propiedad. La Constitución grita igualdad de derechos ante la ley, y el sistema de posturas excluye a los hacendados que no tenían en agosto la cantidad de dinero exigida; a los pobres que ni entonces ni después han podido reunirla; y a los forasteros que por la distancia o por no tener dicha suma no pueden hacer posturas.

La Constitución declara protección igual para todos, y el sistema de posturas tiene estancado en nueve individuos el abasto de carne. La Constitución dice que la ley fundamental del Estado garantiza el uso libre de los bienes de todos los habitantes; y ¿será libre el uso de los bienes cuando para ejercerlo es necesario haber anticipado dinero, presentarse a una hora fija, hacer pujas y esperar resolución de los municipales?

La ley fundamental de la República, la Constitución del Estado y el derecho natural repugnan el sistema de posturas; y ninguna autoridad puede sobreponerse al derecho natural: ningún poder, si no es el constituyente, puede ser superior a la Constitución.

La voz uniforme de los economistas y la disposición acorde de los legisladores exigen abolición de posturas y libertad plena en el abasto de carne. Todos claman por ella.

Me constan los votos de los hacendados de Nicaragua; estoy cierto de la voluntad de los de Honduras; y he visto con placer que el Revisor oficial del Gobierno de El Salvador, publicado el 5 del corriente, dice:

"El sistema de privilegios exclusivos, de prohibiciones y de reglamentos está generalmente desacreditado. Es un axioma que la libertad es conforme a los intereses de los Estados; y la voz universal de los centroamericanos es muy clara y expresiva.

'Seamos nosotros solos los postores —dicen los amigos de privilegios o posturas—. Nosotros solos expenderemos reses; nosotros solos tendremos dinero; nosotros solos nos presentaremos a comprar ganados; y los nicaragüenses, los hondureños, los salvadoreños se verán comprometidos a vendernos al precio que nos agrade. Debe despreciarse la solicitud de los pobres, de los regatones y de los forasteros que piden la libertad de abasto para expender sus reses. Solo nosotros debemos ser los abastecedores.'

'No queremos el mal de otros —señalan los amantes de la libertad—. No solicitamos gracias ni pretendemos privilegios. No suplicamos que se excluya a los pobres, ni a los forasteros, ni a los revendedores o regatones. Pedimos que se permita el uso libre del ganado a todos cuantos lo tengamos. Nuestro memorial es sencillo: libertad absoluta para expender nuestras reses, y moderación de los derechos crecidos que pesan sobre este alimento de primera necesidad; es lo único que solicitamos.

El giro o tráfico de ganado no debe ser patrimonio privativo de nadie. Debe permitirse a todos: ninguno debe ser excluido.

Los propietarios conservan todos los derechos que les da este concepto, aunque no tengan dinero. La moneda es signo representativo del valor de las cosas; pero no debe ser cualidad necesaria para gozar los derechos que da la naturaleza.

Los pobres no pierden por serlo los suyos. Merecen, al contrario, por su misma pobreza, toda la protección del Gobierno.

Los forasteros son hijos de la patria y ciudadanos de una misma República. El localismo es desconocido ante la ley que declara a todos iguales derechos.

Los vendedores o regatones son útiles, lejos de ser dañinos. La ignorancia los mira con ceño; pero los sabios publican su importancia.

Entre los productores y consumidores debe haber agentes que multipliquen las ventas y cambios. Si no los hubiera, sería muy lenta la circulación y reducida la latitud del comercio. Los negociantes que compran ganado a los hacendados de Nicaragua, Honduras y El Salvador para revenderlos en Guatemala; los mercaderes que compran géneros en los almacenes para revenderlos en sus tiendas; las mujeres que los compran en las tiendas para revenderlos en las casas; los pobres que compran aves, cerdos, carneros: todos son regatones, y nadie los ha creído dañinos.

El tráfico de maíz está en las manos de los indígenas, y no ha habido antes ni hay ahora posturas. El giro del trigo está en las de agricultores sencillos y laboriosos, y jamás han pretendido que las haya. El comercio de géneros está en las de europeos, en la mayor parte, y nunca las han solicitado. ¿Cuál será la causa por qué se piden con tanto empeño en el abasto de carne? ¿Por qué se acuerdan privilegios, trabas y restricciones?

El artículo 1.º del Arancel de Aduanas dice: "La libertad de comercio es consecuencia exacta del derecho sagrado de propiedad; y el derecho de propiedad es deducción precisa de los primeros e imprescriptibles derechos del hombre."

Este es nuestro principio; este es el axioma de las naciones más ilustradas. No lo olvidemos jamás."

Un sabio dijo: "El sistema de reglamentarlo todo; el empeño funesto de enriquecer el erario empobreciendo los pueblos; y la falta de conocimientos de Economía Política son las principales causas de nuestra decadencia y atraso."

"Cultivemos la gran ciencia: respetemos la libertad; moderemos los derechos; y nuestra suerte será menos desventurada."

Guatemala, 20 de octubre de 1832.

DISCURSO SOBRE LA RENTA DE TABACO

(Leído en la Asamblea de Guatemala el día 11 de Octubre de 1824).

La renta de tabacos, que desde fines del siglo XVIII comenzó a ser objeto de las Cortes o Congresos de otras naciones, va en este día a serlo de los poderes de la nuestra. El Legislativo quiere oír la opinión del Ejecutivo; y esta unión de las primeras autoridades de la República, esta cooperación simultánea de la Asamblea y del Gobierno en la discusión de un asunto tan importante, puede ser de gran utilidad para la nación.

Los Congresos, elevados sobre casos particulares y fijos en relaciones generales, abundan en principios, en teorías y en planes de legislación; y los gobiernos, instituidos para ejecutar, acostumbrados a dar dirección a los pueblos, observar su movimiento y descubrir las causas que los aceleran o retardan, abundan en hechos, tienen datos y hacen cálculos. Los primeros reúnen las luces de la ciencia legislativa; y los segundos, las observaciones de la experiencia.

El Gobierno va a presentar las que ha hecho sobre la renta de tabacos, creada en otras naciones en diversas fechas y establecida en esta en cumplimiento de la Real Orden de 2 de enero de 1766. Manifestará que el tabaco debe:

1.º seguir estancado;

2.º ser una de las rentas generales;

3.º y administrarse en lo sucesivo como ha sido administrado hasta ahora.

Tales son los puntos que pasa a examinar el Poder Ejecutivo, llamado a este preciso fin por el Legislativo. Si un Gobierno no debe tener otro objeto que el bien universal de los pueblos, ni ser inspirado por otro genio que el patriotismo, el de esta República jura que no se propondrá otro fin en la discusión del negocio. Se elevará sobre intereses individuales y provinciales, y solo verá los nacionales. No es Gobierno de Costa Rica, de Nicaragua, de Comayagua, de San

Salvador o de Guatemala: es Gobierno de la Nación; es Poder Ejecutivo de la República. Lo que convenga a la nación entera, lo que interese a la República en su totalidad, será la resolución de los puntos propuestos.

Si los hombres que piensan en la soledad de un gabinete resuelven problemas o determinan cuestiones en abstracto sin consideración a las circunstancias, los legisladores deben decidirlas según los tiempos y los países. No deben darse al Mediodía leyes propias del Norte, ni decirse en el año primero de independencia lo que solo podría decirse en el vigésimo o centésimo. Las Cortes o Asambleas no dan al mundo decisiones generales: las dan a un pueblo determinado; y los pueblos no son semejantes ni en los elementos de que se componen, ni en los estados por donde pasan, ni en la posición en que se hallan.

Si se tratara de estancos en abstracto, sin concretarse a tiempos ni lugares, el Gobierno sería el primero en decir que los estancos son odiosos y poco justos: dan a uno solo el derecho que deben tener todos; hacen nacer el monopolio, o son en realidad verdadero monopolio; embarazan los progresos de la industria; impiden la riqueza y producen la miseria.

Pero no es esta la cuestión que debe discutirse, ni el Gobierno, llamado a negocios de importancia o necesidades efectivas de los pueblos, debe ocuparse en abstracciones o teorías.

En Guatemala, donde dos tercios más o menos de la población no consumen tabaco; en Guatemala, donde el máximo de sus habitantes no tiene tierras propias ni capital para labrarlas; en Guatemala, donde el tabaco no es artículo de exportación; en Guatemala, donde se han aumentado los gastos por la transición de provincia subalterna a nación independiente; en Guatemala, donde se ha adoptado el sistema más liberal de Gobierno; en Guatemala, donde la renta de tabaco es una renta antigua creada desde el año 1766; en Guatemala, donde no sería fácil establecer otra renta que llenase el vacío de la de tabacos: ¿deberá seguir estancado el tabaco o declararse libre? Este es el punto que debe decidirse.

Si no hay renta que en último análisis no sea el sacrificio de un derecho para no sufrir el sacrificio de otro, la de tabacos es también el sacrificio del derecho de sembrar aquella planta para no sufrir el sacrificio de otros derechos. Pero en otras contribuciones todos los individuos de un Estado sacrifican siempre un derecho positivo para conservar otros que también lo son. En las directas todos dan la cuota que les corresponde; en la alcabala todos pagan los derechos de tarifa o arancel. Pero en la renta de tabaco son muchos los que no hacen sacrificio verdadero de derecho efectivo o presente.

Guatemala está compuesta de un máximo de pobres y un mínimo de ricos. Los pobres no son, en su mayor número, consumidores de tabaco; no son dueños de tierras; no poseen capital para labrarlas; no tienen en realidad potencia o derecho efectivo para sembrar tabaco; no hacen, por consiguiente, un verdadero sacrificio. Aun cuando se derogara la ley que ha establecido el estanco del tabaco, continuaría para ellos estancado, como lo están los demás vegetales que, siendo libres en su cultivo y venta, no pueden cultivarlos ni venderlos quienes no poseen tierras ni capital.

La renta de tabaco no es en este sentido dañosa para los pobres. Conservándose el estanco, no enterarán por él cantidad alguna, ni se privarán de las utilidades de su cultivo o de las negociaciones de su giro; y aboliéndose la renta, los pobres, sin gozar de la libertad de un fruto que no pueden cultivar, tendrían que pagar las contribuciones necesarias para llenar el vacío grande que habría en la Hacienda, quitándose una de sus rentas más productivas.

Los propietarios de tierras donde no venga bien el tabaco tampoco tienen en realidad derecho o potencia para sembrarlo en ellas. No sacrifican, por consecuencia, un derecho efectivo. No es el estanco el que les priva de sembrar; y al mismo tiempo les asegura el bien de excusarles impuestos que, en caso contrario, tendrían que pagar.

Los dueños de terrenos donde sea más lucrativo el cultivo de otra planta no hacen sacrificio, prefiriendo el de aquellas que les prometen mayores utilidades; y los comerciantes tampoco hacen el que se pondera con tanto encarecimiento por los que han escrito contra los estancos. Si se conserva el de tabaco, no se privarán de las utilidades de su cultivo, porque no son labradores, ni es probable que lo sean en un país donde el comercio ofrece caudales más rápidos y grandes que la agricultura. Si se quita el estanco, tendrán que exhibir la cuota que les corresponda para cubrir el déficit de la renta, y no podrán hacer especulaciones ultramarinas de una planta que en diversas ocasiones se ha ofrecido al comercio y solo ha habido un especulador que quiera comprarla.

Antes de nuestra independencia se remitieron a España, por vía de ensayo, cien tercios de tabaco de Copán y cincuenta del de Istepeque. A su vista, el Gobierno español, en orden de 7 de agosto de 1817, previno que el de Guatemala, teniendo presente el precio medio de dieciséis pesos a que sale a la Hacienda el quintal de hoja de Virginia puesto en las fábricas de la Península, remitiese las partidas que pudiese acopiar siempre que la de Copán fuese de precio menor, igual o muy poco excedente. Hecho el cálculo correspondiente, resultó que puestos en Cádiz costaban treinta y un pesos cuatro reales el quintal de Copán y treinta y cinco pesos seis reales el de Istepeque. Se vio que el precio de uno era duplo y el del otro más que doble del de Virginia, y por esta diferencia no se hicieron remesas.

En el año de 1822, pocos meses después de nuestra independencia, la Junta Gubernativa, deseosa de aumentar los ingresos de la Hacienda, acordó se vendiese puesto en Omoa o Sonsonate, a dos reales la libra, todo el tabaco que se quisiese comprar. Se dio a su acuerdo toda la notoriedad conveniente; se publicó en la Gaceta del Gobierno; y en el espacio de más de dos años corridos desde entonces, solo se ha presentado un especulador que quiera hacer exportaciones.

El mes anterior, ocupado el Gobierno en el empréstito y deseoso de negociar el que fuese menos gravoso a la Nación, ofreció a dos reales la libra, puesto en Omoa, ocho quintales anuales a los agentes de las casas de Londres que lo han propuesto, y ninguno de ellos se ha avenido a recibir aquella cantidad.

Raynal, que reunió datos de toda especie sobre los establecimientos de los europeos en América y la India, dice que en Virginia dos mil quinientas matas dan mil libras, siendo así que en el partido de los Llanos mil matas solo dan cien libras, y en Tepetitán no producen más que cincuenta. Ignora el Gobierno si es exacto el cálculo de aquel escritor; no sabe si, en el caso de serlo, debe atribuirse una diferencia tan grande a la fecundidad de las tierras de Virginia comparadas con las de Llanos o Tepetitán, o a la mayor perfección del cultivo en unos países que en otros.

La verdad es que el tabaco de Virginia, Luisiana y Maryland se vende a menos de medio real la libra; no está distante de los puertos; tiene comunicaciones fáciles, fletes poco costosos y multitud de barcos prontos para llevarlo a todas las plazas del mundo. No hay en Guatemala reunión tan feliz de circunstancias. Los cosecheros no podrían, sin sacrificios, venderlo a menos de medio real; no tenemos todavía marina, sin embargo de ser dueños de los elementos más grandes para haberla muy poderosa.

El tabaco de Guatemala no puede, en nuestro actual estado, presentarse en los mercados junto con el de la Norteamérica. Es excelente su calidad; se cree superior al de Virginia, y puede el de algunos partidos competir con el de La Habana. Pero mientras sean de tanta dificultad y costo las comunicaciones, el comercio de exportación no podrá sostenerse por los hijos de la República sin quebranto de sus intereses.

No influye esto en la pobreza que se pondera de nuestro cultivo. La agricultura no está poco adelantada porque se haya estancado el tabaco. Está atrasada porque existía más allá del Océano el Gobierno que debía existir en el centro de esta nación para proteger al labrador desvalido; está atrasada porque el plan de la legislación de Castilla era meditado para mantener la América sujeta a España; está atrasada porque el Gobierno temía que la ilustración y la riqueza diesen luces para conocer los derechos y poder para sostenerlos; está atrasada porque los frutos de este continente no podían venderse más que a un punto mínimo de una parte pequeña de Europa; está atrasada porque los lugares de cosecha están distantes de los puertos de exportación; está atrasada porque los caminos existen ahora, después de tres siglos, como existían en tiempo de los indígenas, primeros habitantes de este suelo.

Proclamada nuestra justa independencia; establecido un Gobierno que mira en la agricultura la fuente primera de nuestra riqueza; abiertos los puertos al comercio de todas las naciones; acordados unos derechos, acaso los más moderados que se cobran en el mundo entero; y ocupado el Poder Ejecutivo en meditar arbitrios para emprender la obra grande de los caminos que deben acercar a los puertos los lugares de cosecha, existen además otros frutos capaces de sostener la concurrencia en las plazas más lejanas.

No ha sido la renta de tabaco el peso enorme que ha gravitado sobre Guatemala embarazando el desarrollo de su riqueza. No prohíbe el cultivo del trigo o del maíz que alimenta al pobre, ni del añil, cacao y grano que sostienen al comercio. En tierras fecundas, situadas en una escala de temperaturas desde el término del hielo hasta 90 o más grados de calor, los labradores pueden sembrar todas las familias de vegetales que quieran preferir. Una sola planta efectúa la renta, y esa planta exceptuada no es de primera necesidad para la existencia, ni de exportación para el comercio.

El máximum de la población, no consumiendo tabaco, no hace por su estanco el sacrificio de comprar caro el que compraría barato si fuera libre; y el mínimum que lo consume contribuye con cantidad muy moderada, si se compara con la de otros países y con la que tendría que exhibir si se aboliera la renta.

El estado de la renta manifiesta que en el quinquenio de 1813 a 1817, cuando sus productos subieron a un máximum a que no habían subido antes, dio 2,545,359 pesos. El año común es de 509,071; y dividida esta cantidad por dos millones de individuos que se calculan en la población total de la República, resultan dos reales por cada persona: cociente menor que el de diez por habitante que calculó Humboldt en Nueva España.

Pero no son consumidores de tabaco todos los hijos de la nación. Los indios, que pueden llenar dos tercios de ella, no lo usan; los pobres consumen poco; y esta cualidad feliz de una renta que no grava a los más dignos de conmiseración es uno de los caracteres que la distinguen. Las clases primeras y segundas en propiedad o industria son las que hacen el consumo más grande; y si por estas consideraciones se supone que un tercio de la población es el que hace uso del tabaco, resulta que no contribuyendo más que 666,666 personas, les corresponden unas con otras seis reales al año; cuando en Nueva España, exceptuando a los indios, tocan dieciocho a cada individuo, según los cálculos del mismo viajero.

Abolida una renta que ha dado anualmente el producto total de medio millón de pesos, y elevados al mismo tiempo a gastos nacionales los que antes eran provinciales, sería preciso imponer contribuciones fuertes a todos los hijos de la nación, afligir a los indígenas y hacer llorar a los pobres.

Guatemala acaba de pasar del estado de provincia subalterna al de nación independiente. Era justa esta transición; y debemos morir primero que retroceder a la posición degradante en que nos hallábamos antes: no existir, o existir como corresponde. La no existencia es preferible a la existencia de colonos, súbditos o dependientes de otra nación.

Pero la diferencia de gastos es tan grande como el salto que hemos dado. Pagar los sueldos de un Capitán General, una Audiencia, cuatro intendentes, un gobernador, dos corregidores, ocho alcaldes mayores, un secretario de gobierno y tres oficiales de cámara, no es lo mismo que cubrir lo de una Asamblea, un Poder Ejecutivo, un Senado, una Alta Corte de Justicia, cinco congresos, cinco consejos, cinco cortes territoriales, cinco jefes de Estado, cinco vicejefes, cinco comandantes generales, cinco intendentes, treinta secretarios y cinco oficiales de las cortes territoriales.

El Gobierno, que ha visto la Hacienda Pública como la base primera de nuestra independencia, mandó formar muchos días a un estado demostrativo de la diferencia de gastos. Su vista manifiesta el aumento grande que tienen; y en tales circunstancias, creados nuevos empleos y multiplicados por ellos los egresos, no dicta la razón que se disminuyan los ingresos aboliendo o mutilando las rentas. Dicta, por el contrario, que se conserven y mejoren las que tenemos.

Ya cesó la de bulas; ya no existe la de quintos; ya se abolió la de tributos; ya se quitó la de medias anatas seculares; ya se redujeron a un tercio menos las de correos y alcabalas interiores. Si a más de esto se destruyera la de tabacos, este golpe pudiera ser funesto contra nuestra independencia. Sería, al menos, difícil la existencia del Gobierno que la sostiene; y quedaríamos expuestos a los peligros de un sistema que careciese de rentas para conservarse.

Todas las que ha inventado el genio fiscal dan a los funcionarios encargados de su exacción una autoridad que parece humillar a los contribuyentes. Los comandantes subdelegados de los pueblos mandan visitar los barcos; los vistas reconocen los frutos de importación y exportación; los guardas registran los del tráfico interior; los municipales o encargados respectivos entran en las casas a formar el padrón de sus habitantes; los recaudadores demandan a los empadronados la contribución que les corresponde.

La renta de tabaco no sujeta a actos semejantes; y vista en este aspecto, parece renta propia de naciones libres. Fuma o toma tabaco el que quiere; compra el que gusta, y el acto de comprar no se presenta con el carácter de dominación en el que vende o de humillación en el que compra. La capitación o contribución por cabeza —dice Montesquieu— es más propia de la servidumbre; el impuesto sobre las mercancías es más propio de la libertad, porque se refiere menos directamente a la persona.

No hay renta que no tenga inconvenientes. Los hay en la de tabacos; pero sin embargo de haberlos en ella, dice Necker que entre todas las contribuciones el impuesto sobre aquel vegetal es el más suave e imperceptible, y se le coloca con razón entre las invenciones fiscales que suponen más talento.

La de tabaco es una renta antigua; y los economistas prefieren las establecidas a las de nueva creación. Al momento que se exigen contribuciones para crear una renta nueva, se quita a cada propietario una parte de su propiedad; se siente el vacío en todas las cosas; se alarman todas las familias; falta a unas parte de la ganancia que tenían; falta a otras parte de lo necesario para existir; maquinan arbitrios para defraudar el impuesto; meditan medios para sacar de otros lo que deben pagar ellos mismos; se alteran los precios; se destruye el equilibrio de las clases productoras y consumidoras; comienzan las operaciones clandestinas; se tienta la honradez de los funcionarios; se abusa de su inexperiencia; se les engaña, se les sorprende: el hombre de bien paga, y el hombre malo defrauda. Duran años todos estos males y, al cabo de ellos, después que ha corrido el tiempo, se restablece por último el equilibrio: se adquiere el hábito de pagar sin tanta repugnancia; cesa la alarma de las contribuciones; y aprenden experiencia los funcionarios.

Los mejores impuestos —dice Tracy— son: 1.º los más moderados, porque obligan a menos sacrificios y exigen menos violencias; 2.º los más variados, porque se equilibran unos a otros; 3.º los más antiguos, porque ya han penetrado en todos los precios, y se ha ordenado todo en el transcurso del tiempo. Todo impuesto antiguo es bueno, dijo Camard en una obra que mereció los votos del Instituto.

Un impuesto es susceptible de dos defectos: causar un gran número de injusticias parciales, y estar sujeto al fraude y exigir grandes gastos en su recaudación. El tiempo disminuye estos dos defectos: a proporción que va corriendo se descubren las injusticias parciales, se rectifican las desproporciones, se perfecciona la recaudación y se establece el equilibrio.

Por no haber tenido presentes estas lecciones de prudencia, los gobiernos de otras naciones erraron desgraciadamente y tuvieron que confesar sus errores.

El suelo de Francia, fecundo en pensamientos que serán honor del entendimiento humano, brotó también opiniones que hicieron la desgracia de aquella nación y han influido en la de las otras. Raederer, enemigo entusiasta de la renta, fue uno de los que escribieron más contra ella el año de 1790. Se quitó la renta en Francia; pero los parlamentos conocieron que no era fácil llenar el déficit, y después de veinte años de abolición la restablecieron, alegando en su apoyo la voz de la experiencia.

En España hubo iguales desengaños. Escribieron y hablaron muchos contra el estanco; se hicieron cálculos y propusieron proyectos para subrogar otros fondos en lugar de la renta. Pero Canga Argüelles tuvo que retractarse, y las Cortes variaron también de opinión. "No amo el estanco —decía Banqueri en 1821—; confieso que es un mal; pero de los males, entre estanco o no tener erario, prefiero el estanco: el estanco reconocido por Francia después de haber tenido la libertad del tabaco; el estanco, única renta nacional entre nosotros, porque su origen se debe a la nación congregada en Cortes y no al despotismo ni al espíritu fiscal; el estanco, en fin, porque la mejor contribución es aquella que mejor se paga, y para cuyo pago ni se apremia ni se ejecuta al contribuyente como en el tabaco."

El Ministro de Hacienda hizo ante el Congreso de México exposición clara de los resultados de la experiencia en aquella nación. "El estanco del tabaco —dijo— fue una de las rentas más pingües de este país; yo no encuentro otra que llene su vacío, y me veo obligado a respetar y seguir el ejemplo de otras naciones ilustradas y libres que lo abolieron primero y tuvieron que restablecerlo después."

El Gobierno de Colombia es republicano; sus instituciones son liberales; mantiene sin embargo la renta de tabacos; y este ejemplo prueba que el estanco no se considera contrario a la libertad de los nuevos sistemas.

Para reemplazar la renta de tabacos se han propuesto por sus enemigos diversos proyectos. El Gobierno los ha examinado detenidamente, y ninguno le parece admisible en nuestro actual estado.

El de restablecer la libertad del tabaco nacional en su cultivo y venta, y decretar derechos fuertes de importación sobre el extranjero, no debe merecer consideración en Guatemala, donde no se ha consumido antes ni se consume ahora otro tabaco que el de nuestro suelo.

El de abolir su estanco y exigir en su venta los derechos precisos para llenar el déficit consiguiente a la abolición total de la renta tampoco correspondería a las esperanzas de sus autores. Medio millón de pesos cargados sobre una planta que no es necesaria para la vida ni puede exportarse a otras naciones sería un impuesto que no permitiría los progresos de su cultivo y los dejaría en estado semejante al que tiene. Otros vegetales, exentos de derechos o distinguidos por la moderación de los que pagan, serían preferidos por los labradores; y los que se prometían ver el área de Guatemala poblada de tabacales serían burlados en su opinión.

El tabaco se produce en todas las provincias; las poblaciones están abiertas; las veredas son muchas; y la fábrica ha sido siempre libre. Si, estando estancado por la ley, determinados por su director los lugares de siembra, multiplicados los guardas e interesados los destrozadores, existen sin embargo tantos contrabandistas, declarada su libertad, despedidos los guardas y cesando la vigilancia, ¿a qué grado llegarían las introducciones y ventas clandestinas?

El pensamiento de exigir de diversos frutos la cantidad total que produce la renta, distribuyendo entre ellos los derechos que por el estanco paga solo el tabaco, sería también peligroso y poco justo. Los frutos que circulan en el tráfico interior o exporta el comercio ultramarino pagan derechos y son más necesarios que el tabaco. Aumentarles el peso de la contribución para disminuir la que paga un fruto innecesario que solo se usa por capricho sería ley imprudente, digna de la execración del sano juicio. Sería útil —dice el Conde de Toreno— dejar al tabaco, como a cualquiera otra producción, enteramente libre en su fabricación, venta y cultivo; pero dejándose esta libertad y disminuyéndose los productos de la renta, ¿no sería necesario imponer esta contribución sobre las demás riquezas del Estado? ¿Y no traería mayor desventaja sobrecargar otros objetos más importantes que este?

La creación de una renta nueva es obra de mucho tiempo, de mucho trabajo y de mucho peligro. Conservemos la que tenemos establecida, y no pensemos en novedades que pueden aventurar los destinos de la nación. No es prudencia sustituir proyectos que no conocemos a una renta que ya tenemos experimentada. La Hacienda Pública debe ser sagrada como la moneda. No la alteremos con sistemas desconocidos. Si en otras naciones de mayor ilustración en la ciencia fiscal, de comercio más vasto, de recursos más grandes y de Hacienda más rica se ha conservado la renta de tabaco, ¿la quitaremos nosotros, que comenzamos a tener existencia política; nosotros, que no tenemos aún la experiencia de los gobiernos antiguos; nosotros, que nos hallamos en la posición delicada de una República naciente?

Pero el decreto que conservase la renta de tabaco sería imaginario si al mismo tiempo no la declarase central. No puede existir sin un centro general de superintendencia o dirección; no puede existir si, dividiéndola en los Estados, cada uno la administrara como le parezca.

La libertad de un género supone la de poseerlo los que puedan adquirirlo y venderlo al precio y del modo que parezca a sus poseedores. Pero el estanco de un fruto exige por su misma esencia un solo dueño, un solo director, un solo sistema de administración.

Si los Estados forman una nación porque teniendo elementos para su existencia interior no los tienen para su seguridad y defensa exterior; si la Nación no puede existir sin un Gobierno supremo que la dirija; si la existencia del Gobierno exige la de una Hacienda capaz de ocurrir a sus atenciones, y no puede haber Hacienda sin rentas, parece que la de tabaco está por su misma naturaleza destinada a ser renta del Gobierno supremo de la Federación.

Otras pueden, sin dejar de existir, ser propias de cada Estado, con diversos sistemas de administración. Sin trascendencia funesta para la nación, puede la Legislatura de un Estado acordar que los vecinos de él se dividan en diez clases y contribuya cada una con la cuota proporcional que se designe; sin inconveniente peligroso para la República, puede el Congreso de otro Estado mandar que sus habitantes se partan en tres clases correspondientes a las tres especies de industrias y contribuyendo los de cada una en diversa proporción. Pero en la renta de tabaco no podría sin riesgo seguirse el mismo sistema.

En toda la nación debe estar estancado el tabaco; en toda la nación debe ser, por consiguiente, uno solo el vendedor. Si las legislaturas acuerdan cada una en su Estado respectivo el precio y el sistema que les parezca, no será uno el vendedor en la nación: serán tantos cuantos sean los Estados. Desaparecerá el estanco nacional y dejará de existir, o existirá muy menguada, una renta que, sostenida y protegida, pueda ser de las más productoras.

Vendiéndose el tabaco a un precio en un Estado y a otro precio en otro; administrándose en Comayagua con un sistema y en Guatemala con otro, sería preciso elegir uno de dos medios: o prohibir absolutamente en un Estado la venta a los hijos de otro, o permitir que todos compren libre y recíprocamente. En el primer caso sería imposible llevar a efecto la prohibición, estando abiertos todos los Estados y pudiendo los vecinos de uno valerse para sus compras de los hijos de otro; y en el segundo se disminuirían o cesarían enteramente los ingresos en el Estado donde se vendiese el tabaco a precio más alto. La necesidad haría que en todos los Estados se fijase un mismo precio y se adoptase un mismo régimen: existiría entonces el estanco; pero existiría después de haber sufrido el déficit consiguiente y todos los males que resultan de la escasez de rentas.

Si, estancado el tabaco en todos los Estados, fijado en ellos un mismo precio y decretado un mismo sistema, el Gobierno de cada Estado lo administra en su territorio respectivo, deposita los productos en su tesorería y los tiene a disposición del Poder Ejecutivo de la Federación para cubrir el cupo que le corresponda, no se experimentarían los males del supuesto anterior; pero resultarían otros de consecuencias muy tristes.

Sería precaria la existencia del Gobierno Supremo; habría períodos en que no tendría fondos para sostenerla; cesaría entonces de existir, y la nación se precipitaría en la anarquía más desastrosa.

Que se designen cupos y haga dependiente de los que se señalen la existencia del Gobierno, cuando reconocida nuestra independencia, consolidado nuestro sistema, fijadas las relaciones, asentada la paz y acostumbrados los pueblos a la unión federal, no haya riesgo de agresiones externas ni peligros de alteraciones interiores, podría pensarse en sistemas que hagan depender la existencia del Gobierno de cupos remitidos por los Estados. Pero en el estado actual en que se hallan las naciones de América, el sistema de cupos remisible al Supremo Poder Ejecutivo de la Federación por el Gobierno de cada Estado es sistema equivocado, sistema peligroso, sistema de efectos muy funestos; sistema que, si se adopta, nos haría derramar algún día lágrimas dolorosas; sistema que expondría la suerte de la nación a ser víctima de sus mismos hijos, o presa de aventureros extraños.

El Gobierno repite ahora lo que manifestó otra vez. Si en las monarquías el punto a que debe dirigirse el celo de los congresos, cortes o asambleas es prevenir la acumulación de poderes en el monarca, en las repúblicas federales el objeto primero de sus cuidados debe ser evitar la disolución o separación de los Estados. Es débil el vínculo que los une; y sería más débil si el Gobierno Supremo, que sirve de lazo de unión, quedase sujeto a los fondos que se le quieran mandar.

Solo un año ha corrido desde nuestra verdadera independencia, y ya ha hablado la experiencia del modo más claro. Esta Asamblea designó a cada provincia el cupo con que debe contribuir: es justo el objeto; es necesario; es positivamente nacional. El Poder Ejecutivo lo ha manifestado con el idioma franco que habla un Gobierno liberal: ha expresado la necesidad; ha interesado el celo; ha recordado la responsabilidad; ha repetido circulares; y los cupos no han sido cubiertos.

El Gobierno se debe consideración a sí mismo: la guarda al lugar en que habla, y la tiene a todos los pueblos. La Asamblea está instruida en este punto: no hay necesidad de extenderse; pero habiendo experiencia, ¿podrá todavía pensarse en sistemas contrarios a ella?

Un Gobierno debe tener dependientes de él mismo los elementos que le señale la ley para su propia existencia; y será nulo en el caso de adoptarse el sistema contrario.

El Poder Legislativo puede decretar el que le parezca más conveniente. Pero el Ejecutivo debe manifestar a la nación y a los diputados que la representan sus intereses y peligros. Si queremos que haya nación; si amamos la independencia y deseamos que se consolide el sistema, es preciso que conozcamos también la necesidad de que haya un Gobierno Supremo y de que su existencia no se fíe a cupos, sino que se libre en rentas de que él mismo sea administrador supremo. De otra suerte no habrá República Federal, no habrá independencia, no habrá nación. El Gobierno lo cree así, y lo pone en la consideración de la Asamblea, porque lo juzga propio de sus deberes; porque quiere que se consolide nuestra independencia y se plantee nuestro sistema; porque ama a la nación y no desea verla envuelta en los horrores de las revoluciones.

Teniendo rentas a su disposición, el Gobierno sabrá evitarlas: hará respetar la ley, y no permitirá que la renta de tabacos deje de hacer bien al Estado, a quien puede ser útil.

La Dirección General, a quien pidió informe el Gobierno, deseoso de acumular luces sobre asunto tan importante, manifestó que si el tabaco es planta indígena de la América, no es igual la calidad del que se produce en diversos terrenos; que entre los que se comisan apenas se encuentra, en su reconocimiento, una pequeña parte capaz de darse a la venta; que no se lograrían en todos los Estados cosechas adaptables al gusto de los consumidores; que están acostumbrados en Costa Rica al de su propio terreno; en Nicaragua, al de Costa Rica e Istepeque; en Comayagua, al de Copán; en San Salvador, al de Istepeque; y en Guatemala, al mismo y al de Copán; que no produciendo los terrenos de todos los Estados aquellas calidades a que ya están acostumbrados los consumidores, será más útil surtirlos con ellas que no establecer siembras nuevas con grandes gastos y probabilidad de pérdidas; que mientras Chiapa fue surtida de tabacos de Copán, sus productos subieron a una suma considerable, y al momento que le faltó aquel surtimiento y se hicieron siembras en Simojovel, se disminuyeron sus valores al grado de no alcanzar para el sueldo de sus funcionarios; que la multiplicación de siembras aumenta el contrabando y es menos costoso impedirlo en puntos determinados de cosechas permitidas que en la extensión vasta de cinco Estados; y que por estas consideraciones juzga no convenir a la nación que se multipliquen las factorías.

Las hay en Costa Rica, en San Vicente y en Llanos de Gracias. Los Estados de Honduras, San Salvador y Costa Rica tienen interés en que no se establezcan factorías en los demás. Pero si en los de Guatemala y Nicaragua se diesen tabacos de calidad que prometa consumo; si hubiese los fondos necesarios para establecer factorías en ellos; si hechos los cálculos precisos de los fletes que se ahorran, erogaciones que deben hacerse y consumo que pueda haber, resultase que pueden ser útiles a los mismos Estados, el Gobierno dispondrá lo que corresponda para el establecimiento de las factorías que se desean.

Ya ha mandado hacer ensayos en Chiquimula, donde las noticias de aquellos terrenos prometen grandes ventajas. Los mandará hacer en Segovia; y si el éxito fuese feliz, se placerá en el bien de este Estado y el de Nicaragua. Sus intereses están identificados con los de la nación. La felicidad de esta es suya propia.

Habiendo una factoría en cada Estado; consumiendo cada uno el tabaco de su propio suelo; sembrando y cosechando sus mismos hijos, tendrán estos ocupación; aprovecharán las tierras en que pueda cultivarse aquella planta; y no serán comprometidos a usar tabaco de otro Estado.

A más de estas ventajas quería el Gobierno proporcionarles la de la administración; pero no le permite la naturaleza de la renta, y debemos ser justos.

Si hay unanimidad de opinión en que la renta de tabacos sea general; si están acordes los votos en que sus productos sean para las atenciones del Gobierno Supremo de la Federación, parece punto muy claro que el mismo Gobierno debe ser el administrador supremo. Respetemos lo que dicta la razón. Si el Gobierno de un Estado es el que administra las rentas del mismo Estado, el Gobierno general de la nación es el que debe administrar las rentas generales de ella misma. Si sería extraño que el Gobierno general de la nación administrase las rentas propias de los Estados, debe serlo también que el Gobierno particular de cada Estado administre las rentas generales de la nación. Demos al Gobierno de cada Estado la consideración de que es digno; pero guardemos al de la nación la que merece igualmente. Amemos la independencia, pero no destruyamos las rentas que la sostienen. Respetemos el sistema federal, pero evitemos la disolución, que es su peligro más grande, y no comprometamos al Gobierno a marchar con lentitud o entorpecimiento.

La época en que estamos exige respetabilidad, energía y rapidez en las operaciones del Poder Ejecutivo. Solo obrando de aquella manera pueden los gobiernos resistir el impulso que arrastra a revoluciones a pueblos nacientes que, pronunciando independencia, pasan de repente a un estado que exalta y enorgullece.

Es preciso, en tales circunstancias, dar a los gobernantes autoridad y fondos, puestos a su disposición sin embarazo ni trabas. Ya no existimos en la época en que la voz de un Capitán General era oída con veneración y ejecutada con puntualidad por corregidores que, habituados a la obediencia y sin facultades para resistir ni entorpecer, cumplían al momento lo que les era mandado.

Vivimos en un tiempo en que la nación se ve dividida en Estados; cada Estado se ha pronunciado soberano; cada jefe recibe el título de supremo; cada ley de la Asamblea u orden del Gobierno se comunica al jefe del Estado; el jefe, sin cumplirla, la pasa al Congreso respectivo; el Congreso la manda a una comisión, y al cabo de tiempo, cuando esta ha despachado, se discute por la Legislatura y vuelve al jefe para ser cumplida o suspendida. Este círculo es muy dilatado; y si el Poder Ejecutivo es obligado a seguirlo; si no se le declaran las atribuciones o autoridades que debe tener; si no se ponen a su inmediata disposición rentas capaces de ocurrir a las atenciones que le designa la ley, el Gobierno tiene el sentimiento de decir que será muy difícil que se constituya esta nación, y que si se presentan casos urgentes que demanden medidas prontas, será imposible dictarlas con la rapidez que convenga.

La existencia del Gobierno no debe ser precaria, dependiente de los cupos que se le envían unas veces y no se le remitan otras. Debe tener rentas bastantes para llenar las necesidades de la Federación. Debe ser administrador supremo de las que se le designen. Una de ellas debe ser la de tabacos, administrada por un director general y cinco factores, nombrados uno y otros por el Poder Ejecutivo.

El tabaco debe seguir estancado para no gravar a los pueblos con las contribuciones que, en caso contrario, sería preciso imponer; y cuando esté más desarrollada la riqueza de la nación, cuando hayan subido los ingresos de las demás rentas o puedan sin riesgo criarse otras, se abolirá la de tabacos y será este fruto restituido a su primitiva libertad.

Esta es la opinión del Gobierno. La Asamblea acordará lo que le parezca, tomando en consideración lo expuesto.

Guatemala, 11 de octubre de 1824.

José del Valle, Presidente.
Tomás O. Honax, Secretario.

PLAN DE BUEN GOBIERNO

(DISCURSO LEÍDO EN LA APERTURA DEL CONGRESO FEDERAL)

El primer Congreso Federal abre sus sesiones y comienza sus trabajos. Es vasto el campo que se presenta a su celo, y lisonjeras las esperanzas de su cultivo.

Los pueblos se prometen cosechas ricas y hermosas. Han elegido Diputados a los que han juzgado dignos de serlo; a los que han creído posesores de todas las calidades que exige título tan grande; a los que han considerado penetrados del fuego único que debe animar a los representantes de una nación.

Los Diputados son escogidos por los pueblos para llenar el lugar que debían ocupar ellos mismos: son la misma nación en imagen o representación: son, en cuanto al ejercicio, el soberano moral.

Los pueblos creen que desde el momento en que elevan a diputado a un ciudadano particular debe cesar el hombre privado y no existir más que el hombre público; debe morir el Yo, y no vivir más que la Nación; debe acabarse el individuo y no quedar más que la patria; deben cesar las atracciones y repulsiones individuales y no haber más que los sentimientos dulces y sublimes del patriotismo.

Que sea voz del egoísmo, o agente de la intriga, el infeliz que no conoce que le degradan e insultan los que quieran hacerle instrumento de sus intereses o preocupaciones. Que sea orador de pasiones o partidos el desgraciado que no siente toda la humillación y oprobio de quien es esclavo de ellos. Que solo piense en la clase de que es individuo, en la capital donde vive, o en la provincia donde ha nacido, el hombre pequeño que no ha aprendido a dar expansión a sus ideas.

Los miembros de este cuerpo legislativo, los individuos del primer Congreso Federal de Guatemala, sienten toda su dignidad y conocen todos sus deberes. «Somos —dicen— representantes de la nación más digna de nuestros pensamientos y trabajos. No nos han elegido los pueblos para que los extraviemos llevándolos a los horrores de la anarquía o a las cadenas del despotismo. Nos eligieron entre la multitud de hijos suyos para que sostengamos con celo activo y vigilante la justicia de su independencia; nos eligieron para que mantengamos con igual energía la integridad de su territorio; nos eligieron para que no permitamos jamás su retroceso al antiguo sistema del gobierno, ni su marcha precipitada y peligrosa; nos eligieron para que los dirijamos con sabiduría prudente a igual distancia de las revoluciones que son caos de sangre y muertes, y del despotismo que es destructor de todos los derechos; nos eligieron para que vayamos levantando el edificio de nuestra prosperidad, canto sobre canto, con el nivel en la mano, sin precipitar nuestros trabajos; nos eligieron para que organicemos el sistema de instrucción pública que es el origen primero de todo bien social; nos eligieron para que desarrollemos las semillas de riqueza que hay en este suelo en mayor abundancia que en otros de América; nos eligieron para que confundamos la voz de los que digan que no hay en Guatemala elementos para ser libre; nos eligieron para que hagamos que esta nación aparezca en el mundo con la riqueza, poder y gloria con que debe presentarse la que está en posición más feliz que todas; nos eligieron para que acreditemos que somos hijos de la República de Centroamérica, amantes de su felicidad, interesados en su honor, defensores de sus derechos. No se oirá en este salón lo personal, individual o privado. Solo resonará lo nacional, lo público, o de interés universal para la República. Si queremos que el pueblo cumpla la ley, ame lo justo, respete la autoridad y guarde consideración a los que la ejercen, seremos los primeros en dar lecciones de respeto a la ley y autoridad, de amor a la justicia y consideración a los funcionarios celosos en el lleno de sus deberes.

Esta sola puede ser el punto de donde salga partida la opinión y divididos los sentimientos en lo más esencial y delicado, o el centro de la unidad o armonía; puede ser el origen triste de los partidos y fracciones, o el principio feliz de la unión de todas las clases en derredor de la Patria; puede ser la fuente de donde fluya el mal o el nacimiento de donde emane el bien. La elección está en nuestras manos. Los legisladores deben ser los primeros modelos. Este salón será el templo del Decoro, de la Prudencia y del Patriotismo juicioso. En las discusiones seremos oradores modestos, porque la modestia aumenta los valores del raciocinio y las fuerzas del convencimiento. En las votaciones seremos como la razón fría y tranquila que decide en calma sin el calor de los partidos.»

Tales son los sentimientos de los Diputados a quienes tengo el honor de dirigir la voz. El Gobierno felicita al Congreso por los de sus individuos; lo felicita por la apertura de sus sesiones; lo felicita por el celo con que se prepara a trabajos de bien general, y para que tengan todo el suceso que espera la nación, desea que se vuelvan los ojos primero a los que se han emprendido, y después a los que deben emprenderse. Esta vista señalará la línea de donde debe partirse en el campo que se va a cultivar, y los pueblos recibirán frutos sazonados de trabajos comenzados con celo y dirigidos con orden.

Parece justo que el Poder Ejecutivo dé cuenta de los suyos. Todo funcionario debe darla del celo con que haya correspondido a la confianza de la nación. El Gobierno confiesa gustosamente esta verdad: la publica a la faz de todos, y será el primero en el cumplimiento de este deber.

El Ministro dará cuenta de todo lo que ha hecho el Poder Ejecutivo desde el día en que fue establecido; y yo me limitaré al año en que he sido individuo suyo. El Ministro dará la historia de los acuerdos y resultados; y yo presentaré el plan y manifestaré el espíritu del Poder creado para gobernar la República.

Guatemala, 25 de febrero de 1825.

JOSÉ DEL VALLE

Un Gobierno que desea positivamente llenar el objeto de su creación, contempla lo que debe hacer y las facultades que tiene para obrar: examina sus obligaciones y sus potencias; medita lo que debe y lo que puede; piensa en el plan más prudente para cumplir los fines de su instituto: no forma el que sería más perfecto en las regiones de la abstracción, o en las cartas de un gabinete; forma el que exigen las circunstancias del pueblo que va a mandar; lo arregla al estado en que se halla la nación, y a las consecuencias y resultados que pueda ir desenvolviendo el tiempo; clasifica después sus deberes, y dando a cada uno la atención que merece su importancia respectiva, marcha con precaución prudente, porque en los Estados nacientes es nuevo todo lo que se va ofreciendo, y no hay todavía experiencia que asegure el acierto: camina sin precipitación, porque entre todas las ciencias la de gobernar es la más atrasada: no olvida que los experimentos son los que las hacen progresar, y que los experimentos, fáciles cuando se trata de rocas o vegetales, son muy costosos y difíciles cuando deben hacerse con pueblos enteros, compuestos de millares de hombres, individuos de nuestra especie.

PODER EJECUTIVO

Este plan, que debe ser el de los verdaderos Gobiernos, ha sido el del Poder Ejecutivo de Guatemala en el período crítico en que le ha tocado mandar. Vio por una parte que sus obligaciones eran inmensas; y observó por otra que sus atribuciones eran muy limitadas. Debía consolidar la independencia absoluta de esta República, no reconocida entonces por nación alguna de Europa ni América; debía fiar los destinos a las manos más propias para consolidarla y formar una jerarquía de empleados que cada uno en su puesto respectivo cooperasen a la consolidación del sistema; debía poner la nación en estado de repeler cualquiera fuerza exterior que osase invadirla; debía mantener el orden interior a una época en que los pueblos, sintiendo sus fuerzas y multiplicando sus desconfianzas y pretensiones, son muy difíciles de gobernar; debía crear todos los ramos de administración, y plantear leyes nuevas que les daban organización también nueva; debía activar el cobro de nuevas contribuciones para ocurrir al aumento de gastos elevados de repente a un máximum a que no eran acostumbrados los pueblos, y mantener viva al mismo tiempo la adhesión al sistema que, exigiendo nuevas erogaciones, exigía nuevos impuestos; debía dar respetabilidad a las autoridades sin haber toda la fuerza precisa para sostener sus respetos ni la hacienda necesaria para mantener aquella fuerza.

Esta inmensidad de obligaciones, estas maravillas o prodigios de autoridad, exigían facultades proporcionadas para operarlos; y la ley limitaba con diversas restricciones las del Poder Ejecutivo.

De sus disposiciones se infiere que el Gobierno no podía separar o remover a sus Secretarios de primera creación sin dar conocimiento a la Asamblea y expresar las causas; se infiere que no podía proveer en primera vez los empleos de nueva creación sin consulta precisa a la Asamblea; se infiere que no podía suspender a ningún empleado sin que hubiese acusador que le hiciese cargos; se infiere que no podía disponer de la fuerza armada de continuo servicio, ni distribuirla como conviniese a la nación sin que lo propusiese el comandante de cada provincia; se infiere que no podía nombrar jefes militares desde la clase de sargentos mayores inclusive sin que hubiese propuesta de la junta de guerra; se infiere que no podía nombrar comandantes de los puertos, ni jefes políticos superiores ni subalternos, sin conocimiento de la Asamblea; se infiere que no podía crear aun el destino de menor sueldo que juzgase necesario para el mejor servicio; se infiere que si no tenía facultad para esto, tampoco podía haberla para disponer de la cantidad que creyese precisa para algún objeto de interés general; se infiere que en lo político, en lo económico y en lo militar sus facultades eran muy restringidas, y esas restricciones no le permiten obrar con energía.

El Poder Ejecutivo conoció los peligros de un Gobierno desautorizado en tiempos críticos, en que aun los más autorizados encuentran dificultades para administrar los pueblos. Los hizo presentes a la Asamblea en nota de 19 de febrero de 1824; le manifestó en ella que el momento más delicado para una nación es aquel en que, pasando de un gobierno a otro, se multiplican los deseos, se aumenta la exaltación, y los pueblos toman un grado de energía tanto más grande cuanto ha sido mayor el abatimiento en que han creído haber estado; que si aumentada la energía de los pueblos se disminuye o debilita la del Gobierno, la perspectiva de lo futuro debía ser muy funesta; que en otras naciones se han dado al Poder Ejecutivo las facultades correspondientes a su esencia y objeto; y en circunstancias críticas, a más de las atribuciones ordinarias, se le han declarado otras extraordinarias. La Asamblea conoció la justicia de una nota fundada en ella. Acordó que el Poder Ejecutivo fijase las atribuciones que creyese necesarias; y el Gobierno, derivándolas de los principios más universalmente recibidos, fijó las siguientes en nota de 19 de mayo del mismo año:

Proveer libremente todos los empleos civiles y militares.

Nombrar los Jueces de Primera Instancia de la misma manera.

Nombrar los Magistrados de la Corte Territorial a propuesta de la Alta Corte de Justicia.

Nombrar y separar libremente a los Secretarios de Estado y del Despacho.

Deponer a los Magistrados y Jueces por causa legalmente probada y sentenciada; suspenderlos por acusación legal o por cargo formado en expediente instruido de orden del Gobierno.

Remover a los jefes políticos y militares, superiores y subalternos, cuando lo crea conveniente.

Disponer de la fuerza armada como juzgue conveniente a la nación.

Plan de administración.

Pedidas al Poder Legislativo las facultades que el Gobierno Supremo necesitaba para ser lo que expresa su nombre, el Ejecutivo se ocupó en formar el plan más prudente para llenar sus deberes.

Si las obras de menor importancia deben, para ser acabadas, formarse sobre un bosquejo o diseño trazado antes de su ejecución, la de gobernar una nación entera jamás será perfecta si no se opera sobre un plan meditado con sabiduría.

Gobernar no es copiar las providencias que se dictan en otros pueblos de clima, moralidad, carácter y hábitos diversos; no es mandar lo que inspira el humor o interés del momento. Es poseer la ciencia más difícil entre cuantas ha creado el talento del hombre; es saber aplicar sus principios con exactitud; es hacer aplicaciones de ellos a la totalidad de circunstancias que forman el estado en que se halla la nación a quien se manda.

El Poder Ejecutivo sintió toda la necesidad de un plan prudente de Gobierno, y conoció que debía derivarlo del objeto mismo de su institución.

«La felicidad de Guatemala, dijo, debe ser el objeto final. Ni Chile, ni Colombia, ni México, ni España, ni otra nación del mundo puede amar a Guatemala como se ama ella misma. Guatemala debe ser independiente. Su voluntad es la que debe disponer de sus destinos. Esa voluntad debe ser ilustrada para conocer sus intereses; debe ser fuerte por la unión de la mayoría para no ser víctima de divisiones intestinas; debe ser poderosa para sostener sus derechos, y repeler con la fuerza a las que intenten atacarnos; debe tener fondos para mantener su dignidad y fuerzas; debe fomentar la riqueza y prosperidad para que sus hijos puedan contribuir a la creación de esos fondos; debe ser respetable por sus relaciones exteriores, amistades y alianzas con las demás naciones; debe ser dirigida por una ley que la guíe en todo a su verdadera felicidad.»

Independencia absoluta; dirección prudente de la opinión; orden interior; instrucción pública; hacienda; fuerza; riqueza; relaciones externas; constitución, son los objetos que han ocupado al Gobierno, y a los cuales ha llamado respectivamente la atención de todos los funcionarios.

Para que hubiese unidad en su plan; para que los gobiernos de las provincias y partidos obrasen identificados con el Supremo de la República; para conocer los talentos y celo de los gobernadores subalternos, el Poder Ejecutivo, teniendo presente que los jefes políticos son los llamados por la ley para cuidar de todo lo que pertenezca al orden público y prosperidad de las provincias, y que para llenar atribuciones tan importantes es necesario formar un plan de administración que abrace todos los puntos a que debe extenderse, acordó el 8 de marzo de 1824 que cada jefe político superior presentase el plan de gobierno que hubiese formado o formase para el de su provincia respectiva; y en orden posterior recordó el cumplimiento de un acuerdo tan útil para que hubiese identidad en el sistema administrativo de la nación.

INDEPENDENCIA

Al momento que un pueblo proclamándose independiente o libre, muda la forma de gobierno que lo regía, sus hijos se dividen en dos partidos o secciones contrarias: la de aquellos que temen perder todo el ser que les había dado el gobierno antiguo, y la de aquellos que quieren adquirir todo el que esperan del nuevo. Entre esos dos partidos hay acciones y reacciones recíprocas. El deseo que se supone en el primero de restablecer el régimen anterior exalta al segundo y le hace trabajar por la subversión de todo lo antiguo y creación de todo lo nuevo. La exaltación del segundo alarma al primero, aumenta sus temores y aviva el conato de retroceder a lo antiguo.

En esta divergencia de opiniones y sentimientos, origen primero de los partidos que dividen a las naciones, y de las guerras intestinas que las debilitan o destruyen, el Poder Ejecutivo ha obrado como parecía prudente. Velando la marcha subterránea de los que puedan querer el régimen antiguo, y observando los pasos de los que desean la precipitación del nuevo, ha dicho a los primeros: «La independencia es justa, y las instituciones que la sostienen son necesarias. La nación no retrocederá de la independencia absoluta que ha proclamado con tanta justicia; y el Gobierno, inflexible en su propósito, sabrá sostenerla con constancia.»

Ha manifestado a los segundos: «La razón cesa de serlo al momento que se exalta con las pasiones. Los intereses mismos de la causa que defendemos exigen que la hagamos amable por nuestra moderación. En las naciones, así como en la naturaleza, nada debe hacerse repentinamente. Se prepara primero la tierra; se siembra la semilla; se espera su desarrollo gradual; se aguarda la sazón del fruto; y se cosecha al fin cuando está maduro.»

Este ha sido uno de los objetos primarios de La Gaceta, que en febrero de 1824 acordó el Gobierno que se publicase. En todos sus números, desde el primero hasta el último, se ha atendido a dos fines principales: «hacer sentir la necesidad de ser independiente para ser ricos, ilustrados y poderosos; evidenciar la justicia de nuestros derechos con variedad de razones, todas claras y persuasivas; publicar a la faz de todos la resolución de la nación a sostenerlos con valor y constancia; fortificar los sentimientos de pueblos decididos a defender sus fueros y las leyes que los sostienen; desvanecer las esperanzas que pueden suponerse de retroceder al sistema antiguo; demostrar la necesidad de marchar con circunspección, por ser nueva o poco conocida la carrera que hemos comenzado; manifestar que las reformas no deben ser repentinas o precipitadas, sino graduales y preparadas con juicio; evidenciar toda la importancia de la prudencia, que no decreta leyes ni dicta medidas sin detenerse a meditar antes todos los bienes y males que es capaz de producir, todos los sentimientos que puede engendrar, todos los deseos que puede inspirar, todos los resultados que puede haber.»

Orden interior.

Dando esta dirección a la opinión, publicando independencia por una parte y moderación por otra, el Gobierno ha procurado mantener el orden interior, que es la condición necesaria para gozar todo bien social.

Son superiores a todo cálculo los bienes que promete la independencia; es inmensa la voluntad de asegurar su goce que existe en el Gobierno. Pero de ninguno podrá disfrutarse si no hay orden interior, si no hay paz, sosiego y tranquilidad.

Un gobierno que hace sufrir, y exige silencio profundo en medio del sufrimiento; que oprime con una mano, y embaraza con otra las reacciones consiguientes a la opresión; que predica paz y sosiego a pueblos que con sus providencias tiende a poner en movimiento, es un gobierno despótico que ama la tranquilidad para que sea más libre la acción de la tiranía.

Pero no tendrá jamás aquel carácter el gobierno que desea orden para consolidar sin tropiezos la independencia y plantear sin obstáculos el sistema; el gobierno que exige juicio y prudencia para que tenga opinión nuestra causa y sea reconocida por todas las naciones del mundo; el gobierno que quiere paz y sosiego para que el movimiento tumultuoso de las revoluciones no impida o atrase la marcha tranquila de las leyes; el gobierno que no ama la tranquilidad de los cadáveres que yacen en los sepulcros, sino la de hombres alegres y contentos por los goces de sus derechos y las dulzuras de su existencia.

Los intereses de nuestra causa son los que exigen la conservación del orden. Obra contra ellos quien lo altera; desacredita nuestras instituciones quien lo turba; pone a los pueblos en la necesidad de desear cualquiera dominación que les dé paz y sosiego quien los hace sufrir los males de la anarquía o los horrores de la revolución.

Para prevenirlos y mantener inalterable el orden social, el Poder Ejecutivo:

Acordó en 6 de febrero de 1824 que cada día diesen parte del estado de tranquilidad e incidencias que ocurriesen relativas a ella el Jefe político superior y el Comandante General de esta provincia; mandó, en orden de 11 del mismo mes, que lo diesen cada mes los jefes políticos de las demás provincias, exigiéndolo a los subalternos de los partidos respectivos.

Ordenó en 18 de marzo del mismo año que los jefes políticos, militares y de hacienda, residentes en esta corte, se presentasen cada semana al Presidente del Poder Ejecutivo, el día y hora que éste les designase, para darle los informes que les pidiese sobre sus departamentos respectivos, tratar de su mejora y hacer que cesase todo motivo de queja.

Previno en circular de 6 de abril siguiente, para acreditar a las provincias la liberalidad de principios con que se pensaba en su bien, que los jefes políticos mandasen publicar bando, cada uno en su territorio respectivo, manifestando que la Asamblea, en orden de 15 de marzo, había acordado que las que antes eran provincias fuesen en lo sucesivo Estados federados, y que, circulada la ley de elecciones y celebradas éstas, tendría cada una en su seno un gobierno que fuese obra de ella misma, sin sufrir las dilaciones ni hacer los gastos de recursos lejanos y costosos.

Acordó en la fecha precitada que los jefes políticos mandasen también publicar otro bando, manifestando que el Gobierno Supremo deseaba oír la voz de los pueblos en todo lo que sufriesen agravio; que podían elevarla del modo prevenido por la ley, en representaciones públicas o reservadas; y que, verificándose así, el Poder Ejecutivo sabría oír sus quejas y acordar lo que correspondiese, siendo justo.

Ha dictado últimamente las providencias que han exigido los partes o representaciones recibidas; ha observado la opinión general, y su espíritu jamás ha sido contrario al de la nación.

INSTRUCCIÓN PÚBLICA

Para darle conocimientos que la ilustren en sus intereses y derechos; para que pueda tener hombres que sepan dirigirla, elevarla, engrandecerla, y hacer que en el transcurso del tiempo no torne a ser víctima de calculadores, capaces de sacrificar pueblos enteros a sus intereses personales; para abrir la fuente de donde emanen las luces, las artes, las ciencias, las riquezas y bienes de las naciones, el Poder Ejecutivo pensó en lo primero en que deben pensar los gobiernos que no quieren tener humillados en la ignorancia a los Estados que mandan. Trató de la instrucción pública; se ocupó en la organización general de nuestros estudios.

Eran limitadas sus atribuciones y nulos sus fondos en este punto. Pero era inmensa su voluntad; era infinito el deseo; y si ambiciona algún honor, si envidia alguna gloria, es la de formar el sistema de

Instrucción Pública, plantearlo, hermosearlo, protegerlo y darle toda la perfectibilidad que permita el estado de la República.

En todas las naciones cultas se han trabajado planes; en todas se han publicado sistemas de instrucción general. Francia es la que más se ha distinguido; Francia es la que ha presentado proyectos más sublimes, proyectos que serán los monumentos más grandes del poder de la razón.

El Poder Ejecutivo conoció que no era posible ni debía adoptarlos en su totalidad. Sabe que los sistemas o planes deben ser proporcionados al estado del pueblo a quien se presentan; sabe que en lo literario, así como en lo político y económico, debe haber una escala gradual, y que los saltos, aun a extremos de perfección, son imprudentes y peligrosos. Pero vio en aquellos proyectos los principios generales que deben servir de base al sistema de instrucción pública; y deseoso de aprovecharlos en lo que fuese adaptable a nuestras circunstancias, nombró en acuerdo de 8 de abril de 1824 una comisión especial para que se encargase de su traducción, y, concluida ésta, se publicasen sus trabajos, abriéndose al efecto la suscripción correspondiente.

La comisión de traducción los tiene adelantados; y cuando logre terminarlos, el Gobierno nombrará otra comisión que, teniendo presentes los de la anterior y habiendo en consideración todos los antecedentes que se le franquearán, forme el plan organizador de nuestros estudios; y, examinado por el Poder Ejecutivo, se presentará con informe del mismo a la deliberación y acuerdo de este Congreso.

Este pensamiento, que el Gobierno no perderá de vista porque conoce toda su influencia en los destinos de Guatemala, bastaría para acreditar la atención que ha dado al objeto más digno de ella. Pero no ha sido limitada a él la actividad de su celo. La ha extendido a otros que, si no pueden haber acción tan universal como en la instrucción pública, la tienen particular en diversos ramos de ella.

Mandó en 1.º de marzo de 1824 que la municipalidad de esta capital, reuniendo los informes necesarios, lo diese sobre el método de enseñanza, número de alumnos y horas de lección en cada una de las escuelas de esta ciudad; que, si tienen reglamentos para su dirección, remitiese copia certificada de ellos; y que invitase a los hombres de letras ofreciendo premio a quien mejor escribiese una cartilla que simplifique el método de enseñar a leer y explique con más claridad los deberes del cristiano y del ciudadano.

En 9 del mismo mes, que conforme a la voluntad de la Asamblea se ofreciese premio al autor del catecismo en que se explicasen con más claridad los principios del sistema republicano adoptado por la nación, y que el premio fuese una medalla de oro que en su reverso tuviese grabadas las armas nacionales con la inscripción siguiente: Los Estados federales de Centroamérica al autor del catecismo formado para la enseñanza pública.

En 10 del mismo mes, que una comisión se ocupase en traducir el Nuevo método para estudiar la lengua latina, que se publicó en Francia para el uso de los Liceos, y que, concluido su trabajo, se publicase, abriéndose suscripción para no gravar a los fondos públicos, y se circule a todas las clases de Gramática para arreglar la enseñanza simultánea de los idiomas latino y castellano a un método que promete ventajas en la de una y otra lengua.

En 31 del mismo mes, que se excitase el celo de los hombres de letras para que abriesen clase y diesen lecciones desinteresadamente por el tiempo y con el método que les pareciese conveniente, sobre cualquier ramo que eligiesen en las ciencias exactas, naturales, económicas, políticas o morales, y que el Jefe político respectivo les facilitase los auxilios que, sin gravamen de la hacienda, pudiese franquearles.

En 3 de abril siguiente, que se abriese clase de Botánica y Agricultura, en consideración a que la enseñanza unida de ambas ciencias es una de las que tiene influjo más activo en el bien general de los pueblos; y que se propusiese a la Asamblea la necesidad o utilidad de acordar que, en lo sucesivo y mientras haya clase abierta de aquellas ciencias, ninguno pueda en esta capital ser matriculado médico o boticario sin haber acreditado el curso correspondiente de botánica.

En el mismo mes de abril, que los enviados al Norte y Sur-América propusiesen el proyecto importante de una expedición científica compuesta de astrónomos, geógrafos, botánicos, naturalistas, etc., destinada a reconocer y observar el nuevo continente en sus puntos más importantes, y costeada por todos los Gobiernos de las Repúblicas de América que se interesasen en formar

114

una colección de los manuscritos más dignos de copiarse, y de los croquis, planos, cartas o mapas de las provincias, costas, puertos y bahías de ambas Américas, para enriquecer con los primeros nuestra Biblioteca, y preparar con los segundos materiales para un depósito geográfico; que solicitase (el Enviado a Norte-América) un profesor de enseñanza mutua capaz de plantear el método lancastereano; que se informase de los precios a que se vendan los instrumentos y máquinas necesarias para una clase de Física experimental; formase el presupuesto, y diese cuenta al Gobierno para disponer lo conveniente.

En 13 de mayo siguiente, que se abriese una clase de Matemáticas y Geografía para que recibiesen en ellas lecciones todos los cadetes; que los jefes respectivos excitasen a los oficiales para que concurriesen igualmente, manifestándoles que el Gobierno tendría presente su mérito y la instrucción que acreditasen haber recibido; y que se comunicase el acuerdo al Rector de la Universidad, para que manifestándolo a los cursantes, los estimulase a recibir los elementos de aquellas ciencias.

En 14 de junio, que los maestros de Gramática, Filosofía, Teología, Cánones, Leyes, Instituta y Medicina llevasen cada uno su libro respectivo para asentar el nombre, patria, edad, aplicación, moralidad y faltas de sus discípulos, y que cada seis meses remitiesen una razón al Jefe político, para que éste la elevase al Gobierno Supremo, y se tuviese presente, así para acordar las medidas correspondientes como para haberla en consideración cuando los cursantes pretendiesen algún destino o empleo.

En 23 de dicho mes, que la municipalidad de esta capital, que se interesa con loable celo en la educación de la juventud, dispusiese la impresión de la Memoria que escribió el R. P. Doctor Fr. Matías Córdova, presentando un nuevo método para enseñar a leer y escribir; que costease la impresión con los fondos de propios, y para reintegrar a éstos se abriese suscripción, y deducidos los gastos quedase el sobrante a beneficio de los mismos fondos.

En 3 de agosto, que nuestro Enviado cerca del Gobierno de Méjico remitiese cien ejemplares de la cartilla que se publicó en aquella capital sobre el método de enseñanza mutua, para circularlos, como se hizo en noviembre último, a todos los Jefes de los Estados, con el objeto de que los maestros de escuelas aprovechasen lo que fuese posible en el actual estado de ellas.

En 30 de noviembre, que se pasase oficio al Rector de la Universidad para que excitase el celo de algún hombre de letras a la apertura de un curso en que se enseñase la Historia con arreglo al método tan útil como ingenioso de Mr. Strass.

En diversas fechas dictó distintas órdenes para que se cumpliese puntualmente la de 2 de enero de 1824, en que la Asamblea mandó que las autoridades provinciales informasen sobre el número de escuelas en cada provincia, sus dotaciones o fondos, y ramos de comercio, industria y agricultura que puedan gravarse para su existencia y conservación.

En el mismo tiempo mandó que se distribuyese graciosamente a los alumnos de colegios y Universidad el cuadro más exacto de las ciencias filosóficas, bellas letras y bellas artes, para que aprendan a conocer los enlaces y conexiones de ellas y su unión en un solo todo; para que tengan ideas precisas de su objeto y extensión, y penetrados de su importancia sepan amarlas y consagrarse a su estudio.

En 2 de septiembre, que se presentase a la Asamblea para su aprobación o reforma el reglamento que formó para la creación de un colegio militar que facilitase a los alumnos la educación física, literaria y moral que deben tener los que algún día han de ser defensores de la libertad y fueros de la patria.

En 29 de enero último, que el C. Santiago Márquez, formado en la Academia de San Fernando y enviado para concluir esta santa iglesia catedral, diese lecciones de arquitectura a los jóvenes que quieran dedicarse a su estudio.

En 11 del corriente, que en la Casa de Moneda se franqueasen las piezas necesarias para el laboratorio químico que va a establecer un profesor francés, y que se le ofreciese la protección del Gobierno en lo que fuese precisa para sus progresos.

FUERZA

Todos estos acuerdos, prueba inequívoca del interés que ha tomado el Gobierno en el ramo más hermoso de la administración tienden a formar la fuerza moral de la nación, facilitándole la instrucción que es el elemento primero de ella.

Los que ha dictado para la fuerza física son también de importancia y acreditan su celo en un departamento que hace necesaria la injusticia de los que no saben respetar los derechos de sus semejantes.

Si todos los gobiernos deben tener la fuerza necesaria para dar respetabilidad a la ley y a las autoridades que la hacen cumplir, en los de América es más grande aquella necesidad, porque las naciones de América, débiles todavía porque acaban de comenzar a existir, pueden ser invadidas por fuerzas exteriores o turbadas por intrigas interiores.

Desde que Guatemala se pronunció independiente debió pensar en la creación de una fuerza que la hiciese respetable; y no habría sufrido suerte tan desgraciada si desde entonces se hubiera ocupado en lo que no debió olvidar jamás.

El Gobierno ha tenido presente lo que exigen los intereses de su independencia y libertad; ha querido que la República tenga toda la potencia necesaria para sostenerla; ha dado a las tres fuerzas de la nación la atención que era debida a las que deben ser apoyos de sus derechos.

Si el Poder Ejecutivo no fuera limitado a lo que expresa su nombre; si, además de ejecutor de la ley, tuviera también el título de organizador o creador de nuevas formas, el Gobierno se habría ocupado en dar la que juzgase conveniente a las tres fuerzas de la República: cívica, provincial y permanente.

Fuerzas de carácter distinto, de naturaleza diversa y de ordenanza diferente exigen la mayor delicadeza, especialmente en Estados nuevos que no tienen todavía la experiencia de dirigirse en la situación difícil en que se hallan.

Pero el Poder Ejecutivo debe limitarse a lo que indica su título; y al Legislativo es a quien corresponde levantar fuerzas y darles las leyes que deben organizarlas. El Gobierno, ceñido a sus atribuciones, circuló el reglamento de fuerza cívica decretado por la Asamblea, ordenando su más puntual cumplimiento.

Mandó en 4 de marzo de 1824, después de haber pedido al Poder Legislativo la facultad necesaria, que se abriese suscripción voluntaria para proporcionar el armamento que necesitaba la milicia cívica de todos los pueblos de la República; dispuso con este objeto el reglamento que le pareció más prudente para que, interesándose el celo de las municipalidades, tuviese suceso feliz la suscripción; previno en circular de 20 del mismo mes que los jefes políticos activaron la organización de la fuerza cívica, removiendo los obstáculos que pudiesen embarazarla, y tomando interés en la suscripción decretada para su armamento; que pidiesen jefes de instrucción a los Comandantes respectivos; que éstos les diesen los que necesitasen, y que los servicios hechos en asuntos tan importantes fuesen habidos por el Gobierno con un mérito distinguido.

Tomó en consideración la milicia activa o provincial, convencido de la importancia de tener una masa disponible de fuerzas de esta especie; dedicó varias sesiones al examen detenido del plan de reforma y aumento de aquella milicia que le presentó la Junta Consultiva de Guerra; acordó las modificaciones que creyó útiles y necesarias, y lo pasó a la Asamblea para su aprobación o reforma; dio también su atención al reglamento de quintos y reemplazos, que en cumplimiento de su orden le propuso la misma Junta de Guerra, y lo pasó a la Asamblea en 31 de mayo de 1824 para su aprobación o reforma; evacuó los informes que le pidió el mismo Poder Legislativo cuando se ocupó en aquellos reglamentos; dio las órdenes correspondientes para la composición, reparos y conservación del molino en que se fabrica la pólvora y hace tanto honor a Guatemala por ser único en su especie, o haberse concebido en esta ciudad la primera idea de su construcción; hizo presente a la Asamblea la necesidad de poner los puertos en el mejor estado de defensa; le propuso con este objeto lo que le pareció conveniente; le manifestó la utilidad de restablecer las compañías fijas que hacían con buen suceso el servicio antes de ser abolidas; dispuso el establecimiento en el Golfo de una población capaz de ocurrir al servicio que exige el castillo; y ha extendido su atención a Trujillo y a Omoa, dictando las providencias que han exigido las circunstancias.

HACIENDA

Una y otra fuerza, la moral y la física, demandan fondos para su creación y conservación. La hacienda pública es en este aspecto la base fundamental de las dos; y el Ejecutivo, convencido de serlo, la presentó al Legislativo como uno de los objetos primeros que debían ocupar el celo de ambos Poderes.

La que era antes provincia de Guatemala subió después a República de Estados Federados de Centro-América. Las erogaciones de Gobierno subalterno ascendieron a gastos de Gobierno Supremo de diversos Estados, unidos en República. La transición del mínimum al máximum de egresos exigía aumento proporcional de ingresos, y ese aumento debía ser tan rápido como el salto que acaba de darse.

El gobierno se ha visto en la posición más difícil en que puede verse el de una nación. La economía de empleos, que es recurso fácil y justo para otros gobiernos, no podía serlo para el de una República que veía en la ley fundamental todas las plazas que deben existir. La reducción de sueldos, hecha en alguna parte, no cubría las necesidades, ni podía aumentarse más sin sacrificar la existencia del empleado. La creación de rentas nuevas es obra de muchas dificultades, de mucho tiempo y de muchos peligros. Y los diversos ramos de las antiguas habían sido abolidos unos, y menguados otros por el celo de la Asamblea que, deseando sin duda hacer amar nuestra causa, quiso derogar o disminuir los impuestos.

El Poder Ejecutivo veía por una parte aumentado por la ley el número de empleos y sueldos; y observaba por otra disminuidos por ella los ingresos de la hacienda. Hizo en posición tan triste lo que correspondía hacer para llamar la atención a una diferencia tan funesta, y evitar que el gobierno se acabase por consunción.

«Que se forme —dijo— un estado de los ingresos actuales de la hacienda y otro de los gastos que es obligada a hacer para ocurrir a todas las atenciones que exige su justa independencia: que de la comparación de unos y otros se infiera el déficit que resulta: que para cubrirlo se conserven y mejoren las rentas antiguas cuyo establecimiento costó tantos años de trabajos y gastos: las rentas a que ya están acostumbrados los pueblos: las rentas que tienen para su mejor dirección la experiencia adquirida por sus funcionarios: las rentas que por su misma antigüedad han establecido el equilibrio de las clases vendedoras y consumidoras».

Este ha sido el idioma que el Ejecutivo ha hablado al Legislativo en las notas o exposiciones que ha pasado. Firme en él, porque lo ha creído conforme con los principios económicos y propio de nuestro actual estado, fijó su atención en la mejora de las rentas que forman la hacienda pública.

Con este objeto mandó que la Contaduría Mayor formase un estado general de los ingresos y egresos fijos y eventuales de la tesorería nacional:

Mandó que los jefes de rentas que en el servicio de ellos han adquirido conocimientos, propusiesen las medidas más eficaces para poner las de su cargo respectivo en el mejor estado posible:

Mandó que una comisión compuesta de un funcionario de cada renta se ocupase en meditar y presentar los medios más útiles para mejorar las rentas:

Oió a la comisión en todos los asuntos de consideración que han ocurrido relativos al Departamento de Hacienda; y la comisión ha sabido corresponder a su confianza:

Propuso a la Asamblea en 2 de marzo de 1824, para mejorar la renta de alcabalas, que se aumentasen los derechos de importación en el comercio exterior, porque, comparados uno con otro el arancel de esta República con el de las demás naciones de Europa y América, resultan tan pequeños los derechos del nuestro que podían subirse con moderación sin temor de retraer o alejar de nuestros puertos a los especuladores o comerciantes de otros países:

Sostuvo la renta de tabacos, en el discurso que se dio a luz, con razones que, lejos de ser contrarias a la ciencia económica, fueron derivadas de ella:

La sostuvo estableciendo los guardas que exigía el celo del contrabando:

La sostuvo dando a la dirección la protección que merecían sus propuestas:

Manifestó que no debían menguarse los ingresos de la renta de correos reduciéndose los portes; y acordó en ella diversas economías propuestas por su administrador, y apoyadas o modificadas por la comisión de hacienda:

Presentó el plan de una compañía destinada a proporcionar sin gravamen de los socios el fondo que necesita la Casa de Moneda para el rescate de platas:

Pidió que la alcabala de internación que adeudan los géneros extranjeros se declarase correspondiente a las rentas federales, y se reservase a la de los Estados la que causasen los efectos y frutos de nuestro suelo:

Propuso la acuñación de alguna cantidad de cobre apoyando su propuesta en el ejemplo de naciones que no podemos llamar ignorantes, fundándola en diversas razones, y contestando a las que se han opuesto de contrario:

Representó los aumentos moderados de que creyó susceptibles las tarifas o tablas de las clases sujetas a la contribución directa:

Mandó que los ministros generales presentasen mensualmente un estado de los ingresos y gastos de la tesorería expresando las partidas respectivas que formasen la suma de unos y otros:

Acordó que los jefes de rentas presentasen también estados mensuales de las entradas y salidas de sus tesorerías respectivas para compararlos con los de la general, y observar el progreso o retroceso en los productos de las rentas:

Dispuso que los comandantes subdelegados de los puertos remitiesen igualmente estados de los barcos que arribasen a ellos, expresando su procedencia, cargamento, tripulación, géneros consumidos en los mismos puertos, o guiados para lo interior de la provincia, etc.:

Celó el cobro de los créditos activos de la hacienda mandando que las intendencias de las provincias remitiesen mensualmente estados demostrativos del que tuviesen los expedientes; y que el Ministerio de Hacienda diese cuenta en el caso de haber omisión en los intendentes:

Dictó las providencias oportunas a vista de los estados que sobre los mismos créditos debían presentar cada quince días el intendente y juez de hacienda de esta capital: propuso, para que no fuesen eternas las causas en que es interesada la hacienda, el plan que parecía útil para simplificar los trámites de sustanciación:

Oyó proposiciones de empréstitos hechas por diversas casas: formó el cálculo comparativo de ellas en tablas demostrativas: expuso su opinión; y autorizado por la Asamblea ajustó con la casa de Barclay, Herring y Compañía el de 7.142.857 pesos:

Pasó a la Asamblea para su aprobación la nueva planta que acordó oyendo al intendente y a la comisión para el establecimiento de ministerios en Omoa y Trujillo y Administración en Gualán:

Dictó varias medidas para evitar del modo posible en costas tan abiertas la defraudación de derechos:

Encargó al Enviado a la Norte América que diese atención especial a la casa de moneda de aquellos Estados: observase sus máquinas, labores, gastos, derechos y utilidades: diese razón circunstanciada de sus observaciones, y si hay máquinas que simplifiquen los trabajos o economicen los gastos, informarse sobre su valor para acordar arbitrios que faciliten su compra y remisión:

Expuso lo que creyó justo sobre clasificación de rentas y evacuó los informes pedidos sobre asuntos diversos del Departamento de Hacienda.

RIQUEZA

La transición de provincia subalterna a nación soberana hacía necesario el aumento de ingresos en la Tesorería General: para el aumento de ingresos era preciso el de contribuciones o impuestos; y el de contribuciones exigía el de riqueza. Gravar a los pueblos con nuevas contribuciones y no interesarse en el progreso de su riqueza, sería injusticia digna de la censura de la razón. El gobierno que con una mano exige aumento de impuestos debe con otra procurar aumento de riqueza. El Ejecutivo de Guatemala, que confiesa esta verdad, tiene al publicarla la satisfacción dulce de no haber olvidado uno de sus más estrechos deberes. Ha trabajado para que los pueblos sean más ricos o menos pobres: se ha interesado en su bienestar: ha procurado su mayor prosperidad; y cuando acaben de desarrollarse todos los efectos de sus providencias, la nación sabrá hacerle justicia.

Para fomento del ramo importante de minería: para que el minero sepa trabajar sus minas: para que extraiga de nuestras montañas toda la riqueza que hay en ellas, el Gobierno ha pedido un mineralogista a Méjico: lo ha proporcionado el profesor digno de mineralogía don Andrés del Río; y si no ha hecho su viaje, es porque la factoría de Oajaca no ha podido cubrir la letra dirigida a su cargo para costear el viaje del mineralogista pedido. Por el correo anterior se ha dirigido recomendación que no será inútil; y el Gobierno espera que se pagará sin dilación el libramiento que por ser bueno ha sido aceptado.

Se imprimió también la Descripción del beneficio por azogue de los minerales de oro y plata en el Real de Zacatecas; y se circuló para que los mineros aprovechen las observaciones que hay en ella. Se mandó que la junta de Costa-Rica proporcione todos los planos, medidas o arbitrios que juzgase oportunos para el progreso de sus minas.

Se presentó a la Asamblea para su aprobación el plan importante de una compañía Anglo-Guatemalana para el laboreo y fomento de nuestras minas, tratado por el Gobierno con el apoderado de la Casa de Simonds; y en las instrucciones dadas a nuestro Enviado a la Sur América se le recomendó que se informase de los métodos más económicos y provechosos para el beneficio de metales, y los comunicase oportunamente con el objeto de publicarlos y dar nuevas luces a los mineros.

Para que el artículo precioso de la grana continúe los progresos que está haciendo con tanta rapidez, circuló ejemplares de la instrucción sobre su cultivo y beneficio; y publicó la orden que le concede exención de derechos.

Para que el cultivo del cacao vuelva al estado de prosperidad que tenía en tiempos anteriores, mandó que los jefes políticos de Escuintia y Suchitepéquez propusiesen los medios que considerasen más eficaces para hacer prosperar este ramo útil de nuestra agricultura; y ha mandado imprimir, con el fin de circular entre los labradores de aquel fruto, la instrucción sobre su mejor cultivo y beneficio.

Para dar a nuestra industria fabril la protección de que es digna, encargó a nuestros Enviados a la Norte y Sur América que manden modelos de los instrumentos y máquinas que puedan ser útiles y no se conozcan en este país.

Para que la agricultura se dilate a todos los artículos a que pueda extenderse en tierras donde hay temperaturas para casi todos los géneros de vegetales, encargó a los mismos Enviados que remitiesen una colección de semillas, raíces y estacas de plantas útiles y desconocidas en esta nación: que tomasen los informes más exactos sobre los métodos de cultivo adoptados en aquellos países; y siendo distintos de los que se acostumbran en éste, los comuniquen para acordar su publicación; y que proporcionasen además cuatro o seis labradores de pericia acreditada en el cultivo de olivos y viñas, ofreciéndoles tierras, los gastos de viaje, y los precios para la primera labor.

Para establecer este nuevo ramo de cultivo, y que nuestras tierras, hermoseadas ya con nopaleras, lo sean también con olivares, ha pedido a Méjico cajones de estacas de olivos que vendrán en breve y serán distribuidas con el objeto de crear este artículo de riqueza en tierras capaces de producirlo.

Para que las tierras de cosecha se acerquen a los puertos de extracción: para que la agricultura, abatida ahora por falta de comunicaciones, pueda dilatarse llevando a las plazas extranjeras sus frutos o producciones, recomendó a los mismos Enviados la apertura de caminos desde las poblaciones principales del centro hasta los puertos de la costa del Norte, para que excitasen el espíritu de especulación procurando se formen compañías y ofreciendo a las que se establezcan el derecho de exigir los que decrete este Congreso.

Para estimular a los empresarios a facilitar comunicaciones de especie más útil que las anteriores, pasó a la Asamblea la nota correspondiente para que concediese un privilegio exclusivo, u otorgase otra gracia a los que emprendiesen hacer navegables los ríos que pueden serlo en la República.

Para dar valor a nuestros frutos, o hacer que se conozca el que tienen, envió a la otra América por medio del Enviado muestras de nuestra grana, de nuestros tabacos, de nuestros tejidos de algodón y de nuestras maderas, para que conociéndose en aquellos países, se avive el espíritu mercantil y se extiendan las relaciones de nuestro comercio.

Para que el propietario no sea sacrificado con dilaciones y gastos en las diferencias que ocurran sobre su propiedad, presentó a la Asamblea un cuadro de los daños que hace sufrir el método de sustanciación prescrito por las leyes en los pleitos ordinarios, y manifestó la necesidad de reformarlas suprimiendo trámites y simplificando el orden de los juicios civiles.

Últimamente, para que esta nación sea el centro del comercio universal: para que el aspecto y relaciones de su tráfico varíen en su favor, tomó en consideración el proyecto grande de un canal que ponga en comunicación los dos mares en el estado de Nicaragua: oyó las proposiciones hechas sobre este asunto importante por los apoderados de dos casas inglesas: se fijó en las bases en que podía convenirse; y unidos antecedentes y datos lo presentó todo a la Asamblea para su deliberación y acuerdo.

Los elementos grandes de la riqueza de un pueblo son la extensión, feracidad y posición de sus tierras: la justicia de sus leyes, protectoras de las personas y propiedades: el celo activo de su gobierno: la libertad de sus individuos para cosechar y exportar los frutos que convenga a su interés individual, y la facilidad de comunicaciones por agua y tierra para la extracción breve y poco dispendiosa de los géneros y frutos. Guatemala posee en grado eminente todos los principios de prosperidad. En toda la extensión de la América es la que se halla en posición más feliz. Tiene una legislación que respeta a los propietarios, dignos siempre de la protección de los poderes, porque están unidos con la patria por vínculos estrechos. La rige un Gobierno justo en sus providencias, y liberal en sus principios. Y todos los agentes de la industria rural, fabril y mercantil, tienen el derecho sagrado de dar libremente a sus intereses la dirección que les parezca.

Comunicación fácil entre los puntos de cosecha y los mercados de consumo es el elemento que nos falta. Caminos son los que no tenemos, y esto es lo que seguirá ocupando al Poder Ejecutivo y debe llamar la atención del Legislativo. Con ellos daremos el impulso más activo a la riqueza de la nación, y la riqueza, aumentando su poder, facilitará sus relaciones.

Las de la República se van extendiendo como exige el interés de nuestra justa causa. El Gobierno de Colombia ha reconocido nuestra independencia: el de Méjico ha hecho igual reconocimiento: el Cónsul de Chile ha protestado que el de su República lo hará también, y el de los Estados Unidos de la Norte-América, recibiendo a nuestro Enviado y nombrando el Cónsul que existe ya en esta capital, ha manifestado con estos actos las consideraciones que merecen nuestros derechos.

El Poder Ejecutivo ha nombrado Enviados Extraordinarios y Ministros Plenipotenciarios para la Sur y Norte-América, para Méjico y para Londres. Nuestras relaciones comienzan a tener el carácter de diplomáticas: el celo patriótico de los nombrados para consolidarlas y extenderlas promete bienes a la nación; y Guatemala, unida por vínculos de amistad y alianza con las demás Repúblicas de América, formará con ellas un todo respetable y sabrá defender los fueros y libertades del Nuevo Mundo y hacer progresos de riqueza y prosperidad.

CONSTITUCIÓN

Una ley fundamental formada con prudente sabiduría es el objeto final de una nación que se ha puesto en movimiento para ser independiente y feliz.

El Gobierno ha terminado los trabajos del tiempo que ha recorrido jurando guardar y hacer cumplir la Constitución que acaba de publicarse. La ha circulado a todos los Estados, y desea que se llenen los votos de la Asamblea que la decretó.

Todas las autoridades de la Federación han prestado el juramento que exige la ley. Continúan haciéndolo las de los Estados, y en breve quedará concluido este punto importante con aquel orden que los hijos de Guatemala han sabido guardar, respetando siempre la ley.

El Gobierno presenta la nación sin revolución ni movimientos destructores: la presenta avanzando en su carrera. Un labrador laborioso recuerda con gozo sus trabajos y ve con placer sus cosechas. Un Gobierno celoso, volviendo los ojos a los suyos, se penetra de iguales sentimientos. «Trabajé —dice— en el año que ha pasado: trabajaré más en el año que comienza. Los pueblos me han confiado sus destinos: yo seré todo para los pueblos. Una lágrima menos: una espiga más: un retoño de planta que no se había cultivado será el máximum de mi felicidad».

El Ejecutivo de Guatemala no tiene el placer de ver cosechas tan ricas o contemplar frutos tan sazonados. Pero ha amado el bien de la nación: lo ha amado con prudencia: lo ha amado sin precipitaciones peligrosas.

Que siga la nación dirigida por este Congreso con la sabiduría de que es digna: que a fuerza de prudencia se haga amar nuestro sistema: que por ella se unan acordes todos los hijos de la República. Estos son los deseos del Poder Ejecutivo. Los individuos del Legislativo sabrán llenarlos, y los pueblos gozarán entonces todos los grados de felicidad.

Guatemala, 25 de febrero de 1825.

DISCURSOS PRONUNCIADOS EN EL CONGRESO FEDERAL DE CENTROAMÉRICA EN 1826

EN LA SESIÓN DE 11 DE ABRIL:

Uno de mis deseos más constantes ha sido que esta nación sea conocida en la inmensidad de sus recursos naturales, para que tenga el crédito y opinión de que es digna.

Fijo en este pensamiento, he indicado en distintos tiempos lo que me ha parecido conveniente para que tenga efecto.

En 1820 manifesté en diversos papeles la utilidad de la estadística, y excité a sus trabajos convencido de su importante trascendencia. Veía que se iba acercando la época feliz de nuestra libertad, y deseaba que fuesen conocidas en el mundo las riquezas de estas provincias cuando se presentasen a él como nación independiente.

En 1824 propuse, y acordó a mi propuesta el Supremo Poder Ejecutivo, que nuestros Enviados a la Norte y Sur-América presentasen cada uno en su legación respectiva el proyecto de una expedición científica compuesta de astrónomos, geógrafos, botánicos, etc., destinada a reconocer y observar este nuevo continente en sus puntos más importantes y costeada por todos los Gobiernos de todas las Repúblicas de América.

En marzo de 1825, sabiendo que el varón respetable de Humboldt pensaba repetir su viaje a Nueva España, aproveché ocasión tan oportuna para llamar a estos países su celo acreditado por las ciencias naturales, y le escribí con este objeto una carta muy recomendada en su dirección.

En septiembre del mismo año recibí una del profesor de Mineralogía de Méjico, en que me comunicó la llegada a aquella capital del naturalista alemán, Conde de Sack, y me hizo a su nombre diversos encargos. Volví entonces al deseo de ver en este suelo un hombre digno de observarlo en uno de los ramos más interesantes de la historia natural, y el 3 de octubre siguiente le escribí convidándolo a extender sus viajes por nuestra República.

En diciembre siguiente publiqué una pequeña memoria proponiendo el plan de una expedición científica, enviada y costeada por una compañía anglo-guatemalana y protegida especialmente por los Gobiernos de cada uno de los Estados de nuestra República.

Mis pensamientos no han tenido sin embargo el resultado que deseaba y exige el bien general. La estadística tan útil para naciones que por ser nuevas deben hacerse conocer del mundo, no se ha formado hasta ahora porque faltan datos de que no es posible prescindir. Nuestros Enviados, ocupados sin duda en otros asuntos de importancia, no han tenido la satisfacción de ver emprendida la expedición que se recomendó a su celo.

El Conde de Sack me contestó en carta de 8 de noviembre de 1825, «que le sería de un placer inexplicable poder extender sus viajes hasta Guatemala, país muy fecundo en todo género de producciones preciosas de la naturaleza; pero que circunstancias que no estaba en su mano remover le obligaban a salir de Méjico para Colombia, donde debía unirse con un botánico que debía haber llegado de Alemania para acompañarle en sus futuros viajes».

El Barón de Humboldt no manifiesta en sus letras de 30 del mismo mes de noviembre intención de volver a la América, y solo me dice en ellas que «será eterno el sentimiento que tiene de no haber recorrido todos los Estados de la República de Centro-América, y que se interesa vivamente en los destinos de una porción tan hermosa del globo, donde sus habitantes han sabido conquistar su independencia sin las borrascas de las disensiones civiles».

Los Gobiernos de los Estados de Costa-Rica, Nicaragua, Honduras y Guatemala se sirvieron manifestarme el agrado con que habían visto el plan indicado de una expedición científica, y añadieron que si tenía efecto le darían toda la protección de que es digna. Pero el estado actual de los fondos y especulaciones de Inglaterra hace creer que no será adoptado, al menos en las presentes circunstancias, el proyecto presentado al espíritu que en aquella isla meditaba empresas útiles para una y otra nación.

No debe a pesar de esto abandonarse un pensamiento que promete bienes de tanta magnitud. Debe por el contrario aprovecharse la ocasión más bella que puede presentarse.

Se va a instalar en Panamá el Congreso general de la América, y en esa Dieta respetable donde se van a reunir Plenipotenciarios de todas las nuevas Repúblicas, sería importante que se acordase la expedición que debe recorrer el Nuevo Mundo y ser costeada por los Estados que existen en él.

No es preciso detenerse en demostrar todos los bienes que produciría este acuerdo. Hay pensamientos que basta indicar para que todos sean convencidos de su importancia.

Recorrida la América por viajeros dignos de contemplar esta naturaleza grande, rica y majestuosa; determinadas las posiciones geográficas de los puntos o lugares principales; observadas las temperaturas y elevaciones de ellos; clasificados los minerales, vegetales y animales que la hermosean y pueden enriquecer; reconocidos los puertos y bahías de sus costas; distinguidos los hábitos, caracteres, costumbres y organizaciones físicas de sus indígenas; corregidos su mapa y los de las Repúblicas que hay en ella; formada en fin la geografía de sus minerales, la de sus plantas y la de sus animales; levantando cartas exactas que designen las zonas de ellos y expresen las escalas de temperaturas y elevaciones respectivas en que se crían y viven. ¡Cuánto se extenderían las ciencias! ¡Cuánto se mejorarían las artes! ¡Cuánto adelantarían las industrias! ¡Cuánto se mejorarían los métodos! ¡Qué creaciones! ¡Qué progresos, qué riquezas, qué revoluciones habría en el sistema general de los conocimientos humanos!

Las Repúblicas aumentarían las tablas de sus riquezas: el Nuevo Mundo aparecería más grande: el Congreso de Guatemala tendría nombre, y el de Panamá se haría inmortal en los anales de la América.

Pido pues que el Congreso se sirva acordar que los Ministros Plenipotenciarios enviados a la Asamblea general de Panamá exciten el celo de ella, para que se digne decretar una expedición científica compuesta de geógrafos, astrónomos, naturalistas, etc., costeada por los Gobiernos de las Repúblicas de América y destinada a recorrer y observar los puntos principales del Nuevo Mundo.

EN LA SESIÓN DEL 17 DE ABRIL.

El año pasado de 1824 reconoció Méjico en la forma más solemne la independencia absoluta de Guatemala. Yo era entonces individuo del Poder Ejecutivo y tuve la satisfacción dulce de publicar en la Gaceta de Gobierno el buen estado de las relaciones de esta República con la mejicana.

El año presente de 1826, llamado el mes anterior de marzo a ocupar una de las sillas de los diputados, tengo el sentimiento profundo de hablar idioma muy diverso.

En uno de los periódicos de Méjico (a) se dice que don José Cirilo Gómez Anaya y don José Yauger, individuos de la Cámara de Diputados de la nación mejicana, hicieron proposición pidiendo que se autorice al Gobierno de aquella República para que en represalia ocupe con las armas a los pueblos de la nuestra que manifiesten al General o Comandante mejicano que está en la frontera la voluntad que tengan de unirse con Méjico.

Esta proposición es injusta: es subversiva: es anárquica: tiende a perturbar el orden, y produciría daños de consecuencias incalculables, si fuera acordada. Los haría a Guatemala: los haría a Méjico: los haría a toda la América en general.

En todo país donde se muda la forma de Gobierno es preciso que haya dos partidos: el de los adictos al antiguo, y el de los amantes del nuevo. Cuando Francia destruyó el suyo; cuando abolió el monárquico y estableció el republicano, la nación vio a unos que lloraban por la Monarquía y a otros que celebraban la República. Cuando España hizo constitucional el Gobierno que era absoluto, los que tenían interés en el absolutismo formaron una división, y aquellos que lo habían en la constitución política decretada por las Cortes formaron otra. Cuando Guatemala se pronunció independiente de la dominación mejicana, es natural también que haya dos secciones: la del mínimo que quiera la sujeción a Méjico, y la del máximo que ama con alegría y entusiasmo la independencia absoluta de la nación.

Pedir que se autorice al Gobierno de la nación mejicana para que ocupe con tropas a los pueblos de la nuestra que quieran ser parte de aquella República, es pedir que se ofrezca protección al partido que no ame nuestra independencia: es estimularle a que dé gritos a favor de Méjico: es animarle a que se rebele contra su patria: es alarmar a los que aman a la República: es soplar las teas de la discordia: es excitar a guerras intestinas: es querer que haya anarquía y se haga a una nación que respeta los derechos de sus vecinos el mal de mayor tamaño que puede hacerse a un pueblo.

Una familia no tiene derecho para fomentar divisiones en otra familia. Un pueblo no lo tiene para engendrar discordias en otro pueblo. Una nación no lo tiene para hacer nacer la anarquía en otra nación. Los derechos de una familia, de un pueblo, de una nación, no son más que la suma de los derechos de los individuos que la componen. Si un individuo no puede hacer daño a otro individuo, una nación tampoco puede causarlo a otra nación.

«Las naciones se hallan unas respecto de otras en el estado de naturaleza, y la moral es el vínculo que debe unirlas. Las naciones son independientes y soberanas cualquiera que sea la extensión de su territorio o el número de sus individuos. Las naciones deben en tiempo de paz hacer el mayor bien, y en el de guerra el menor mal posible. Una nación debe obrar con las demás como desea que obren con ella. Una nación no tiene derecho para intervenir en los negocios de otra».

Estos son los principios luminosos del Derecho de Gentes que ha sabido fijar un publicista digno de este título. Ellos derraman luces para conocer los de la República de Centro-América: ellos deben sostener a la faz del mundo nuestra independencia y libertades: ellos evidencian la injusticia de la proposición hecha por los diputados de Nueva España.

En la misma República mejicana donde se da a luz se han publicado anteriormente otros papeles dignos, como he indicado otra vez, de toda nuestra atención. En ellos se han impreso noticias que disminuirían el crédito y ofenderían el honor nacional si no fuera manifestada su falsedad en el todo o su alteración en mucha parte: en ellos se ha deprimido a la República ponderando la escasez de población, falta de industria y poca ilustración: en ellos se ha dicho que Guatemala no tiene elementos para ser independiente, ni poder para sostenerse como soberana: en ellos se ha aventurado la proposición de que esta República llegaría a ser presa del primer enemigo que quiera subyugarla, si Méjico, tanto por darle una mano protectora, como por no dejarse flanquear por aquí, no defiende su libertad: en ellos se han descubierto miras muy claras diciendo que cuando uno quiere no arruinar su casa, se ve en la precisión de cuidar del buen estado de la que está pared en medio con ella.

Publicados estos papeles en Nueva España, si el Congreso mejicano acordara la proposición transcrita de dos de sus individuos, Méjico tendría en las naciones que saben respetar los derechos de las demás el concepto de que sería digna en tal caso. Se manifestaría por todas partes su injusticia y ambición: se diría que quiere ser conquistadora al mismo tiempo que declarándose independiente de la antigua España publica que las conquistas no dan derecho a quien las hace: se añadiría que piensa en países lejanos cuando no ha acabado aún de consolidar la administración de los que tiene cerca: se demostraría la imposibilidad de gobernar bien una extensión tan inmensa de territorio desde California hasta el Istmo de Panamá: quedaría en contacto con Colombia, y el de dos Repúblicas que llegarían a ser rivales produciría consecuencias que no es difícil prever: se alarmaría el Nuevo Mundo viendo dilatarse por toda la América Septentrional la dominación mejicana: la opinión general se volvería contra Méjico y la justicia triunfaría al fin.

En todas las naciones que no han consolidado todavía su nuevo sistema, hay enemigos interiores. Los papeles públicos de Méjico manifiestan que los hay en aquella República, y los de las otras de América confiesan la misma verdad. Supóngase que ocupa con tropas el Gobierno de Washington a los pueblos de Nueva España que quieran ser parte de los Estados Unidos de Norte-América, el de Méjico a los pueblos de nuestra República que quieran sujetarse a la mejicana, el de Guatemala a los de Colombia que quieran agregarse a Centro-América, el de Bogotá a los del Perú que quieran unirse con Colombia, etc. La América sería entonces imagen verdadera del caos. Los malcontentos de una República darían voces a favor de la vecina. Todo sería confusión. Un desorden general se extendería desde Texas hasta Chile. No habría paz, sosiego ni tranquilidad. La ambición europea cantaría victoria; y los americanos libres tornarían a ser esclavos.

Se indica por los diputados de Méjico que la medida que piden se funda en el derecho de represalia. Pero esto manifiesta solamente que se ha olvidado la significación propia de la palabra y no se han tenido presentes los hechos.

Represalia es el derecho que tienen los gobiernos de retener y tomar de los enemigos las cosas que se hallan en el Estado al tiempo del rompimiento de la guerra: Méjico no la ha declarado a Guatemala, ni Guatemala la ha declarado a Méjico. Están en paz ambas naciones; y la disputa sobre Soconusco no puede fundar en sentido alguno la proposición de los diputados de Nueva España.

Soconusco ha sido desde más de dos siglos provincia de Guatemala: Soconusco ha pronunciado del modo más solemne y espontáneo la voluntad que tiene de seguir unida con Guatemala. Podría Guatemala, sin ofender el Derecho de Gentes, tener en Soconusco una división protectora o de respeto. Pero el Congreso del año anterior mandó que se retirase la fuerza que había en aquel punto para que no la hubiese de esta República ni de la mejicana mientras no se termine la cuestión pendiente. Este es desde el año pasado el pretexto que alegan los diputados autores de la proposición.

Supóngase sin embargo que en Soconusco hubiera alguna fuerza de nuestra República. ¿Podría esto dar algún derecho al Gobierno mejicano?

Si el de Centro-América dijera a los pueblos de Nueva España: si queréis separaros de aquélla y uniros con esta República, yo enviaré fuerza que proteja vuestra voluntad; el de Méjico, previos los preliminares que exigiría en tal caso el derecho público, podría hablar el mismo idioma a los de Guatemala. Si el de Centro-América ocupara con la fuerza provincias que desde siglos han correspondido y quieren pertenecer a Nueva España, el de Méjico podría obrar de la misma manera con arreglo a los derechos que da una guerra legítima. Esto demandaría la reciprocidad de derechos que tienen las naciones. Pero querer que el Gobierno mejicano ocupe con la fuerza a los pueblos de esta República que quieran unirse con la de Méjico, sin que el de Centro-América haya pensado ocupar del mismo modo a los de aquella nación que quieran agregarse a ésta, es violar los principios más obvios del Derecho de Gentes, es olvidar la moral pública que debe ser la base de las relaciones exteriores de las naciones, es dar escándalo al mundo entero y sujetarse a las censuras de la opinión universal de los pueblos.

Yo no creo que el Congreso de Méjico sea capaz de aprobar una proposición tan escandalosa. En él existen hombres que saben respetar los derechos sagrados de las naciones. Yo los conozco. Su voz se habrá hecho oír contra una petición tan injusta. Vuelvo a decirlo: el Congreso de Méjico no ha de querer cubrirse de oprobio a la faz de toda la América. No precipitemos nuestros acuerdos. Esperemos el correo, y con presencia de las noticias que trajere deliberaremos con más datos.

Esto es lo que consulta la comisión en el dictamen que he tenido el honor de extender. Yo opino que debe aprobarse.

EN LA SESIÓN DE 21 DE ABRIL,

En 1.° de marzo abrió el Congreso sus sesiones. Han corrido 52 días, y solo restan 40 del trimestre que señala la ley. Son muchos los asuntos pendientes: son mayores en número los que pueden promoverse para bien de los pueblos. Yo llamo la atención de las comisiones: yo suplico que aumenten sus trabajos; y me tomo la licencia de presentar el plan que debe dirigirlos.

Hay verdadera inmensidad en los negocios que pueden ocupar el celo de un Congreso que quiere corresponder a la expectación de los pueblos. Pero todos ellos, cualquiera que sea su número, pueden reducirse a pocos puntos cardinales. En una nación que acaba de proclamar sus derechos, la independencia debe ser el objeto primero de sus cuidados. Para sostener o consolidar la independencia son precisas dos fuerzas: la moral y la física. Para formar la fuerza moral es necesario arreglar la instrucción pública, y para crear la fuerza física es necesario organizar el Ejército. Para los gastos que exige la instrucción pública y el Ejército es precisa la Hacienda Nacional. Para tener Hacienda Nacional es necesaria la riqueza, y para que haya riqueza es preciso fomentar la agricultura que hace dar frutos a la tierra, la industria que mejora o embellece los frutos de la agricultura; y el comercio que transporta los productos de la industria.

Independencia apoyada en dos fuerzas. Instrucción pública creando la fuerza moral. Ejército formando la fuerza física. Hacienda Nacional dando fondos para los gastos de la instrucción y del Ejército. Agricultura, industria y comercio enviando caudales a la Tesorería de la nación.

Este es el cuadro que el Congreso debe tener siempre delante de los ojos: estos son los puntos que deben ocupar nuestra atención: estos son los negocios en que debemos pensar.

Que la comisión de instrucción pública se ocupe en el plan benéfico que debe arreglarla conforme al artículo 69, atribución 14 de nuestra Constitución Política:

Que la comisión de guerra trabaje el proyecto de la ley que debe organizar el Ejército según el mismo artículo, atribución 2 y 3:

Que la comisión de hacienda se dedique a mejorar la de nuestra República rectificando errores, corrigiendo abusos, llenando vacíos, y no olvidando jamás el estado comparativo de ingresos y gastos:

Que la comisión de agricultura piense al fin en la madre primera del hombre manifestando las causas que la tienen pobre y reducida a un pequeño número de artículos de exportación, y proponiendo medidas activas para hacerla rica y extensa:

Que la comisión de industria se acuerde de los artesanos, fábricas y manufacturas proponiendo cuanto sea útil para plantar en nuestro suelo algunas de las que faltan y son más necesarias:

Que la comisión de comercio medite planes y presente arbitrios para dar extensión al de la República, multiplicando sus relaciones y elevándola al grado a que puede subir.

Ocupadas en estos asuntos diaria y celosamente las comisiones del Congreso, concluiremos el trimestre de la ley, llenos del placer más puro que puede penetrar a una alma sensible.

La independencia de una nación se consolida interesando en su justa causa a los individuos que la componen. Cuando el interés los une en derredor del nuevo sistema: cuando están acordes en las bases primeras de su felicidad: cuando hay identidad de sentimientos y opiniones, la marcha de un pueblo es rápida y tranquila: de todas las voluntades individuales se forma una masa de voluntad general: cada ciudadano es un soldado o un orador de la patria: la República tiene respetabilidad: ninguno se atreve a calcular su sacrificio o especular sobre su ruina.

Cuando no hay armonía en los puntos fundamentales: cuando la divergencia de pensamientos y deseos llega al grado de no poder desconocerse: cuando no hay unidad aun en lo primero en que debe haberla, los resultados son muy diversos, las consecuencias muy distintas, las perspectivas muy tristes.

Para consolidar la independencia de una República es necesario interesar en su causa a los ciudadanos que la forman. Para interesar a los ciudadanos es preciso dictar leyes que les hagan bien. Para acordar leyes benéficas es de necesidad oír la voz de las comisiones respectivas del Congreso.

Las comisiones son los primeros elementos del bien. De ellas depende que la nación progrese, retroceda o se mantenga estacionaria. Su celo es el que influye más en los destinos de los pueblos.

No deben emplearlo solamente en los casos en que se pasa a su vista un expediente, una proposición, o una adición.

El objeto de su establecimiento manifiesta toda la extensión de sus trabajos. Aun cuando no haya expedientes: aun cuando no se hagan proposiciones deben dedicarse a proponer medidas y presentar proyectos que llenen el objeto de su creación. Sin haber expedientes ni proposiciones, debe la comisión de agricultura pensar en el fomento de esta primera fuente de riqueza. Sin preceder uno ni otro debe la comisión de industria discurrir planes que la hagan nacer en nuestro suelo.

Se ha mandado que los lunes de cada semana presente la secretaría una lista de los asuntos pendientes en cada comisión. Es medida muy conveniente. Yo la apoyé cuando se propuso. Pero no llena todo el objeto que debe haberse en consideración.

Yo, deseando por una parte que se haga justicia al celo de las comisiones que trabajan, y queriendo por otra que se llenen las miras del Reglamento, propongo al Congreso se sirva acordar:

1.°—Que los lunes de cada semana manifieste la Secretaría: 1.° cuáles son las comisiones que han trabajado, y cuántos asuntos han despachado: 2.° cuáles son las que no han trabajado en ninguno: 3.° qué asuntos continúan pendientes en cada una de ellas.

2.°—Que en el caso de no haber asuntos despachados por las comisiones para llenar las horas que según el Reglamento deben durar las sesiones del Congreso, todos los individuos de ellas sean obligados a completar las horas que falten trabajando en los negocios propios de sus comisiones respectivas.

EN LA SESIÓN DEL 27 DE ABRIL.

Todos los días se discuten cuestiones diversas y se determinan asuntos distintos. Si algunos son infinitamente pequeños, el que se va a examinar es infinitamente grande.

Se trata del Canal de Nicaragua, que más de dos siglos ha sido objeto de los geógrafos, de los economistas y de los políticos: se trata de unir las aguas del Atlántico con las del Pacífico, y hacer océano lo que es tierra firme: se trata de mudar los destinos de la República, de la América y del mundo entero.

Un estado vasto, fecundo en su territorio, rico en sus producciones, colocado en medio de las dos Américas, situado entre dos mares, hermoseado por un lago de 70 a 80 leguas de largo y de 25 a 30 de ancho, que por una parte envía sus aguas al Océano del norte por el río de San Juan, y por otra no dista del Pacífico más que 7 leguas en unos lugares y 4 en otros, es cuadro hermoso, propio para inspirar proyectos, estimular a empresas, y excitar a especulaciones.

A los primeros momentos se transporta el alma de gozo; quisiera que no se perdieran instantes: que se abriera el Canal grande de comunicación: que la República gozara desde luego los bienes que ofrece una perspectiva tan bella.

Pero cesa al fin el entusiasmo, y comienza la razón a meditar en calma el proyecto. Entonces se ve todo el orden de operaciones que exige una empresa tan grande: entonces se descubren las dificultades y se perciben las consecuencias: entonces se conoce que es preciso examinar cuatro cuestiones difíciles.

¿Puede abrirse un canal de comunicación entre los dos Océanos haciendo navegable el río de San Juan y cortando el terreno que hay entre el Lago de Nicaragua y el mar Pacífico?

¿Debe abrirse en el caso de ser posible su operación?

¿Conviene abrirlo en el momento presente o debe diferirse su apertura a otros tiempos y circunstancias?

Cuando convenga abrirlo, ¿debe fiarse la empresa a una compañía extranjera, o hacerse de cuenta de la nación o sus hijos?

Estos son los puntos que deben examinarse antes de acordar una resolución definitiva. No basta un examen poco detenido. La misma importancia del asunto exige que el Congreso, circunspecto en todas sus deliberaciones, lo sea en ésta más que en las otras.

1.—Para saber si es posible la operación del Canal es necesario reunir multitud de datos y ejecutar diversidad de operaciones: es necesario reconocer todo el terreno por donde debe pasar la línea del Canal desde la costa del Norte hasta la del Sur: es preciso hacer nivelaciones, determinar alturas y fijar grados: es preciso levantar la carta general del Estado, y la especial del río de San Juan, de la laguna de Nicaragua, y terreno divisorio entre ella y el mar Pacífico.

Nada de esto se ha ejecutado hasta ahora con la exactitud necesaria.

No se han hecho nivelaciones: no se han calculado alturas: no se han determinado posiciones.

No tenemos todavía cartas, ni planos, ni croquis exactos.

La que formó el Ingeniero don Juan Bautista Jáuregui el año de 1818 de lo que se llamaba Reino de Guatemala, es entre las que he visto la menos defectuosa, y no están en ella determinados los grados ni designada la escala. El croquis del río de San Juan y su puerto, hecho en 1790 por el Ingeniero don José María Alexandre, no está arreglado, como confiesa él mismo, a posiciones y distancias bien determinadas, sino fundado en el reconocimiento y cortas observaciones que hizo a su tránsito por él. El croquis de la Laguna de Nicaragua que se encontró entre diversos papeles del Coronel Roberto Hodgson, tampoco es exacto, ni está conforme con el anterior, ni tiene escala. El plano ideal del río de San Juan, lago de Nicaragua y terreno que lo separa de la Costa del Sur, hecho en 1823 según las indicaciones de don Manuel Antonio Cerda, manifiesta en su mismo título que tampoco hay en él exactitud, grados, ni escala.

Debemos confesarlo con franqueza. No podemos decir si es posible o imposible la apertura del Canal. Nos faltan datos aun para formar este juicio, que es el primero en el orden de todos los que exige un proyecto de tanta magnitud. Yo busqué esos datos el año de 1824 en la Secretaría del Gobierno cuando era individuo del Poder Ejecutivo: yo los he buscado el de 1826 en la del Congreso ahora que soy miembro suyo; y no los he encontrado en una ni otra.

2.°—Hechos los reconocimientos: ejecutadas las nivelaciones: calculadas las alturas: determinadas las posiciones, si el resultado de todo esto convenciere de la posibilidad del proyecto, yo seré el primero a decir que debe ejecutarse oportunamente.

No abriéndose en América otro Canal que el de Nicaragua, serían para nosotros inmensos los bienes e infinitas las consecuencias. La mente más vasta no puede abrazarlas en su totalidad. Una revolución extraordinaria se haría de repente en la suerte de Nicaragua y en los destinos de esta República y del mundo nuevo y antiguo.

El comercio, que es el árbitro poderoso de los Estados modernos, no tendría que atravesar el globo desde lo más boreal de la Europa hasta lo más austral de la América para realizar sus grandes negocios: no tendría que recorrer los mares de toda la costa occidental del África y doblar el cabo tempestuoso de Buena Esperanza para ir a la India, a la Nueva Holanda, y los mercados del Asia: no tendría que dar vuelta a toda la América Meridional y subir hasta el Cabo de Hornos para tener relaciones mercantiles con los pueblos de la costa occidental del Nuevo Continente: no tendría que esperar el tiempo más favorable para la navegación suspendiendo sus especulaciones en unos meses del año y ejecutándolas en otros. Por vía más breve, sin tantos riesgos ni peligros, haría sus negociaciones con la Nueva Holanda, la India y la América, ahorrando centenares de leguas, aprovechando todos los meses del año, y economizando fletes marítimos y gastos.

El mundo antiguo se acercaría al nuevo. El Océano no sería sepulcro de tantos hombres. El movimiento del comercio sería más rápido. Las especulaciones se multiplicarían. El precio de todos los géneros bajaría en beneficio de los pueblos. La tierra sería más labrada, las fábricas más animadas y los almacenes más llenos. La marina se aumentaría poderosamente. El género humano estrecharía sus relaciones. La población del mundo se duplicaría o triplicaría. Las luces de Europa pasarían a la India y la América. La civilización universal haría progresos infinitos. Las razas se mejorarían cruzándose unas con otras. La especie humana sería más bella, más ilustrada, más rica y poderosa. Nicaragua vería pasar por su suelo las velas de la Europa. Nicaragua sería el emporio primero del comercio. Nicaragua sería el centro grande de donde se derramaría la riqueza a nuestra República en particular, y a la América y el Asia en general.

3.°—Abriéndose canales en otros puntos del Nuevo Mundo, no serían tan grandes los bienes que nos haría gozar el Canal de Nicaragua. Pero produciría muchos; y en obsequio de ellos debe abrirse. Pero el momento presente ¿será el de la oportunidad para emprender una obra tan grandiosa?

He aquí otro punto más delicado que los otros. He aquí la cuestión que en las actuales circunstancias debe ocupar más al Congreso.

Se pondera la inmensidad de bienes que promete el Canal. Impaciente por hacer a mi patria todos los que puede gozar, yo fui en otro tiempo uno de los más exaltados en este proyecto. Pensé después más detenidamente en él: vi todo el desarrollo de consecuencias que produciría su ejecución; y conocí la necesidad de ser cauto o circunspecto en obras tan grandes como la presente.

La nota de 19 de diciembre de 1824 que pasó el Ministerio de Relaciones a la Secretaría de la Asamblea Nacional, y dicté yo mismo cuando era individuo del Gobierno, acredita mis pensamientos desde aquella fecha. Yo dije entonces que si visto el asunto en su aspecto económico ofrecía grandes utilidades, considerado en su aspecto político parecía muy clara su delicadeza: yo indiqué algunos datos que la convencían: yo concluí diciendo que si a pesar de ellos se celebraba la contrata era prudente poner a la provincia de Nicaragua en el mejor estado de defensa.

No tengo motivos, ni se han presentado razones que me hagan variar de opinión. Sigo firme en ella. Juzgo que no conviene abrir el Canal en el momento presente. Creo que debe diferirse su apertura a otros tiempos y circunstancias.

Todos los puntos o lugares del globo han sido objeto de celos y rivalidades desde el instante en que se les ha puesto en estado de ser interesantes al comercio. Lo era en el Mediterráneo la isla de Malta, y por serlo fue sucesivamente conquistada por la Francia y la Inglaterra. Lo era Gibraltar en el mismo mar. España estaba en posesión pacífica; y los ingleses tomaron aquella fortaleza en 1704 y continúan hasta ahora dueños de ella. Lo era la isla de Córcega en el mar de Toscana; y por la importancia de su posición fue ocupada por los cartagineses, los romanos, los sarracenos, los genoveses, etc. Lo era la isla de Sicilia, y por sus ventajas para las relaciones del comercio, fue también conquistada por los sarracenos, los españoles, los franceses, etc. Lo era el Cabo de Buena Esperanza después que lo descubrieron los portugueses, y por su ventajosa situación para el comercio de la India oriental se estableció en él una compañía holandesa: los ingleses lanzaron después a los holandeses en 1795: los franceses intervinieron posteriormente; y en el tratado de Amiens se estipuló su restitución a la Holanda.

No es preciso recordar estos ejemplos. La historia entera de los establecimientos de los europeos en la América y la India Oriental manifiesta constantemente que todo país que llega a ser ventajoso para el comercio es objeto de celos, rivalidades, guerras y conquistas.

Nicaragua, colocada en posición tan ventajosa, no ha sido olvidada de las naciones extranjeras. En todas las geografías se pondera con encarecimiento la importancia de su situación. Bryan Edwards escribió una memoria sobre el canal de comunicación entre ambos mares, y en ella empleó diversas razones para manifestar al Gobierno inglés que debía apoderarse del istmo de Nicaragua por fuerza o por negociaciones. En una obra posterior publicada el año de 1821 se ha dicho que los ministros ingleses no han perdido de vista tan grande asunto, ni otros datos que sobre lo mismo se les han comunicado por varios sujetos instruidos que han residido en la bahía de Honduras. En otros papeles ingleses sobre el comercio de la India se ha dicho que el istmo de Darién es una lengua de tierra muy estrecha entre San Blas y los indios mosquitos: que Portobelo, Chagre y Panamá pueden considerarse como la llave de todo el país, y deben pertenecer al fin a una de las grandes potencias de Europa y no a los Estados Unidos de América. Una expedición inglesa preparada en Jamaica, dirigida por el General Kemble y auxiliada por el Rey de los Zambos y Moscos, atacó el puerto y castillo de San Juan el año de 1780. La real orden de 15 de octubre del mismo año indica los pensamientos que ha habido y no debe olvidar el Congreso.

Yo estoy muy distante de ofender a los Gobiernos de las naciones extranjeras. No digo que haya en sus agentes miras injustas o contrarias a nuestros derechos. Creo que el nombre del Ministro actual de Inglaterra será inmortal en la memoria de los americanos. Pero el carácter más grande de un cuerpo legislador debe ser la previsión. No debe fijar los ojos solo en el momento presente. Debe extenderlos a lo futuro. Debe considerar que los funcionarios de los gobiernos se mudan: que las relaciones se varían, y las circunstancias se alteran.

Si Nicaragua ha sido objeto de pensamientos cuando no tenía otros atractivos que los de la naturaleza: teniendo un canal de comunicación entre los dos océanos y haciéndose de este modo el punto más importante del globo, ¿no será con mayor razón el blanco de las voluntades y proyectos?

Nuestra República acaba de proclamar sus derechos y crear su gobierno. Su independencia no está todavía consolidada. Ninguna potencia de Europa la ha reconocido hasta ahora. No está aun organizado todo el ejército ni creada toda la hacienda que puede tener. Hay disputa sobre límites por una parte con Méjico y por otra con Colombia. El Gobierno mejicano cree que le corresponde la provincia de Chiapas: el colombiano piensa que le pertenece la costa que se extiende desde el Cabo de Gracias hasta el Chagres: y en esa costa está el puerto y río de San Juan que debe formar parte del canal. El territorio de Nicaragua por donde debe abrirse linda con el de los indios moscos que tienen relación con extranjeros. Nicaragua acaba de sufrir una revolución dolorosa que ha dejado sentimientos no borrados hasta ahora.

Nuestra República está tierna todavía. Abrir ahora el canal es poner en ella la manzana peligrosa de la discordia: es sembrar la semilla de los celos y rivalidades extranjeras cuando no tenemos todavía desarrolladas nuestras fuerzas.

Abriéndose en Nicaragua el canal de comunicación, nuestra República tendrá la llave delicada del comercio: nuestra República decretaría los aranceles subiendo o bajando los derechos de importación y exportación. Todas las naciones quedarían en este sentido dependientes de la nuestra. ¡Y Estados más ricos y poderosos que el nuestro querrían sufrir aquella dependencia? ¿Estados antiguos que saben concebir, preparar y ejecutar planes vastos querrían sufrir las leyes que dictásemos?

El varón respetable de Humboldt, observando la costa de la América desde los 54° de latitud boreal hasta la isla de Chiloé, designó nueve puntos donde pueden hacerse ensayos para saber si es posible la apertura de canales, o comunicaciones interiores por medio de los ríos. Se hallan otras Repúblicas de América en posición diversa de la nuestra; tienen más desarrollados sus elementos y su independencia está ya reconocida por la Inglaterra. Yo observo sin embargo que no han abierto hasta ahora canales ni fiado su operación a compañías extranjeras. Este ejemplo me parece digno de imitarse. Yo veo en él mucha prudencia, y deseo que no la olvidemos nosotros.

Pueden levantarse fortalezas en Nicaragua: puede estipularse su construcción en la misma contrata del Canal; pueden acumularse unas sobre las otras condiciones y calidades. Pero Gibraltar es una roca; y fue ocupada por los ingleses. Gibraltar es una fortaleza de las más grandes de Europa; y fue ocupada por los ingleses. Gibraltar pertenecía a una nación que tenía entonces riqueza, poder y gobierno consolidado, y fue ocupada por los ingleses.

Nicaragua sin canal no ofrece tantos atractivos como Nicaragua con canal. En Nicaragua sin canal no hay para ocuparla los motivos y pretextos que puede haber en Nicaragua con canal. En Nicaragua sin compañía extranjera que tenga privilegio exclusivo, y sea por él casi dueña del comercio marítimo, no hay tantos motivos para temer como en Nicaragua influida por una compañía poderosa que tenga aquel carácter.

Las condiciones o artículos de una contrata son (hablando en general sin agraviar a ninguno en particular) garantía muy pequeña cuando no hay fuerza poderosa que las haga respetar.

No violentemos jamás la marcha gradual de la naturaleza. Consolidemos nuestra independencia; apoyémosla en las dos fuerzas que deben sostenerla, la moral y la física; pongamos en buen estado nuestras relaciones exteriores; sigamos plantando y afirmando nuestras instituciones; y concluidos estos trabajos, cuando estén más desarrollados nuestros elementos, pensemos entonces en empresas que ahora serían peligrosas.

Es brillante, es lisonjera, es llena de atractivos la de un canal que una los dos Océanos. Pero bajo esa brillantez hay peligros, hay riesgos, hay abismos.

Yo lo manifiesto el día 27 de abril de 1826. El momento presente no es el de la oportunidad para abrir el Canal de Nicaragua.

4.°—Aun en el caso que lo fuera, no debería contratarse su ejecución con una compañía extranjera. Debería hacerse de cuenta de la nación o de una compañía compuesta de hijos de ella.

Un padre prudente de familia que juzga necesarias algunas obras en su finca, no busca empresarios extraños que vayan a su propiedad a hacerlas, y recibir hasta su reintegro el usufructo de las mismas obras. Si tiene capital, con él las hace de su cuenta. Si no lo tiene, lo solicita para ejecutarlas él mismo.

Un Gobierno que sea padre de los pueblos que dirige, tampoco debe buscar compañías extranjeras para que vengan a levantar obras que pueden ser peligrosas, y recibir sus productos y gozar privilegios por multitud de años. Si la Hacienda Pública tiene fondos, con ellos emprende las obras; y si no los hay en la Tesorería, los pide en empréstito y trabaja con los que recibe.

Roma, España, Francia, Austria podían sin peligro fiar a empresarios extranjeros la ejecución de sus obras públicas porque son naciones antiguas, y tienen gobierno establecido, hacienda y ejército organizado. Roma, España, Francia, Austria han obrado sin embargo de distinta manera. Hicieron caminos, abrieron canales y levantaron obras prodigiosas sin contratar su ejecución con compañías extranjeras. Los caminos más memorables que existen en Europa son los de los antiguos romanos, y esos caminos se hicieron de cuenta de la nación. Los canales que Napoleón abrió en Francia fueron hechos de cuenta de la nación. El de Urgel y el de Aragón fueron también emprendidos en España de cuenta de la nación.

«Los caminos públicos, las comunicaciones libres —dice un hombre de luces hablando a los nuevos Estados de América— hacen la riqueza de un pueblo. Pero estas empresas no deben fiarse a los extranjeros, porque los caminos no serían en tal caso sólidamente construidos, y costarían cuatro veces más de lo que debían valer. Como los caminos no pueden hacerse en un día, tampoco es preciso reunir a un tiempo todo el dinero que debe gastarse, y basta que el Estado designe una suma anual. La economía del gasto debe ser objeto de grande consideración. Los soldados, los reos condenados a obras públicas deben emplearse en estos trabajos para procurar de este modo grandes ahorros. Los romanos los hacían así. La Austria lo practica actualmente. ¿Por qué, pues, no lo haremos nosotros?»

Es empresa más difícil la de levantar ciudades y formar pueblos que la de abrir un canal; y las ciudades de la República, la nueva Guatemala donde vivimos, fueron levantadas por la nación. Es empresa más difícil la de crear una República donde solo había colonias; y esta obra grandiosa se está haciendo por la nación.

Habiendo actividad en un Gobierno: fijándole bases: dándole el plan, y declarándole responsable si no sabe ejecutarlo, los trabajos del canal tendrían rapidez; y se concluirían en pocos años.

Si faltan fondos para comenzarlos, es muy fácil proporcionarlos. No ha mucho que se ajustó el empréstito con la casa de Barclay: y en la contrata se obligó el Gobierno federal a no celebrar otro préstamo en Europa en el término de dos años contados desde la fecha del pacto. Ha corrido ya el primer año y en breve correrá el segundo. Tomando medio millón de pesos de ese empréstito, con él puede comenzarse la obra del canal mientras corren los dos años de la contrata y corrido el bienio puede ajustarse otro préstamo en Europa, si no se quiere contratarlo antes en América, donde no lo prohíbe la contrata.

Si no hay ingenieros: si no tenemos artistas: si faltan instrumentos y máquinas, es también trabajo muy fácil y sencillo el de traer todo esto de Norte-América, de Inglaterra o de otra nación. Yo podría designar un hombre activo, desinteresado y patriota que volaría a traer lo que necesitamos.

Si queremos ahorrar jornales de operarios pueden destinarse los reos condenados a trabajos públicos: puede emplearse la tropa que debe aumentarse y organizarse; y entonces se llenarían los deseos del publicista sabio que quería que el soldado no estuviese ocioso.

No ha diez días que se trató del nombramiento de agentes especiales para préstamos o contratas de diversas especies. Yo manifesté que nuestros ministros diplomáticos son los que deben evacuar estos encargos según las instrucciones dadas por el Poder Ejecutivo y aprobadas por el Legislativo: manifesté que las escaseces de la Hacienda pública no permiten multiplicar agentes o comisionados, siempre gravosos a los intereses de la República. La mayoría del Congreso acordó sin embargo que el Gobierno nombrase agentes y que solamente los hijos de esta nación pudiesen ser nombrados. Yo, fijo siempre en el bien de mi cara patria, pedí entonces se declarase que si una casa extranjera de probidad y seguridad ofreciere evacuar aquellos encargos con condiciones más ventajosas que los hijos de la República, debe ser preferida como parece justo. Creí muy claras las razones que fundan mi proposición. Pero la mayoría del Congreso se sirvió reprobarla; y de su reprobación infiero consecuencias que hacen más evidente lo que me he propuesto demostrar. Si en asuntos menos graves los hijos de la nación deben ser preferidos; en un negocio de tanta delicadeza y trascendencia ¿no deberán serlo con más razón? Si en comisiones pequeñas no deben ser antepuestas las casas extranjeras de probidad, fondos y respetabilidad, ¿en una obra tan grande podrán tener derecho de preferencia?

Una compañía extranjera no hace proposiciones por servir a la República. Las hace por avanzar en sus intereses. Y esos intereses que han de refluir en beneficio de compañías extranjeras, ¿no sería más importante que refluyesen en beneficio de la nación, o de una compañía compuesta de hijos de la misma nación?

La casa de Barclay dice en uno de los documentos que existen en el expediente, que habiendo recibido noticia de su apoderado en esta capital de que se iba a concluir la contrata del canal, la compañía de la unión del Atlántico con el Pacífico le ofreció por el contrato treinta mil libras esterlinas que son 150 mil pesos. De aquí se infiere una consecuencia decisiva en mi opinión. Uno y otro apoderado, Beneski, que lo es de la casa de Palmer, y Baily, de la de Barclay, se han convenido en los puntos que ha propuesto la comisión. Luego aun haciendo la contrata del modo que dice la comisión, es ventajosísima para el empresario. Luego aun ajustándola de aquella manera ofrece tantas utilidades que solo por la cesión del contrato prometen 150 mil pesos.

Pero supóngase que una compañía extranjera concluyese el canal en más breve tiempo y con menores gastos. Aun en este caso opino que la empresa debe ejecutarse de cuenta de la nación. La dilación y el aumento de gastos son males menores que los que pudiéramos sufrir haciéndose la obra de cuenta de compañías extranjeras.

Una compañía que ha de gastar millones en la operación del canal, es una compañía de muchas relaciones, de muchas influencias, de mucha riqueza y poder. Cualquiera diferencia o disputa sobre el espíritu o inteligencia de cualquier artículo de la contrata nos haría entrar en lucha con una compañía que por sus relaciones podría hacer que tomase parte su Gobierno.

Si ocurriera desgraciadamente alguna revolución en Nicaragua, diría la compañía que se le debía permitir llevar tropa extranjera para continuar sus trabajos porque nuestro Gobierno no podría en su concepto enviarle toda la tropa que creería necesaria.

Si corrieran voces, verdaderas o fingidas, de un rompimiento próximo de guerra, diría también que era preciso permitirle tropas extranjeras para defender el Estado de Nicaragua porque las nacionales le parecerían insuficientes.

Otros motivos o pretextos nos pondrían en compromisos que nos harían derramar lágrimas. Y cuando no ocurriesen causas de aquella clase, ¿sería fácil hacer que se retirase voluntariamente una compañía que por espacio de tantos años debe estar según la contrata gozando los productos y ventajas del canal?

El decreto de 27 de junio de 1825 permite a los extranjeros dedicarse al oficio, arte o industria que más les acomode: les permite dedicarse en particular o por medio de compañías al laboreo de las minas: les permite adquirir la propiedad de ellas por cualquier título que no sea el de denuncio. Pueden los extranjeros establecerse en el Estado de Nicaragua en el número de familias que quieran para trabajar minas, cultivar tierras y ejercer cualquier arte u oficio. Si a más de esto se establece en el mismo Estado una compañía poderosa que tenga la llave del comercio teniendo un privilegio que se le pone en las manos, ¿y no habrá motivos para que un legislador prudente prevea todo lo que puede suceder?

Yo no soy enemigo de las compañías extranjeras. He deseado: he procurado que las haya sobre algunos ramos de industria: sigo constante en mis deseos, y creo que al fin tendré la satisfacción pura de haberlos llenado.

Mis raciocinios se fijan en la compañía extranjera del canal de Nicaragua porque en ella veo caracteres que no puede haber en otras.

Sin haberse hecho reconocimiento, ni ejecutado nivelaciones, ni determinado alturas, ni formado presupuestos de gastos, calculado utilidades, ni manifestado el crédito y circunstancias de la casa de Palmer, la comisión propone que se ajuste con ella la contrata más delicada que puede presentarse al Congreso: propone que se le vaya reintegrando con los tercios del producto de los derechos que se decreten sobre los buques que atraviesen el canal: propone que se le pague un interés o rédito de 10 por ciento de todos los fondos que se gasten en el canal: propone que después de reintegrada de todo el capital y réditos se le ceda por espacio de 7 años la mitad del producto de los derechos indicados: propone que por el tiempo de 20 años se le conceda el privilegio exclusivo de hacer ella sola la navegación en barcos de vapor: propone que se le prefiera en las comisiones de compra de armamentos y otros artículos que cree necesarios para la defensa del canal: propone que si no pudiere abrirse el canal, la República se manifieste generosa con ella para indemnizarla de los gastos que hubiere hecho.

Una contrata propuesta en tales términos es dañosa para la nación. Yo debo oponerme a ella, yo me opongo efectivamente: yo pido que se declare no haber lugar a votar el dictamen que se discute en su totalidad: yo pido que vuelva a la comisión para que tenga presentes los pensamientos que he indicado en este discurso.

EN LA SESIÓN DE 18 DE MAYO

No hay motivo para dudar en el punto que se discute. La Constitución está muy expresa.

Se examina si debe pasarse a la sanción del Senado el decreto en que el Congreso se ha servido acordar que se contrate con el representante de Palmer la obra del canal de Nicaragua concediéndole los dos tercios del producto líquido de los derechos que se impusieren por todo el tiempo necesario para reintegrarle del capital que invirtiere y del rédito a razón de 10 por ciento, donándole la mitad de aquellos derechos por 7 años contados desde aquel en que acabare de reintegrarse, y franqueándole el privilegio exclusivo de barcos de vapor por espacio de 20 años, etc.

Yo no penetro la razón que pueda haber para decir que no debe pasar al Senado un decreto de esta clase. El artículo 77 de la Constitución dice:

«Todas las resoluciones del Congreso necesitan para ser válidas tener la sanción del Senado, exceptuándose únicamente las que fueren sobre su régimen interior, lugar y prórroga de sus sesiones, sobre calificación de elecciones y renuncia de los elegidos, sobre concesión de cartas de naturaleza, y sobre declaratoria de haber lugar a la formación de causa contra cualquier funcionario.»

No se trata en el decreto de régimen interior del Congreso, ni del lugar de sus sesiones, ni de la prórroga de ellas, ni de calificar elecciones, ni de otorgar cartas de naturaleza, ni de declarar si ha lugar a la formación de causa contra algún funcionario. Se trata del canal de Nicaragua. ¿Por qué no ha de pasar el decreto a la vista del Senado?

EN LA SESIÓN DE 20 DE MAYO

La discusión del proyecto de ley que formé como individuo de la comisión de guerra sobre los tribunales que deben juzgar a los oficiales militares, es una prueba convincente del bien que puede hacer un Congreso cuando se fija en el grande objeto de su creación.

Es muy defectuosa la Legislación Militar que ha regido por espacio de tantos años. Reúne en un mismo individuo las funciones incompatibles de Juez de Sustanciación y de Fiscal acusador: no permite recusar al Capitán o Comandante General que manda ejecutar la sentencia del Consejo de Guerra ni al auditor que le da dictamen sobre esto: no establece en realidad más que una instancia digna de este nombre; y por la sentencia pronunciada en ella se veía un oficial condenado o absuelto.

Todos esos defectos van a desaparecer en la ley que se está discutiendo. Ya están aprobados los artículos que separan las funciones de Juez de las de Fiscal, y establecen las instancias correspondientes. Se discute ahora el que asegura el derecho de recusar.

En este punto, así como en otros de nuestros Códigos, los legisladores han marchado sin principios; han vagado arbitrariamente, y dado leyes poco acordes entre sí.

En lo militar han negado absolutamente el derecho de recusar en el caso que he indicado. En lo civil lo han restringido unas veces declarando que solo puede ponerse recusación a tres asesores: lo han ampliado otras permitiendo formalizar sin expresar ni probar causas: lo han embarazado otras exigiendo depósito previo de penas pecuniarias, justificación de causas y sentencias pronunciadas por compañeros del mismo recusado.

El hombre no debe ser juguete de legisladores poco justos o sabios. Debe ponerse término a la arbitrariedad, y fijarse al fin los principios.

El derecho de recusar es uno de los más sagrados. Que se juzgue al desgraciado que ha tenido la infelicidad de cometer un delito. Pero que lo juzgue un Juez recto que sepa administrar justicia. Que se imponga pena al crimen. Pero que no se aumenten los crímenes sacrificándose la inocencia o absolviéndose al delito por la venganza o favor de un Magistrado parcial.

Negar a un reo el derecho de recusar sería exponerle a ser víctima de las pasiones. Darle ampliamente aquel derecho sin expresar ni probar causas sería concederle facultad ilimitada de ofender a los Magistrados y hacer ilusorios los juicios. Permitirle que solo recuse a tres Jueces sería declarar que solo tres hombres pueden ser sospechosos. Haber por recusado a un Juez, y dejar que continúe conociendo con un acompañado sería mandar que continuase interviniendo el mismo a quien se tiene por sospechoso. Yo veo sobre este punto más sabiduría en la legislación eclesiástica que en la civil. La una exige en las recusaciones expresión y comprobación de causas. La otra no exige uno ni otro en las que se ponen al Juez ordinario o delegado.

En el proyecto de ley se sigue el ejemplo de la primera; y son obvias las razones que lo fundan.

Los oficiales acusados son ciudadanos, y los Jueces lo son igualmente. Los derechos de los primeros no deben exponerse a ser sacrificados por Jueces sospechosos. El honor de los segundos tampoco debe ser agraviado sin fundamento. Que recuse el reo a todos los Jueces que le fueren sospechosos. Pero que manifieste y pruebe causas bastantes.

De esta manera se concilian los extremos. Se asegura al reo uno de los medios más justos de defensa: se conserva a los Jueces la consideración de que son dignos: se ocurre a la malicia que podría prolongar los juicios y hacerlos ilusorios en recusaciones reiteradas: se separa a los Jueces que sean positivamente sospechosos; y se evita que las pasiones tengan intervención en lo que no debe haberla.

EN LA SESIÓN DE 23 DE MAYO

El mes anterior tuve el honor de manifestar la necesidad de una ley sobre los delitos contra la seguridad exterior de la República. A principios del presente tuve el de formar el proyecto de esa ley; y ahora tengo el de discutirlo en su totalidad.

Yo abro mi discurso repitiendo lo que escribió un hombre sabio que supo desarrollar la teoría del Código Penal de una de las naciones más ilustradas de Europa.

«El hombre —dice— para quien no es sagrada su patria: el hombre que no siente palpitar su pecho cuando se refieren acciones gloriosas para su país: el hombre que no se electriza cuando oye alabar la grandeza o carácter generoso de su nación: el hombre cuyo corazón no se despedaza al oír la relación de las desgracias o calamidades que afligen a su patria, es un ciudadano infeliz. Pero aquel que lleva las armas contra ella: aquel que no siente afección alguna de amistad o familia: aquel que lleva la desolación y la muerte a los lugares donde ha nacido, es un renegado: es un monstruo antisocial».

Todas las naciones cultas tienen leyes sobre los delitos contra su seguridad exterior. Todas deben tenerlas para conservar su existencia política. Pero esa necesidad es mayor en aquellas que comienzan a ser: en aquellas que están tiernas todavía, y necesitan para crecer y fortificarse vigilancia más grande y cuidados más continuos.

Cuando el movimiento del tiempo ha ido consolidando las instituciones de una nación, la antigüedad misma del Gobierno impone respeto: la opinión está ya uniformada; y no hay o son muy pocos los malcontentos. Pero cuando acaba de hacerse una revolución: cuando acaba de abolirse un gobierno y establecerse otro, entonces es preciso que haya en el Estado dos secciones: la de aquellos que tenían interés en el antiguo y la de aquellos que lo tienen en el nuevo.

Hablo en general. No ofendo a nadie en particular. El espíritu de sátira no es mi género. «A toda acción sigue la reacción cuando no hay leyes previsoras que la impidan, ni gobiernos ilustrados que sepan evitarla. Si hubo una acción para abolir el gobierno antiguo, debe temerse que haya una reacción para restablecerlo».

Fuimos cerca de tres siglos dependientes de España: estuvimos algún tiempo vergonzosamente sujetos a México: el gobierno republicano no agrada al sistema o liga que se ha formado en Europa para que en todo el globo no haya más que monarquías: las instituciones que hemos adoptado es regular que disgusten a diversas personas.

Debemos suponer que hay enemigos interiores en el seno de la República, y enemigos exteriores fuera de ella. Debemos impedir las relaciones secretas entre unos y otros. Debemos evitar que los primeros pidan a los segundos los auxilios que no podrían encontrar en una nación decidida a sostener su independencia e integridad.

Es preciso una ley que presente la escala de los delitos que pueden cometerse contra la seguridad exterior de la República: que designe la de las penas que deben imponerse a aquellos delitos: que fije las pruebas que deben calificarse bastantes para su justificación; y señale los tribunales que deben juzgarlos.

El proyecto de la ley que se discute abraza estos cuatro capítulos. Clasifica los delitos desde la inducción verbal hasta el acto positivo de tomar armas para atacar a la República. Clasifica las penas desde aquella que solo sujeta a ser vigilado por los jueces hasta aquella que hace sufrir la de muerte. Designa las pruebas que bastan para arrestar: declara las que son precisas para condenar: señala los tribunales que deben juzgar; y respeta la Constitución en todos los artículos que abraza.

Si hay objeciones contra alguno de ellos se contestará cuando se discuta en particular. Ahora se discute el proyecto en su generalidad; y visto en este aspecto, parece que no hay razón sólida para prolongar la discusión.

EN LA SESIÓN DE 27 DE MAYO

El proyecto de ley sobre los delitos contra la seguridad exterior de la República tiene diversos artículos. El 1.°, el 2.° y el 3.°, dicen así:

Artículo 1.°—«Delito contra la seguridad exterior de la República de Centro-América es la infracción de la ley que declara su independencia y la integridad e inviolabilidad de su territorio».

Art. 2.°—«Los reos de este delito son de cinco clases:

1.° los que cooperan con sus palabras;

2.° los que cooperan con sus escritos;

3.° los que cooperan con sus obras a que sea atacada por la fuerza o violada de cualquier manera la independencia de la República o la integridad de su territorio;

4.° los que, siendo sabedores del delito que se proyecta para atacar o violar la independencia o integridad de la República, no lo denuncian inmediatamente a la autoridad respectiva del lugar;

5.° los funcionarios que, teniendo denuncia del delito que se premedita, no proveen o acuerdan lo que corresponda según sus atribuciones».

Art. 3.°—«Son reos de la primera clase:

1.° los que, no teniendo autoridad alguna de ninguna especie, excitan o aconsejan;

2.° los padres de familia, amos y demás personas que, teniendo autoridad privada, excitan, aconsejan o mandan que se ataque por la fuerza, o se viole de otra manera la independencia de la República, o la integridad de su territorio, o que se separen de ella y se unan con otra nación los pueblos que son parte suya integrante».

El 24 del corriente se discutió el primer artículo, y el Congreso se sirvió aprobarlo.

El mismo día comenzó a discutirse el segundo y continuó la discusión el 26. Los presbíteros diputados Antonio Peña y Miguel Alegría se opusieron a la primera parte del artículo. El P. Peña dijo que las palabras no pueden hacer daño, y por consiguiente no debía aprobarse el artículo en la parte en que dice que son reos del delito contra la seguridad de la República los que cooperan con palabras a que sea atacada por la fuerza o violada de otra manera la independencia e integridad de la República. El P. Alegría expuso que el artículo 175 de la Constitución declara que «ni el Congreso ni las Asambleas pueden coartar en ningún caso la libertad de la palabra»; y por consecuencia debía reprobarse un artículo que prohíbe valerse de la palabra para excitar con ella a que sea atacada por la fuerza o violada de otro modo la independencia o integridad de la República.

Son funestas estas doctrinas. Ellas afectan tristemente a quien se detenga a desenvolver sus consecuencias. Yo siento que se hayan sostenido en el Congreso que da leyes a la nación.

El hombre puede hacer daño con sus palabras: puede hacerlo con sus escritos; puede hacerlo con sus acciones. El que calumnia, denuesta o injuria verbalmente; el que excita del mismo modo a la ejecución de un delito o lo manda ejecutar, hace daño con sus palabras. El que calumnia, denuesta o injuria en sus escritos; el que excita en ellos a la perpetración de un crimen, o lo aconseja o manda, hace daño en sus escritos. El que ataca la persona o propiedad de otro: el que consuma un delito, hace daño con sus acciones.

Los hombres más profundos en la Jurisprudencia Criminal; los genios que han sabido reformarla, perfeccionarla o adelantarla han respetado una verdad tan clara, y deducido de ella la división de las diversas especies de delito.

Los que abusan de la palabra, dice un jurista sabio, empleándola en excitar al crimen; los que ocupan su pluma en estimular a su perpetración; y los que lo ejecutan y consuman, son cooperadores del delito. Unos son la voluntad que quiere y otros son la mano que ejecuta.

En todos los Códigos Legislativos de todas las naciones cultas; en los de Roma antigua; en los de España; en los de Inglaterra; en los de Francia, que son los que manifiestan más sabiduría, se ha sancionado la misma verdad. En todos se declaran reos, y se designan penas a los que injurian con palabras, o calumnian con libelos; a los que excitan por escrito o verbalmente a la ejecución de un crimen; a los que lo aconsejan o mandan del mismo modo.

Todos los que cooperan a que sea atacada por la fuerza o violada de otra manera la independencia e integridad de nuestra patria son reos del delito contra la seguridad exterior de la República. Pero la cooperación puede ser diversa; y esa diversidad de cooperación debe producir diversidad de especies o clases en un mismo género de delito.

Los que abusan de la palabra empleándola en excitar a que se ataque la independencia de nuestra patria forman una clase. Los que abusan de la escritura empleándola en provocar a que se ataque la misma independencia forman otra clase. Los que efectivamente la atacan de hecho forman otra clase. Los que, sabiendo que se maquina aquel delito, no lo manifiestan inmediatamente a la autoridad respectiva, forman otra clase. Los que, siendo funcionarios y teniendo aviso o denuncia del crimen que se proyecta, no proveen o acuerdan lo que corresponde según sus atribuciones, forman otra clase.

Cada una de estas clases tiene caracteres específicos que determinan del modo más claro los actos precisos que constituyen su criminalidad respectiva. Los que abusan de la palabra son los que excitan, aconsejan o mandan que se ataque la independencia e integridad de la República. Los que abusan de la escritura son los que circulan manuscritos o publican impresos con aquel fin, etc.

Este es el orden que sigue el proyecto de ley que se discute. El artículo 1.° presenta la esencia del delito que forma su objeto. El artículo 2.° distingue sus especies o clases, y hace una división precisa para dar orden al mismo proyecto. El artículo 3.° y los demás que siguen caracterizan y especifican cada una de aquellas clases para que no haya dudas en ellas. El artículo 2.° dice: «Los reos de este delito (contra la seguridad exterior de la República) son de cinco clases: 1.° los que cooperan con palabras a que sea atacada por la fuerza o violada de otra manera la independencia o integridad de la República, etc.»; y el artículo 3.° añade: «Son reos de la primera clase los que aconsejan o mandan que se ataque por la fuerza o se viole de otro modo la independencia e integridad de la República».

Declarando reos a los que abusan de la palabra aconsejando o mandando que se ataque la independencia o integridad de la República no se obra contra la Constitución que dice que el Congreso ni las Asambleas pueden coartar en ningún caso la libertad de la palabra.

La Constitución que en el artículo 175 dice que no se puede coartar la libertad de hablar y escribir, declara en el artículo 1.° que la República de Centro-América es soberana e independiente. Y una Constitución que declara la soberanía e independencia de la República, ¿querrá que se abuse de la palabra o escritura empleándola en excitar a que se ataque esa soberanía e independencia?

La Constitución declara en el artículo 4.° que todos estamos obligados a defender la República con las armas. Y una Constitución que nos obliga a defenderla con las armas, ¿querrá que abusemos de la palabra empleándola en excitar a que se tomen armas contra la misma República?

Permítaseme preguntar al P. Alegría y a los demás Diputados eclesiásticos que votaron contra la primera y segunda parte del artículo del proyecto de ley: ¿el artículo de la Constitución que dice que no puede coartarse la libertad de la palabra deroga la ley que prohíbe el perjurio? ¿deroga la ley que prohíbe la blasfemia? ¿deroga la ley que prohíbe levantar testimonios falsos? ¿deroga la teología moral que no permite hacer daño con palabras ni con escritos, ni con obras? ¿deroga el artículo 11 de la Constitución que dice que la religión católica es la de la República?

La Constitución dice que no puede coartarse en ningún caso la libertad de la palabra. Pero sin embargo de esto debe seguir coartada la palabra del perjuro, del blasfemo, y del que quiera hablar o escribir contra la religión.

La Constitución declara que no puede coartarse en ningún caso la libertad de la palabra; y por este motivo no debe coartarse la palabra del traidor que quiera emplearla en excitar a que se ataque nuestra independencia.

Yo no entiendo esta lengua. Lo único que comprendo es que la Constitución no es enemiga de nuestra patria: que la Constitución quiere que la República sea independiente: que la independencia de la nación es uno de sus grandes objetos, y quien desea el fin quiere los medios: que la Constitución declara que las Asambleas de los Estados pueden formar Códigos Legislativos: que en esos Códigos pueden imponer pena a los que dicen injurias o escriben libelos: y que esto no sería contrario al artículo 175 de la misma Constitución.

Me parecen muy claras estas reflexiones. Se empató sin embargo la votación sobre la primera parte del artículo 2.° que dice: «Los reos de este delito son de cinco clases: 1.° los que cooperan con palabras a que sea atacada o violada la independencia o integridad de la República». Se reprobó la segunda parte del mismo artículo que dice: «Son reos los que cooperan con sus escritos a que sea atacada o violada la independencia o integridad de la República». Se aprobó la tercera que dice: «Son reos los que cooperan con obras a que sea atacada o violada la independencia o integridad de la República», sin embargo de que el digno Diputado Castro dijo: «Si es permitido cooperar con escritos a que sea atacada la independencia de la República, debe serlo también el cooperar con obras al mismo fin». Y últimamente se aprobó el artículo 3.° que dice: «Son reos de la primera clase los que excitan, aconsejan o mandan que se ataque o viole la independencia o integridad de la República».

Yo veo en estos acuerdos alguna contradicción; y para que no la haya: para que del seno del Congreso no salgan más que leyes acordes entre sí, pido que el artículo 2.° del proyecto de ley quede reducido a estas precisas palabras: «Los reos de este delito son de cinco clases».

EN LA SESIÓN DE 29 DE MAYO

El artículo que se discute dice así: «Son reos de la segunda clase: 1.° las personas privadas que escriben anónimos o firman manuscritos provocando o aconsejando en ellos que se ataque por la fuerza o se viole de otra manera la independencia o integridad de la República, o que se separen de ella y se unan con otra nación pueblos que le corresponden».

El Diputado Güell, que repugna un artículo tan justo, no ha hecho más que repetir lo que ha dicho el presbítero Diputado Alegría; y ya he contestado a éste.

El Diputado Montúfar, que también lo resiste, alega el artículo 175 de la Constitución que prohíbe coartar la libertad de la palabra, de la escritura y de la imprenta. Yo admiro que de este artículo se deriven objeciones. Ya he manifestado su verdadero sentido. Es claro, y me parece que no puede haber dudas sobre el que tiene. Pero voy a desarrollarlo más.

Todos los ciudadanos de la República son libres. Nadie puede dudarlo. Pero si un solo individuo puede ofender la libertad o derechos de los demás, ese solo individuo sería libre. Los demás no lo serían porque su libertad podría ser ofendida por aquel que pudiese deprimirla.

La libertad de todos exige que la libertad de cada uno consista en poder decir, escribir o hacer lo que no ofenda a la libertad de los demás. A la ley corresponde designar esos límites; y debiendo entenderse por ley la razón universal pronunciada por la misma nación o por sus legítimos representantes, se infiere en último resultado que «libertad es el derecho de hablar, escribir, imprimir o hacer todo aquello que no esté prohibido por la ley».

No soy yo el primero que digo esto. Los escritores más populares, los demócratas más decididos, han respetado y publicado un principio tan evidente. Permítaseme leer sus mismas palabras.

Montesquieu, en su Espíritu de las leyes, libro XI, capítulo 3.º, dice: «La libertad es el derecho de hacer todo lo que permiten las leyes». Pétion, en su Declaración de los derechos del hombre, dice: «La libertad de los ciudadanos debe ser sagrada y no debe tener otros límites que aquellos que han fijado las leyes». Touret, en su Análisis de las ideas principales sobre el reconocimiento de los derechos del hombre en sociedad, dice: «El primer derecho del hombre es el de la propiedad y libertad de su persona. De este derecho primitivo e inalienable se deduce: 1.º el de no poder ser violentado o embarazado en sus acciones sino en virtud de las leyes; 2.º el de pensar, hablar y escribir sin ser molestado por sus opiniones, discursos y escritos sino en virtud de las leyes». Sieyès, en su Exposición razonada de los derechos del hombre y del ciudadano, dice: «Los límites de la libertad están en el punto donde comienza a ofender la libertad de otros; y a la ley toca marcar esos límites». Mirabeau, en su Declaración de los derechos del hombre, dice: «La libertad del ciudadano consiste en no estar sometido más que a la ley, en poder hacer de sus facultades todo aquel uso que no esté prohibido por las leyes».

En Inglaterra hay libertad de hablar, escribir e imprimir. Y en Inglaterra hay una ley que suplico se me permita leer: «Traición es un delito contra la seguridad del rey, reina y primogénito; esto se efectúa aconsejando que se le haga la guerra, escribiendo a otros para que contribuyan a ello, persuadiendo así públicamente, etc.».

Francia fue, a la época de su revolución, el país de más entusiasmo por la libertad; y sin embargo de esto dictó la ley siguiente: «La Constitución garantiza como derechos naturales y civiles la libertad de hablar, escribir, imprimir y publicar sus pensamientos; la de juntarse pacíficamente sin armas, cumpliendo las leyes de policía; la de dirigir a las autoridades constituidas peticiones firmadas individualmente. El Poder Legislativo no puede dictar leyes que ataquen o pongan obstáculos al ejercicio de estos derechos naturales y civiles. Pero como la libertad no consiste sino en poder hacer lo que no ofende a la seguridad pública y derechos de otros, la ley puede establecer penas contra los actos que, atacando la seguridad pública o los derechos de otros, sean dañosos a la sociedad».

España supo también respetar la libertad de hablar y escribir en el tiempo glorioso de su Constitución; y la ley de 19 de junio de 1813, que pido igualmente se me permita leer, declaró reos a los autores de «escritos o impresos subversivos de las leyes fundamentales».

Méjico ha reconocido también el derecho de la palabra, escritura e imprenta; y sin ofender ese derecho declaró lo siguiente en la ley de 31 de enero de 1824, que me tomo la licencia de leer: «Todo habitante de la Federación tiene libertad de escribir, imprimir y publicar sus ideas políticas sin necesidad de licencia, revisión o aprobación, bajo la responsabilidad de las leyes».

La libertad de un centro-americano consiste en hacer lo que no ofenda a los derechos de la República de Centro-América ni de los ciudadanos que la componen. La libertad de hablar, escribir e imprimir que el artículo 175 de la Constitución no quiere que se coarte, es la de hablar, escribir e imprimir lo que no ofenda a los derechos de la nación o de sus individuos. La libertad de hablar, escribir e imprimir que concede la Constitución no es extensiva al extremo, prohibido en el artículo 152 de la misma Constitución, de atentar contra la República. La libertad de hablar, escribir e imprimir no puede existir si no existe la nación; y la existencia de la nación exige leyes represivas contra sus enemigos. La libertad de hablar, escribir e imprimir es respetada en las naciones que tienen gobiernos constitucionales; y en esas naciones hay leyes contra los traidores.

EN LA SESIÓN DE 30 DE MAYO

La aprobación de la 1.ª y 2.ª parte del artículo del proyecto de ley exige la de la 3.ª y 4.ª que se discuten. En la 1.ª y 2.ª se declara que son reos: 1.° las personas privadas; 2.° las personas públicas que escriben anónimos y firman manuscritos provocando, aconsejando o mandando en ellos que se ataque por la fuerza o se viole de otro modo la independencia e integridad de la República, o que se separen de ella y se unan con otra nación pueblos que le corresponden. En la 3.ª y 4.ª se declara que son reos: 1.° las personas privadas; 2.° las personas públicas que escriben o publican impresos provocando, aconsejando o mandando en ellos que se ataque por la fuerza, o se viole de otra manera la independencia e integridad de la República, o que se separen de ella y se unan con otra nación pueblos que le corresponden.

Yo me asombro al ver que los diputados Guerrero y Córdova repugnan un artículo que no debe ser disputado.

Si en la discusión de la 1.ª y 2.ª parte no hubo objeción sólida, en la de la 3.ª y 4.ª tampoco puede haberla. Si en un manuscrito no es permitido provocar a que se ataque o viole la independencia e integridad de la República, en un impreso tampoco debe ser lícita aquella provocación. Decir que debe prohibirse lo uno y permitirse lo otro sería contradecirse sensiblemente, y olvidar el principio de donde debe partir el raciocinio.

EN LA SESIÓN DE 29 DE MAYO

La imprenta no es más que una escritura más rápida y más pública. En la una se escribe con la pluma y en la otra con caracteres de plomo. ¿Cómo puede ser lícito hacer con la imprenta el daño que no es permitido hacer con la escritura? El daño hecho con intención o voluntad de causarlo es lo que constituye el delito. Habiendo daño hay crimen, sea que se haga con manuscritos o con impresos. Los instrumentos con que se comete el delito lo agravan o disminuyen; pero no lo hacen desaparecer. La esencia del delito consiste en la infracción voluntaria o premeditada de la ley. Quebrantando la que declara la independencia e integridad de la República hay delito, sea que se quebrante obrando contra ella en manuscritos o en impresos.

Un mismo artículo de la Constitución dice que no puede coartarse la libertad de la escritura ni de la imprenta. Si no se creyó infringir ese artículo declarando que son criminales los que en un manuscrito aconsejan o mandan que se ataque o viole la independencia o integridad de la República, tampoco debe pensarse que se quebrante pronunciando reos a los que en un impreso aconsejan o mandan igual violación o ataque. Un impreso puede hacer más daño que un manuscrito. Habiendo prohibido el Congreso el menor que puede hacerse contra la República en un manuscrito, debe prohibirse el mayor que puede causarse en un impreso.

Supóngase que un traidor escribe reservadamente cierto número de cartas a los enemigos exteriores de la República invitándolos a que vengan a atacarla, y que otro traidor con igual secreto les dirige igual número de impresos convidándolos al mismo fin. ¿Cuál es entre uno y otro caso la diferencia que los distingue? ¿Por qué es criminal el primero según la 1.ª y 2.ª parte aprobadas del artículo, y no debe serlo el segundo según la 3.ª y 4.ª que se resiste con tanto empeño?

El artículo no está redactado con expresiones vagas o equívocas. Está concretado a los casos precisos de provocar, aconsejar o mandar. La 3.ª y 4.ª parte que hablan de impresos están expresadas en los mismos términos que la 1.ª y 2.ª que tratan de manuscritos. Habiendo sido aprobadas éstas, deben serlo aquéllas. De otra suerte se deduciría una contradicción escandalosa que no haría honor al Congreso. Se inferiría que en un impreso puede invitarse a los enemigos de la República a atacarla con la fuerza, y que en un manuscrito no puede hacerse aquella invitación. Se inferiría que es criminal aquel que en una carta excita a los pueblos de la República a separarse de ella y unirse con otra nación, y no es reo aquel que en una proclama o impreso los excita al mismo fin, empleando las mismas palabras.

Se dice que un manuscrito es reservado y un impreso es público: que dirigiéndose el primero no puede escribirse contra él, y enviándose el segundo, puede haber muchos que lo contesten y sostengan los derechos de la nación. Pero estas son palabras: no son ideas. El traidor que escribe un papel y el impresor que lo imprime pueden convenirse en guardar tanto secreto como el que dicta una carta y el amanuense que la escribe. Impreso un papel antinacional pueden haber patriotas que lo contesten. Pero esto no hace desaparecer el crimen. Publicado un libelo contra alguno, puede responder a él sus enemigos; pero el autor del libelo es un criminal y merece pena por serlo. Intentándose o cometiéndose un homicidio en la plaza puede haber muchos que embaracen su ejecución o escarmienten al que lo perpetre; pero el homicida es reo y debe sufrir el castigo de la ley.

Aquel que calumnia en un papel público a un individuo particular comete un delito y se hace digno de pena. Aquel que ofende a la República en un impreso comete crimen más grande y debe sujetarse a pena mayor. Si el que excita a otros a que ofendan a un ciudadano privado es un criminal, ¿el que provoca a los enemigos de la patria a que se vuelvan contra ella podrá dejar de ser reo?

Yo repito: me asombro al oír objeciones contra un artículo tan claro. La razón habla a su favor, y debe aprobarse sin discusión ulterior.

EN LA MISMA SESIÓN

Vuelvo a hacer uso de la palabra para contestar al Diputado Vasconcelos (Simón). Es triste la opinión que ha manifestado. Yo siento que la tenga una persona que estimo. Ni la moral, ni la jurisprudencia, ni el interés de los pueblos pueden aprobarla.

Si no deben acordarse penas contra los que injurian o calumnian en un papel público; si el injuriado puede contestar con otras injurias, los pueblos serían al fin inhabitables. De una injuria se pasaría a otra injuria. La venganza llegaría a derramar sangre; y las sociedades políticas serían lastimosamente un caos de muerte y horror.

«Una pena, no debe acordarse otra más severa. El legislador no debe permitirse sino aquel grado de severidad necesaria para reprimir la voluntad viciosa que produce el crimen.»

Es necesario que la pena sea proporcional al crimen. El talento menos penetrante conoce la necesidad. ¿Pero cómo guardar esa proporción en la variedad infinita de delitos? Formar escalas de todas las especies de ellos, y de todos los grados de criminalidad en cada especie, sería formar volúmenes inmensos. Dar a los jueces libertad ilimitada de aplicar las penas que creyesen proporcionales a cada delito sería abrir un campo vasto a la arbitrariedad.

Los legisladores fueron muchos siglos embarazados con esta dificultad. Unos decretaron una misma pena a los delitos absolutamente diversos; otros lo abandonaron casi todo al arbitrio de los jueces. La especie humana sufrió y los delitos se aumentaron.

Pero al fin se descubrió un medio que concilia extremos, y acerca del modo posible a la proporción deseada. Que se fijen las clases y especies principales de delitos, dijeron los hombres que han perfeccionado la ciencia; que se designen las penas correspondientes a cada especie según su naturaleza respectiva; que se señale en cada una el máximo y el mínimo; y que el arbitrio prudente del juez, sin subir del uno ni descender del otro, pueda aumentar el tiempo de la pena según las circunstancias agravantes del crimen.

Este descubrimiento feliz mudará el aspecto de la jurisprudencia, y mejorará sucesivamente en beneficio de los pueblos todas las leyes penales de las naciones ilustradas. Los legisladores de Francia lo tuvieron presente en el Código memorable de 1810; y la comisión no lo ha olvidado en el proyecto de ley que se examina.

Se propone la pena que exige la naturaleza misma del delito: se designa la de destierro, porque no debe gozar las ventajas de una sociedad el que aconseja o procura su destrucción.

Se fija el número (mínimo y máximo) de años que puede durar el destierro, porque es conveniente fijar los puntos hasta donde puede llegar el juez, para que no sea ilimitada su libertad aumentando o disminuyendo el tiempo más allá de lo que sea justo.

Se deja al arbitrio racional del juez el derecho de aumentar el tiempo sin exceder jamás los términos prefijados por la ley, para que su prudencia pueda proporcionar más la pena a la multitud de circunstancias que pueden agravar un delito sin variar su especie.

La ley designa la proporción principal que debe haber entre la pena y el delito; y la prudencia del juez fija los detalles o pormenores de aquella proporción. Si el juez es sospechoso, el reo puede recusarlo. Si el juez no respeta la justicia, el reo puede apelar.

No hay objeción que pueda resistir la fuerza del raciocinio. La ley que se propone es muy interesante para una República naciente. No debe embarazarse con discusiones prolongadas. Son pocos los días que restan de sesiones. Es preciso aprovecharlos para concluir una ley que tiende a reprimir o escarmentar a los traidores.

EN LA SESIÓN DE 29 DE JUNIO

Mi opinión es diversa de la de los individuos de la comisión de legislación. El artículo que proponen a la deliberación del Congreso exige unanimidad de votos para que pueda haber sentencia condenatoria en el Tribunal de Jurados que juzgue a un Diputado; y yo veo esa unanimidad en contradicción con los principios que deben servir de base a nuestros raciocinios.

Todos los centroamericanos somos iguales ante la ley. Si basta mayoría de votos para imponer penas a los demás ciudadanos, ¿por qué se exige unanimidad de sufragios para condenar a los representantes de esos ciudadanos?

Conviene a los intereses de los comitentes que los comisionados puedan ejercer libremente, sin obstáculos ni peligros, su comisión importante. Conviene que los apoderados cumplan la voluntad de los poderdantes sin influencias ni temores que puedan alejarles de sus deberes. ¿Pero no basta declarar en el artículo 63 de la Constitución que no son responsables por proposición, discurso o debate en el Congreso o fuera de él sobre asuntos relativos a su encargo? ¿No basta decir en el mismo artículo que durante las sesiones y un mes después no pueden ser demandados civilmente ni ejecutados por deudas? ¿No basta decretar en el artículo 143 que no deben ser procesados sin que se declare previamente haber lugar a la formación de causa por el Congreso de que son individuos? ¿No basta acordar en uno de los artículos aprobados que un jurado compuesto de compañeros suyos es el que debe juzgarlos? ¿Se declarará, a más de esto, que no pueden ser condenados sino por unanimidad absoluta de sufragios?

La mayoría de votos hace elecciones populares y eleva a las primeras alturas de la República a los ciudadanos que tienen mayor número de ellos. La mayoría de votos ordena los acuerdos y dicta las leyes en el Congreso y Asambleas que deciden la suerte de los pueblos. La mayoría de votos fija las resoluciones en el Senado o Consejos que dan o niegan la sanción a las leyes. La mayoría de votos absuelve o condena en las Cortes de Justicia que ponen en libertad a los inocentes o envían al patíbulo a los infelices que tienen la desgracia de ser reos. Todo se hace por mayoría de votos; y casi nada se haría si fuera precisa la unanimidad de sufragios. ¿Cómo puede esperarse unanimidad en una República compuesta, como las demás de América, de elementos tan heterogéneos?

Acaban de nacer las Repúblicas del Nuevo Mundo. Ahora empiezan a ser Estados independientes los que antes eran provincias sometidas a España. Todavía no se han cruzado unas con otras las que se llamaban castas; todavía no se han fundido en un molde los cerebros; todavía no ha desaparecido la diversidad de educaciones recibidas; todavía no se han difundido los principios que son como una lengua universal que aproxima a la uniformidad; todavía se habla un idioma por unos y otro por otros; todavía hay diversidad de fisonomías y colores. La opinión trabaja para poner acordes a los americanos en todos los puntos en que debe haber armonía. Pero antes de concluir su obra, ¿podemos suponer que la haya en los asuntos en que es más difícil que exista?

En los congresos ha habido siempre, y es natural que haya, divergencia de opiniones. Formados de individuos de diversos

Estados, de diversas profesiones, de diversas edades, de diversos intereses, de diversas educaciones, es preciso que los sentimientos y votos sean también distintos. Yo recorro la historia, y veo en ella a los parlamentos, a las cortes, a las asambleas y a los congresos divididos generalmente en dos secciones. La suerte vendada, la suerte ciega, elige jueces entre diputados de dos partidos. Es natural que los elegidos no sean de uno solo; es regular que disienta de los demás conjueces aquel que sea de partido contrario al del acusado. No habrá unanimidad; y por no haberla, será absuelto quien merezca ser condenado.

El señor Richard Phillips, que supo desarrollar la teoría de jurados, defiende la unanimidad de sufragios[3]. «La decisión del jury —permitaseme leer lo que ha escrito— no es una aproximación a la verdad, ni una declaración de simple probabilidad: ella es, en el sentido de la ley, la cúpula de la verdad: certeza, no probabilidad, este es el objeto del jury. La señal más segura de la verdad es el asenso general del género humano; y la unánime declaración de un jury compuesto de doce hombres sin amistad ni relaciones entre sí y exentos de toda parcialidad, es la señal menos equívoca de tal asenso».

Yo veo en estos pensamientos una equivocación fundamental. Puede haber certeza en las decisiones de la unanimidad y en las de la mayoría. Puede haber error en las sentencias de la primera y en los fallos de la segunda. Los autos o decretos de un tribunal compuesto de jurados o de jueces ordinarios no son (hablando en general) más que declaraciones de probabilidad, más o menos aproximadas a la verdad o al error. Las cuestiones más importantes de la vida —dijo el hombre[4] que supo someter a cálculo las ciencias naturales y morales, los acuerdos de la asamblea y las sentencias de los tribunales— no

---

[3] De las facultades y obligaciones de los jurados.
[4] El Marqués de La Place.

son más que problemas de probabilidad. Voy a leer lo que dice sobre jurados.

«En un jurado de doce individuos, si la pluralidad que se exige para condenar es de ocho votos sobre doce, la probabilidad de error es 1/8 o un poco menos que un octavo; pero si aquella pluralidad es de nueve sufragios, entonces la probabilidad es casi de 1/16. En el caso de unanimidad, la probabilidad es de 1/128; y esto supone que la unanimidad resulta únicamente de las pruebas favorables o contrarias al acuerdo; pero motivos absolutamente extraños deben muchas veces concurrir a producirla, cuando se impone al jurado como una condición necesaria. Entonces, dependiendo sus decisiones del temperamento y del carácter de los jurados, son algunas veces contrarias a las resoluciones que hubiera acordado la mayoría, si no hubiera atendido más que a las pruebas; y este es un defecto grande en este modo de juzgar».

Una sentencia pronunciada por unanimidad tiene a su favor la presunción de acercarse a la verdad más que otra sentencia fallada solo por la mayoría. Pero una sentencia dictada por un juez y autorizada por un escribano que, a más de la prueba ordinaria, tiene la de haber visto con sus ojos cometer el crimen, reúne también más presunciones de probabilidad que una sentencia dictada por juez y autorizada por escribanos que no han sido testigos oculares del crimen. ¿Y la ley exige por esto que no haya sentencia sino en el caso de haberse perpetrado el delito a presencia del juez y del escribano? Un hecho probado por las deposiciones acordes de veinte testigos tiene más probabilidades que un hecho acreditado por la declaración de dos testigos contestes. ¿Y la ley declarará por esto que es necesario el testimonio de veinte testigos para que pueda haber sentencia condenatoria?

La ley debe dar garantías a la inocencia calumniada, pero debe darlas también a la sociedad ofendida. No debe condenar por presunciones vagas, porque entonces serían víctimas algunos inocentes; pero tampoco puede exigir todas las probabilidades posibles, porque en tal caso quedarían impunes muchos crímenes. Hay un medio entre el máximum y el mínimum de las probabilidades que bastan para una fe legal. Ni todos los votos, ni un solo voto. Ni la unanimidad, ni la singularidad. La mayoría de sufragios, absoluta o más o menos elevada, es la que debe declararse bastante según la naturaleza respectiva de las instituciones.

La institución del jurado no exige por su naturaleza unanimidad de votos. En Francia hay jurado, y dos tercios bastan para formar sentencia. En Inglaterra es condición precisa la unanimidad. Pero las leyes en Inglaterra hablan a una nación que no está compuesta de elementos tan heterogéneos como la nuestra: hablan a pueblos donde está ya formado el espíritu público y consolidada la opinión en los puntos más principales; hablan a un reino donde el monarca tiene influencia grande en el poder judicial; hablan a un país donde es general para todos los reos la institución del jury; hablan de un jurado cuyos individuos deben ser propietarios o francos tenedores, y no deben tener relaciones con el acusado ni ser compañeros suyos.

«Se exige la unanimidad (dice otro escritor (c), cuyas palabras me tomo la libertad de recordar) precisamente para que los delitos no queden impunes… Aun siendo positivamente reo el acusado, cuesta repugnancia el condenarlo, y una delicadeza mal entendida haría faltar a muchos si se persuadiesen que su voto no había de influir… La unanimidad cierra la puerta a ese subterfugio, y si hay algún jurado que no se haya podido vencer, sabe que tiene que responder a toda la sociedad de las consecuencias de la impunidad.»

Pero ¿no son muchos los que olvidan sus deberes aun sabiendo que serán responsables ante la sociedad? ¿El poder presente de la amistad, aumentado por el de la conmiseración, no es multitud de veces más grande que el poder futuro de la censura pública? ¿La certeza de ser decisivo el voto de cada juez en un tribunal que no puede condenar sin unanimidad de sufragios no hará que aquel que tiene relaciones con el acusado discurra de este modo?: Mis conjueces están determinados a condenar a mi compañero y amigo. Solo mi voto falta para que haya sentencia. De mí depende la suerte de la persona que amo. Es perdido mi amigo si lo condeno. Es feliz si lo absuelvo. ¿Seré insensible a su desgracia?

Es viciosa, es injusta toda ley que hace depender las resoluciones de un cuerpo de la voluntad de uno solo de sus miembros; y ese carácter de injusticia es el que veo en un artículo que exige unanimidad de votos para condenar a un diputado; en un artículo que sacrifica los sufragios de muchos al sufragio de uno solo; en un artículo que hace triunfar la opinión singular de uno solo de la opinión acorde de varios; en un artículo que expone la rectitud de varias personas a ser burlada por la amistad o pasiones de una sola; en un artículo que tiende a la impunidad de los diputados pidiendo para condenarlos condiciones que es muy difícil cumplir.

Yo no puedo darle mi voto, ni el Congreso debe acordarlo. No quiero que los pueblos digan: Los diputados creen necesaria la unanimidad de sufragios en el tribunal que los ha de juzgar a ellos mismos, y consideran bastante la mayoría en las cortes que han de juzgar a los demás ciudadanos.

EN LA MISMA SESIÓN.

Antes de cerrarse las sesiones del Congreso quiero hacer un pequeño bien a mi patria; quiero que se multipliquen las plantas útiles, y se aumente con ellas la riqueza y comodidades de mis conciudadanos.

Amigo constante de los vegetales, porque veo que una sola semilla puede hacer rico al país que la cultiva y fomenta, he procurado que germinen en Guatemala las que no son conocidas en su suelo.

El año anterior de 1824 propuse al Gobierno que se pidiesen a Méjico estacas de olivos para que la República tuviese este artículo nuevo de riqueza; y se acordó así. El C. José Sacasa trajo las que están dando brotes que llenan de delicias y anuncian los olivares que tendremos algún día.

En el presente suplico al Congreso se sirva aprovechar la ocasión que se ofrece tan felizmente. El C. Juan de Dios Mayorga, nuestro Enviado cerca del Gobierno mejicano, debe regresar a esta capital después que llegue a la de Nueva España su sucesor. Puede traer semillas y estacas de vegetales que todavía no tenemos; puede traer las del maíz que da 400 fanegas de cosecha por una de siembra; las de diversas especies de peras que son desconocidas aquí; las de los perones hermosos de San Ángel, y las de otras plantas de provecho y regalo.

El C. Mayorga es activo y sabrá hacer este servicio a la patria. Yo pido al Congreso se digne acordar:

1.º que el Gobierno le recomiende que cuando verifique su viaje a esta capital traiga semillas y estacas bien conservadas de los vegetales que, no existiendo en nuestras tierras, puedan ser de mayor provecho;

2.º que ponga a su disposición 100 pesos para gastos de conducción de las que trajere.

DISCURSO PRONUNCIADO EN EL CONGRESO FEDERAL DE CENTROAMÉRICA, EL 28 DE FEBRERO DE 1826

He pedido la palabra y voy a hacer uso de ella porque lo exige así la posición en que me hallo.

Yo estaba en el campo, llamado a él por los intereses de mi casa. Yo gozaba el doble placer de cuidar mi propiedad y admirar la naturaleza.

Tres departamentos de dos Estados diversos quisieron honrarme con sus votos. En esta capital, en Chiquimula y en Santa Bárbara fui electo Diputado; y se me llamó a servir este destino.

No era insensible a la voluntad de pueblos, constantes en manifestar la que tienen de distinguirme en la diversidad de elecciones que han hecho. Nací en el Estado de Honduras y allí heredé la primera propiedad de mi familia. Fui formado en el de Guatemala, y aquí recibí otra propiedad de precio mayor: la educación que me ha inspirado amor a la causa pública y respeto a los principios de las sociedades políticas.

Guatemala y Honduras tienen títulos muy grandes a mi gratitud. Mi alma está penetrada de ella. Mi existencia particular está fundida con la pública de la nación.

Debo hacerle todos los servicios de que sea capaz. Le ofrecí los que son posibles en la vida privada. Manifesté que no podía hacer en la pública todos los que deseaba.

Este lenguaje era el de la buena fe. Mi salud está quebrantada. Lo acredité con certificaciones de facultativos. Lo probará más la experiencia sucesiva del tiempo.

Después de trabajos impendidos diariamente desde el año de 1821 es preciso que esté debilitada una organización que no es de hierro. Aun la piedra bruta; aun el hierro, más duro que la piedra, siente la acción de las causas o agentes que obran en él.

Consideraciones de género diverso debían también llamar mi atención. El poder que está más en contacto con el Legislativo es el

Ejecutivo. El uno manda, y el otro debe ejecutar. El uno cela o vigila la ejecución, y el otro debe dar cuenta de ella.

Mi situación debía ser embarazosa en las relaciones de ambos poderes. Como hombre privado mi voluntad debía ser la del silencio. Como hombre público mi obligación debía ser la de la palabra. La nación no sienta en estas sillas a sus representantes para que disimulen o callen. Los sienta para que sostengan con firmeza sus derechos.

Yo lo hice presente al Congreso. Manifesté las causas que me ponían en la necesidad de hacer renuncia del destino a que he sido llamado. Hice la primera; repetí la segunda. El Congreso no se sirvió admitir una ni otra; y los individuos que lo componen se manifestaron decididos a declarar sin lugar la tercera.

Yo he obedecido el acuerdo del Congreso. Yo he prestado el juramento que se me ha exigido. Yo vuelvo a las tempestades de la vida pública después del sosiego, tranquilidad y dulzuras de la privada. Yo voy a hacer esfuerzos para cumplir del modo posible lo que he jurado. Si es respetable el juramento de llenar los deberes de un empleo recibido de las manos de un funcionario, debe ser sagrado el de llenar las obligaciones de un destino recibido de la voluntad de los pueblos.

Toda creación es difícil, cualquiera que sea su género. Añadir perfiles a lo que está bosquejado, avivar luces u oscurecer sombras en lo que ha sido pintado no es obra muy ardua. Sacar las cosas de la nada, concebir el cuadro, pasar a la tela todo lo bello que existe en la mente, es el máximum de la dificultad.

Se trata de crear una República donde no había más que una colonia regida por un Gobierno lejano; se trata de hacer ciudadanos a hombres que por tres siglos habían sido formados para que no lo fuesen jamás; se trata de desarrollar la multitud de gérmenes que existen escondidos en una extensión vasta de miles de leguas; se trata de abrir canales, mudar el curso de las aguas, descuajar montes y taladrar montañas; se trata de luchar con la naturaleza y hacer culto lo que era bruto. He aquí en la serie de dificultades el último término de la progresión.

Hombres ingratos, traidores a la patria, deducirán de aquí la esclavitud de su patria. «No somos capaces —dirán— de empresa tan grande. Sacrifiquemos la nación entera a la ambición extraña que quiera dominarla, o dividámosla y hagamos que sea en América lo que fue en Europa la infeliz Polonia. La desgracia pública será nuestra felicidad particular».

Los hijos amantes de la nación, los centroamericanos dignos de este título, infieren consecuencias muy diversas. «Si es obra difícil —dicen— la creación de una República, doblemos el trabajo, multipliquemos los esfuerzos, velemos día y noche, y no descansemos hasta haber puesto el último canto del edificio».

«Aquí está el alma que los colegios de la patria enseñaron a pensar», dirán los amigos de las ciencias desde el gabinete donde las cultivan. «Nosotros meditaremos planes y discurriremos proyectos para que la nación consolide su independencia».

«Aquí está la pluma que las escuelas de la patria enseñaron a escribir», dirán los hombres elocuentes que posean por principios el arte divino de la palabra. «Nosotros la emplearemos en demostrar los derechos de la nación e inspirar el entusiasmo santo del patriotismo».

«Aquí está el sable que se nos ha dado», dirán los militares que amen sinceramente a la nación. «Nosotros atravesaremos al hombre vil que quiera vender la República, o al injusto que ose violar sus fronteras».

«Aquí está mi tesoro», dirá el comerciante enriquecido por las leyes protectoras del comercio. «En la esclavitud de la patria no quiero caudal. Pobre en una nación independiente seré más grande que rico en una nación subyugada».

«Aquí estoy yo», dirá el pueblo conocedor y amante de sus derechos. «La ley ha declarado los que tengo. Todos nos uniremos para defender la nación».

«Aquí estamos nosotros, los representantes de ese pueblo patriota», decimos los Diputados del segundo Congreso Federal. «Nosotros juramos que este salón no será el de las pasiones que se disputan vergonzosamente un imperio injusto, sino el de la razón imparcial, legisladora de Centro-América; juramos que nuestra voluntad privada no será jamás antepuesta a la voluntad pública de la nación; juramos sostener con nuestros votos, y, si fuere necesario, con nuestra sangre, el Decreto de 1.º de julio de 1823, en que la Asamblea Nacional declaró que estas provincias son independientes de España, de México y de cualquiera otra potencia del antiguo y Nuevo Mundo; juramos consolidar la independencia absoluta de esta nación interesando a todos los ciudadanos de la República en la causa justa de la patria, y desarrollando con prudencia la Constitución Política que decretó la Asamblea Nacional y sancionó el primer Congreso Federal; juramos sostener el artículo 1.°, que declarando soberana a la nación hace que todos los pueblos tengan interés en su existencia; el 8.°, que declarando federal el Gobierno de la República da a Costa Rica, Nicaragua, Honduras, San Salvador y Guatemala un ser que no tenían antes, ni podrían haber si volvieran a estar sujetas a la antigua o Nueva España; el 11.°, que declarando religión de la República a la Católica manifiesta la consideración que debemos tener a los Ministros dignos de ella; el 12.°, que declarando a la República asilo sagrado para los extranjeros designa la protección que debemos dar a los que vengan a ser hijos suyos verdaderos, amantes sinceros de su prosperidad; y el 69.°, que numerando las atribuciones del Congreso nos manifiesta la obligación que tenemos de plantear el sistema general de educación, facilitar a los talentos los medios de cultivarlos, proteger a los labradores, artesanos y comerciantes, y crear la riqueza y prosperidad de una República que puede ser grande y poderosa si queremos positivamente que lo sea».

Tal es el juramento que acabo de hacer yo y han prestado anteriormente los individuos de este Congreso. Para ser fiel a él, para no apartarme jamás de los deberes en que me constituye, voy a comenzar el ejercicio de mis funciones presentando medidas que me obliguen a cumplirlos, haciendo proposiciones que me hagan objeto de odio y execración universal si alguna vez me separo de la línea que debe seguir un diputado.

No hay poder que no sea servido por hombres, y los hombres (hablando en general sin ofender a ninguno en particular) pueden abusar de la autoridad que se pone en sus manos. Por este temor, justo sin duda y digno de la previsión del legislador, la ley ha declarado el derecho de recusar a los jueces, el de apelar y suplicar de sus determinaciones, el de declarar la responsabilidad y juzgar a los agentes del Poder Ejecutivo, el de formar causas a los Diputados y mandar que sean públicas sus discusiones.

Lo son las de este Congreso, y lo han sido las de los que le han precedido. Pero la publicidad que han tenido sus sesiones no llena los objetos grandes que la ley se propuso al acordarla. Distantes de este lugar los individuos de los pueblos que componen la República; ocupados en sus oficios respectivos los habitantes de esta capital, el número mínimo de los que concurren a las discusiones es nulo comparado con el máximo de los que no las oyen o presencian.

La Nación ve el texto de la ley; pero ignora la razón que la ha inspirado. Ve lo que se decreta u ordena; pero no sabe el principio de utilidad de donde se ha deducido el decreto o la orden. Ve lo odioso de lo que se manda, y no ve lo que hace desaparecer esa odiosidad.

Publicándose diarios de las sesiones del Congreso y Senado de la República, y de las Asambleas y Consejos de los Estados, habría doce focos grandes que reuniendo las luces de los Diputados las derramarían por toda la República.

La Nación tendría entonces la balanza comparativa del pro y contra, y se hallaría en aptitud de pesar el bien y el mal de una ley. Los pueblos verían en toda su luz las razones que la fundan y el espíritu que la ha dictado. Los ciudadanos, llenos de conocimientos, podrían hacer uso del derecho de petición, que ahora es casi nulo por falta de ellos. Los jóvenes, elegidos algún día para ser nuestros sucesores, tendrían rasgos luminosos y acaso modelos de elocuencia deliberativa. Los Estados sabrían cuáles son las opiniones de sus Diputados, y el celo que hayan desplegado en sostener sus derechos, o la indiferencia con que hayan visto sus intereses, o la infidelidad con que les hayan hecho traición. La historia biográfica, literaria y política tendría datos exactos para juzgar a los que han merecido los votos de los pueblos, para manifestar los progresos de una de las ciencias más importantes, y pintar la marcha de la nación en la época interesante de su nueva existencia. Las leyes serían estudiadas con placer, concebidas con facilidad y retenidas fielmente. La República, poco conocida de las naciones extrañas, adquiriría crédito en ellas; y el crédito es siempre origen de muchos bienes. La opinión pública tendría hechos inequívocos para ser remuneradora justa: para censurar o elogiar; para borrar el nombre de algunos y hacer eterno el de otros.

Los Diputados deben ser los oradores de la nación, los protectores de sus derechos, los conservadores de sus fueros. ¿Puede ser justo que los pueblos no oigan jamás la voz de sus defensores?

Todos los congresos de las naciones que han establecido gobiernos representativos tienen diarios que publican sus discusiones y propagan los conocimientos. ¿Solo el de la República de Centro-América, solo el de Guatemala, tendrá la desgracia de no publicar jamás sus sesiones?

Guatemala tiene una gloria que ignoro hayan tenido las demás Repúblicas de América: la de haber escrito un hijo suyo una taquigrafía, nueva en diversos aspectos. Los congresos de las otras naciones tienen taquígrafos que escriben los discursos de sus diputados. ¿Y el de Guatemala será el único que carece de ellos?

En los dos meses que restan de la presente Legislatura no podría publicarse un diario que presentase íntegros todos los discursos de los Diputados en las sesiones del Congreso. No es posible formar taquígrafos en tan corto tiempo, poniéndolos en aptitud de seguir la palabra con toda la rapidez con que se pronuncia. Pero puede publicarse un periódico que ofrezca a la nación un extracto de las sesiones del Congreso que la representa; puede nombrarse una comisión que lo redacte de una manera que haga honor a la República; puede abrirse suscripción general y acordarse, además de la que se abra, que los funcionarios primeros de la Federación y los empleados principales, municipalidades y párrocos de los Estados sean suscriptores, o que se excite el celo de las Asambleas de los mismos Estados para que ellas sean las que lo acuerden; puede resolverse que, si hubiere déficit, se cubra el que haya por la Hacienda Nacional; y si no hay fondos, y por no haberlos no se quiere gravarla más, yo ofrezco al Congreso el sueldo que me corresponde como Diputado para que se sirva destinarlo a un objeto tan importante.

Reservándome, pues, presentar el proyecto de un diario que ofrezca a los pueblos los discursos íntegros de sus Diputados, hago ahora, para que se tomen en consideración, las proposiciones siguientes:

1.º Que se publique un periódico contraído precisamente a dar en extracto las sesiones del Congreso;

2.º Que se nombre para su redacción una comisión del seno del Congreso, o de fuera de él, pero presidida por uno de sus individuos;

3.º Que para facilitar a la comisión sus trabajos, cada Diputado de los que pidieren la palabra le dé un extracto del discurso que haya pronunciado;

4.º Que se abra suscripción general, y se acuerde además de esto que los funcionarios primeros de la Federación y los empleados principales, municipalidades y párrocos de los Estados sean suscriptores, o que se excite el celo de las Asambleas de los mismos Estados para que ellas sean las que lo acuerden;

5.º Que si uno ni otro bastare para llenar los gastos, se cubra el déficit por la Hacienda Nacional; y si hay escasez en ella y por haberla no se considera justo aumentar sus gravámenes, se disponga para objeto tan importante del sueldo que me corresponde como Diputado de este Congreso.

Mi proposición fue pasada a una comisión: esta la apoyó; y el Congreso acordó el decreto siguiente:

El Congreso Federal de la República de Centro-América, considerando que nada puede contribuir tan eficazmente a la buena dirección de la opinión pública y el progreso de las luces, en los ramos en que más importa generalizarlas, como el que se publiquen las discusiones del Cuerpo Legislativo; y queriendo llevar a efecto el decreto que con este fin dio la Asamblea Nacional Constituyente en 24 de julio de 1823, se ha servido resolver:

1.º Que se publique un periódico, cuyo preciso objeto sea el de dar en extracto las sesiones del Congreso;

2.º Que la redacción de este periódico sea a cargo de una comisión de su seno;

3.º Que para facilitar los trabajos de la comisión, cada Diputado de los que pidieren la palabra le dé un extracto del discurso que haya pronunciado;

4.º Que la comisión tenga además dos oficiales nombrados por ella misma que la auxilien en sus trabajos; y cuyas obligaciones serán con este objeto:

1.º Asistir diariamente a las sesiones del Congreso;

2.º Tomar apuntes de las discusiones;

3.º Escribir después lo que haya de publicarse, teniendo presente en la redacción de los discursos el extracto que deben dar de ellos sus autores, conforme a lo prevenido en el artículo 3.º, y llenar el vacío en caso de no darlos;

5.º Que el sueldo de los oficiales sea el de 30 pesos al mes, que se les cubrirá por la Hacienda Nacional, y se les abonará por todo el tiempo que se ocupen en este servicio;

6.º Que para llenar los gastos de la edición del periódico se suscriban a él todos los Diputados, y si el importe de la suscripción no bastare a cubrirlos, se satisfaga el déficit por la Hacienda Pública.

Pásese al Senado. — Dado en Guatemala a 12 de abril de 1826.

JOSÉ DEL VALLE, Presidente; MARIANO GÁLVEZ, Diputado Secretario; DOROTEO VASCONCELOS, Diputado Secretario.

Este decreto se pasó, después de haber corrido algunos días, a la sanción del Senado, que se sirvió negarla. Volvió entonces a la comisión de que yo era individuo; y tuve el honor de poner el dictamen que sigue:

El Congreso se sirvió acordar que se publique un periódico con el preciso objeto de dar en extracto las sesiones del Congreso; que la redacción sea a cargo de una comisión de su seno; que para ser auxiliada en sus trabajos nombre la misma comisión dos oficiales con el sueldo de treinta pesos mensuales cada uno; que para cubrir los gastos se abra una suscripción general, y si hubiere déficit se llene por la Hacienda Pública.

Este importante decreto se pasó al Senado para su sanción. Era de esperar que se le diese llanamente, por ser muy obvia la justicia y muy clara la utilidad de un acuerdo que produciría consecuencias del mayor interés. Pero la mayoría del Senado negó la sanción a un decreto tan justo; y las razones en que se funda son: 1.ª que el sueldo de treinta pesos asignado a los dos oficiales gravitará sobre la Hacienda Nacional; 2.ª que si no alcanzara a cubrir los gastos de impresión el producto de la suscripción que debe abrirse, se llenaría el déficit por la misma Hacienda Pública, y esta no debe gravarse con gastos.

Admira que la mayoría del Senado se funde en razones de tan pequeña consideración para negar la sanción a un decreto que promete tantos bienes. La comisión las ha examinado detenidamente; y lejos de estimarlas bastantes, opina que debe ratificarse el decreto.

Las sesiones del Congreso deben durar tres meses según el art. 66 de la Constitución. El sueldo de los dos oficiales, a razón de 30 pesos por igual espacio de tiempo, es por consiguiente de 180 pesos.

Los gastos de impresión, según el cálculo que se acompaña, son de 13 pesos 4 reales por cada pliego, tirando 200 ejemplares de cada uno. Suponiendo que se publica un pliego todos los días, resultan 92 en los tres meses de marzo, abril y mayo; y multiplicando 13 pesos 4 reales por 92, aparece que el costo de 200 pliegos diarios en todo el trimestre no sube más que a 1.242 pesos.

El papel que se consuma en la comisión de redacción no llegará a ser de una resma en cada mes. Pero supóngase que haya todo este consumo. El importe de las tres resmas a 6 pesos cada una sería de 18 pesos; y por consecuencia, unidas las tres partidas de 18 pesos, importe del papel; de 180, sueldo de dos oficiales; y de 1.242, gasto de impresión, no asciende la suma más que a 1.440 pesos.

Se infiere de aquí que cada pliego impreso solo tiene de costo cinco octavos de real; y de consiguiente, vendiéndose cada pliego a real, y siendo 18,400 los pliegos impresos en el trimestre, resulta que su venta producirá 2.300 pesos.

No es creíble que deje de venderse un periódico de mayor interés que los demás que se publican. Doscientos suscriptores bastan para consumir o vender todos los 18.400 pliegos impresos, y recibir de la suscripción 2.300 pesos; si para otros periódicos de menor importancia hay igual o mayor número de suscriptores, para el del Congreso, que tiene tantos títulos para interesar, debe esperarse que sobrarán, y que lejos de ser gravoso, puede ser útil (aun en lo económico) el que se ha servido decretar el Congreso. Es obvio el cálculo que lo demuestra. El total del periódico solo asciende a 1.400 pesos, y su producto-venta sube a 2.300. Quedan por consiguiente 860 pesos de utilidad a beneficio de la Hacienda Pública, por la cual no se ha servido sancionar el Decreto la mayoría del Senado.

Pero supóngase que no hay un solo suscriptor, o que no pagan los que hubiere. Supóngase que la Hacienda Nacional es la que satisface íntegros los 1.440 pesos que tendrá de costo el periódico. Una cantidad tan pequeña no debe ser causa bastante para impedir a los pueblos la inmensidad de bienes que les promete un diario publicador de las discusiones del Congreso.

En toda nación que tenga Gobierno representativo debe haber un periódico que publique las discusiones de su Congreso, Parlamento o Cortes. Todos los congresos de todas las naciones tienen diarios de sus debates. Es gasto preciso y productor de muchos bienes. Debe decretarse su erogación en el caso de no bastar para cubrirla el producto de la suscripción que debe abrirse.

El Poder Ejecutivo tiene una Gaceta que publica sus acuerdos y providencias. El Poder Legislativo debe tener un diario que dé a luz sus discusiones. La Hacienda Nacional cubre el déficit en la edición de la Gaceta del Gobierno. La misma Hacienda debe llenar el déficit en la edición del diario del Congreso.

Uno y otro gasto es justo. La Nación no debe ser privada de los bienes que gozaría publicándose el periódico solo por el ahorro mezquino de mil y tantos pesos. Otras erogaciones de menor utilidad han sido sancionadas por el Senado. Otros gastos menos importantes no han sufrido tanta oposición.

La comisión ama la economía y conoce sus ventajas, pero ama igualmente el bien general de los pueblos, y en su concepto, y el de todos los que se detengan a meditar imparcialmente el asunto, pesan más los beneficios del periódico que el gasto pequeño de su costo.

Habiéndolo en consideración, propone al Congreso que se sirva ratificar el Decreto de 12 de abril último.

Guatemala, 16 de mayo de 1826.

El 21 de junio siguiente se ratificó el Decreto; el 30 del mismo mes cerró el Congreso sus sesiones; y un acuerdo de importancia tan grande quedó sin haber tenido el cumplimiento que convenía a la universalidad de los pueblos.

A fines del mismo año de 1826 empezó la revolución que no olvidarán jamás los anales de Centro-América. Desaparecieron los poderes constitucionales; quedó solamente el despotismo, incendiador de pueblos, destructor de hombres, devorador de capitales. Los Estados del Salvador, Honduras y Guatemala se alzaron contra él en uso de sus derechos, y la justicia triunfó al fin como era de esperarse.

Después de tres años de interrupción, el Congreso fue restablecido el 24 de junio de 1829. El 2 de julio siguiente, aprobando la proposición que hice, declaró extraordinarias sus sesiones y fijó los asuntos que con arreglo a la Constitución debían ocuparle. El 8 del mismo mes pedí el cumplimiento del Decreto precitado de 12 de abril; y se acordó así en la misma fecha.

Quiera la razón que en esta nueva época tenga suerte menos triste. Quiera ella misma que no se olvide un acuerdo tan interesante. Si se guarda y ejecuta el Decreto, como es debido, los pueblos leerán el alma entera de sus representantes; sabrán si corresponden a su confianza; verán clara la justicia o injusticia de la ley. La opinión es el tribunal grande de los Poderes Supremos; y la opinión no puede formar sus juicios si no se le presentan los datos necesarios.

Guatemala, julio 13 de 1829.

DISCURSO PRONUNCIADO EN EL ACTO DE LA INSTALACIÓN DE LA SOCIEDAD ECONÓMICA, POR SU DIRECTOR, JOSÉ CECILIO DEL VALLE.

El objeto de la Asamblea que acordó, y del Gobierno que ha cumplido el Decreto de 30 de septiembre último, es importante en todos sus aspectos.

La Sociedad Económica fue fundada en 1795 por el patriotismo del señor don Jacobo Villaurrutia, que amó el bien de Guatemala y supo promoverlo.

Las sociedades o academias creadas en el siglo XVII, aumentadas en el XVIII y multiplicadas en el XIX, han sido en Europa uno de los motores más activos de su prosperidad. La de Amantes de Guatemala hizo mucho bien en los períodos de su existencia y fue la primera a difundir conocimientos útiles. El principio grande de la ciencia social consiste en formar un espíritu único de los espíritus diversos de una nación compuesta de millares de individuos. Y la divisa de los Gobiernos benéficos es unir a los hombres, así como la de dividirlos es de los despóticos.

No debía haber dudas en el acuerdo. «Se establecerá —dijo la Asamblea— una Sociedad de Amantes de la Patria bajo la protección de ella misma y del Poder Ejecutivo del Estado. El objeto de esta asociación será el de fomentar la ilustración y progreso de las artes, del comercio y la agricultura».

A esta voz, agüero feliz de grandes bienes, nos hemos reunido para corresponder a la voluntad del primer Poder del Estado. Hoy se instala la Sociedad, y yo, electo para ser individuo suyo, voy a unir mi voz con la del Gobierno, que acaba de oírse: voy a presentar algunos pensamientos sobre el instituto de nuestra Sociedad.

Cuando se establece un cuerpo, el primer paso que debe darse es evidenciar la importancia y latitud de su objeto. Convencidos de ella, los que son miembros suyos trabajan con celo más activo; y los que no lo son, quieren serlo para el mismo fin. Se forma una suma hermosa de patriotismos individuales; y la divisa de la Sociedad (el celo unido produce la abundancia) llega a ser una demostración de la experiencia.

El Centro de la América puede serlo de luces y riquezas. Está colocado en medio de un continente inmenso, venero inagotable de preciosidades. El Atlántico baña al Norte sus costas, y dándole puertos por aquel lado, le facilita las comunicaciones de la América Septentrional, de la Europa y el África. El Pacífico fecunda al Sur su litoral, y proporcionándole puertos por aquel rumbo, lo abre a las relaciones del Asia y de la Oceanía. Un lago grande y hermoso de 150 leguas de bogeo puede facilitar la unión de los mares que circundan la República y hacer que sea centro de civilización y comercio. Una cordillera empinada, dividida en ramales diversos, atraviesa de un extremo a otro, y alzándola sobre el nivel del mar, varía las temperaturas y forma escalas útiles desde el calor que abrasa hasta el frío que hace tiritar. Ríos de aguas frescas y claras, partidos en riachuelos más o menos grandes, descienden de las cumbres, y corriendo libremente por los campos, deslizándose por las laderas, llegan hasta el Océano fertilizando las tierras de su tránsito. Vegetales de todas clases presentan en ella otra escala tan maravillosa como la de los climas. Mangles en las playas, cedros en las costas, árboles de países templados en el medio, plantas del Norte en las alturas, deleitan al viajero que camina desde los puertos hasta las poblaciones del centro.

No es una hipérbole nacida del amor al país natal. Es una verdad de hecho, patente a todos los ojos. Son inmensas en Centro-América las ventajas de su figura, de su posición, de su suelo y de todos los seres físicos que la pueblan.

Penetrado de ellas un Gobierno digno de este título, puede hacer iguales o mayores prodigios que los operados por el de otros países menos distinguidos. La naturaleza presenta los gérmenes en abundancia: la mano del hombre debe desarrollarlos, y el Gobierno, para hacer que se ejecute esta operación, la más importante de todas, debe dar su protección a los cooperadores primeros de ella.

La riqueza, objeto de todas las voluntades, es producto de los sabios que presentan sus conocimientos, de los propietarios que franquean sus capitales y de los operarios que ofrecen sus brazos para labrar la tierra o hermosear las producciones de ella. En todo lo que tiene valor —en los granos de las trojes, en los artefactos de los talleres, en los fardos de los almacenes— yo veo las luces de los sabios, los capitales de los propietarios y los trabajos de los obreros.

Los sabios observan toda la naturaleza sin arredrarles su inmensidad; estudian todas las creaciones; buscan todas sus leyes; recogen todas las observaciones; forman al fin las ciencias y las artes; y cada ciencia, cada arte es productora de artículos de riqueza.

Recorriendo las secciones grandes en que se dividen los seres físicos, estudiando primero los minerales, subiendo después a los vegetales y trepando últimamente a los animales, los sabios abrazan la tierra en su inmensidad; clasifican todos los cuerpos que existen en ella; manifiestan sus caracteres más inequívocos; dan a conocer sus propiedades más eminentes; indican sus destinos más provechosos; y abren las puertas de las tres creaciones. Los empresarios entran al museo de las ciencias naturales; perciben la utilidad de lo que pisaban o desdeñaban como inútil; hacen ensayos felices; meditan especulaciones importantes; y presentan a los mercados artículos nuevos, desconocidos hasta entonces. Se aumenta la masa de riquezas. El comerciante ve que las tablas mineralógicas de Karsten, la nomenclatura de Wirvel, los cuadros de Cuvier, son depósitos de riquezas útiles para los pueblos, importantes para sus hijos. El economista publica como un descubrimiento experimental que los hombres ilustrados son coproductores necesarios de la riqueza. Y el estadista conoce que la balanza de las naciones es, como he dicho otra vez, equilibrada o inclinada por un fósil, por una planta, por el capullo de un insecto, por la cera de una flor, por la piel o lana de un animal descubierto, observado y clasificado por un sabio.

No se limitan a tamaños bienes los que tienen el honor de serlo. Suben a la región de lo más abstracto y sublime. Estudiando las leyes del movimiento, de los fluidos, de la luz, del sonido, etc., forman las ciencias que se llaman exactas, después de haber formado las que se denominan naturales. Crean un mundo que se cree de abstracciones, y es en realidad el mismo mundo de que somos partes. Con números y líneas, haciendo figuras que parecen entretenimiento de ociosos, contando, midiendo y pesando, hacen verdaderos prodigios, honor del genio, provecho de los Estados. Ellos han llenado el mundo de instrumentos que multiplican los ojos, las manos y los poderes del hombre; han logrado que el trabajo de millones de individuos sea ejecutado por máquinas inanimadas y sencillas; han poblado la tierra de jornaleros incansables que no exigen salarios por sus trabajos. Ellos han triunfado de la naturaleza, haciendo que las aguas condenadas por ella a bajar sean superiores a sus leyes y suban a regar las siembras del labrador. Ellos han creado tres épocas, que serán gloria inmortal de su especie. Enseñaron primero a servirse del hombre para la producción de la riqueza; hicieron después que emplease animales menos costosos que el hombre; sustituyeron últimamente seres inanimados, menos gravosos que los animales. Jornaleros que era necesario alimentar y vestir servían en la primera época para los trabajos de la industria rural, fabril o mercantil. El buey, que tiene menores necesidades, era colaborador del hombre en la segunda.

El agua, el viento, el vapor, que no las tiene de ninguna especie, acaban sin gastos crecidos obras cuya ejecución exigiría pueblos enteros de operarios. Los artefactos son baratos; las clases más infelices pueden gozar de ellos; el bienestar no es un estanco de ricos; la prosperidad se extiende a todos; y esta influencia bienhechora de las máquinas, estos milagros del talento, estos triunfos de las ciencias cubren de honor a sus autores.

Servicios tan eminentes no bastan a su infatigable celo. La filantropía de su alma es inmensa como ella misma. Continuando la progresión de sus trabajos, se elevan al hombre y lo observan en todos los climas y gobiernos. Viajan por todos los pueblos, contemplando su marcha ascendente y descendente; miran a Roma subiendo desde el estado humilde de aldea formada de cabañas fabricadas sin orden, hasta el de ciudad eterna, capital respetable del mundo conocido; ven a los Estados Unidos volando desde la miseria de los desiertos hasta la altura de primera potencia de América; buscan hechos de toda clase y reúnen datos de toda especie; y fuertes con los poderes de la experiencia, ilustrados con las luces de la razón, trabajan la teoría de más interés para los Estados. La ciencia de los Gobiernos, que con una orden pueden abrir o cerrar las fuentes de la riqueza, es como las demás ciencias experimentales. El progreso de los Estados, su prosperidad más brillante, su decadencia y ruina son fenómenos producidos por causas tan invariables o constantes como el ascenso de unos cuerpos y el descenso de otros. Reuniendo hechos individuales, el físico llegó a conocer las leyes de la gravitación; y recogiendo observaciones particulares, el estadista aspira a descubrir las leyes de las sociedades. Posesor de ellas un Gobierno instruido en el arte de aplicarlas, siguiendo el desarrollo natural del hombre, dando a pueblos niños las leyes que convienen a su tierna edad, dictando a las naciones adultas las que exige su madurez, la marcha de los Estados sería natural como la de las plantas regadas en un jardín. Florecerían y darían frutos en sus períodos respectivos. No habría violencia ni coacción. El movimiento sería espontáneo; y la prosperidad, resultado feliz de un sistema inspirado por los sabios.

Cada siglo, por ellos, ha ido mejorando o multiplicando las ciencias y las artes; y cada ciencia y arte ha ido aumentando las riquezas y comodidades. El siglo XV presentó el arte de la imprenta; el XVI, el Nuevo Mundo, la cochinilla, el añil y el tabaco; el XVII, el telescopio, el barómetro y el termómetro; el XVIII, una filosofía nueva; y el XIX, la independencia de la América y experiencias importantes de teorías y sistemas. El XX hará otros presentes de interés más grande. Los que le sigan serán superiores; y marchando sucesivamente, yo no sé hasta dónde llegarán los adelantamientos de las ciencias, los progresos de la riqueza, la mejora de los pueblos y las perfecciones de la especie.

Las ciencias y las artes son las que ponen la naturaleza entera a los pies del hombre: las que le dan el cetro del mar y la tierra. No puede haber riqueza, poder ni prosperidad sin ilustración. Las tierras donde no hay luces son bosques de lacandones o mosquitos desnudos, pobres y miserables; lagos de aguas estancadas, sin movimiento ni corriente; pantanos cenagosos, poblados de reptiles dañinos o inútiles. Los países iluminados son, por el contrario, praderas y trigales hermosos y dilatados, lugares ricos de talleres y manufacturas, plazas concurridas de tráfico y comercio. El África es un continente oscuro como el color de sus habitantes; y la Europa es el ornamento más bello del mundo civilizado.

La ilustración (vuelvo a repetirlo) es la productora grande de las riquezas. Conoce todo su precio el que dijo: «Las ciencias son manufacturas». Era sabio el que publicó que «es pobre y miserable el pueblo donde no se sabe extraer la raíz cuadrada de un número».

Penetró todas las influencias del saber el que escribió: «No debe esperarse que haya operarios capaces de fabricar perfectamente una pieza de paño en una nación donde la astronomía es ignorada y la moral es despreciada».

No hay riqueza que no se derive de los senos fecundos de la naturaleza. De ella sacan todos sus productos las tres industrias rural, fabril y mercantil. Dedicarse a conocer la naturaleza es consagrarse al conocimiento de la mina de donde se extraen los materiales; y esta es la ocupación constante de las ciencias y las artes.

Pero no bastan los conocimientos que presentan unas y otras para la obra importante de la producción de las riquezas. Es necesario que haya capitales para labrar la tierra o hermosear sus productos, para comprar los instrumentos con que se ha de hacer el trabajo y pagar a los operarios que deben ejecutarlo.

Los propietarios son precisos en todo país que quiera ser rico. El primero que dijo: «La propiedad es sagrada», fue un Dios digno de la adoración de los pueblos.

La luz del sol, las aguas de la atmósfera pueden entrar en mi propiedad. El rayo puede hacerla cenizas; el huracán puede arrancarla del suelo donde existe y lanzarla por el aire a las montañas. Pero la mano del hombre no tiene derecho para tocarla. Es inviolable lo mío. Solo yo, que soy su dueño, puedo disponer de los productos de mi trabajo; solo la ley, merecedora de este nombre por su justicia y sabiduría, puede tomar de mis rentas lo que sea preciso para las necesidades positivas de la nación.

El pueblo donde se hable con sinceridad este idioma, el Estado donde se respete religiosamente el tuyo y el mío, será rico y poderoso. El hombre se dedicará gustosamente al trabajo sabiendo que los frutos de él son invulnerables o santos; hará ahorros o economías, acumulará valores, formará capitales; y con ellos será productor benéfico de la riqueza. Pero si la propiedad no es sagrada; si puede arrebatarla el crimen o violarla la fuerza; si no hay seguridad en su posesión ni tranquilidad en su goce, ¿quién será, en caso tan triste, el fatuto que quiera hacer los sacrificios, siempre penosos, que exige la acumulación de valores o producción de capital?

La existencia del hombre es un cálculo continuado desde que empieza a pensar hasta que cesa de discurrir. Las obras más costosas serán emprendidas para llevar a todas partes aguas de fecundidad y vida; la tierra será regada y sus gérmenes desarrollados; las alturas serán trigales y las costas cañales, si los propietarios saben que nadie osará violar el fruto de sus vigilias, el producto de sus sudores. La tierra seca y tostada por los rayos del sol se abrirá en grietas y quemará las plantas del caminante; los campos se cubrirán de espinas, caídas de arbustos dañosos como ellas, si el capitalista conoce que su propiedad puede ser arrancada de sus manos y trasladada a las de otros.

Fuimos los primeros en proclamar los derechos de libertad y propiedad el año de 1810, cuando se dieron instrucciones a nuestro representante en Cortes; los repetimos en 1821, cuando nos pronunciamos independientes de España; los reiteramos en 1824, cuando se decretó la Constitución Política; los ratificamos en 1825, cuando se sancionó la ley. No oscurezcamos jamás la gloria adquirida con pronunciamientos tan justos. Los principios abrazan todos los tiempos. Si la propiedad era sagrada entonces, debe serlo ahora y en lo futuro: la razón no es de este o de aquel año exclusivamente. Es de todos los años y días.

Los capitalistas, necesarios para la producción de la riqueza en los artículos establecidos, son también precisos en la creación de los nuevos. Ellos aventuran los primeros ensayos de las teorías publicadas por los sabios u hombres de luces; ellos acometen en todos los ramos económicos las primeras empresas y corren los primeros riesgos; ellos hacen las primeras plantaciones de semillas o estacas que no son conocidas ni aclimatadas en un país; ellos establecen las primeras fábricas o manufacturas costosas; ellos emprenden obras que los Gobiernos temen o no pueden empezar ni concluir; ellos forman compañías de capitalistas millonarios para apertura de canales, construcción de caminos, explotación de minas, etc.; ellos tienen interés en las mejoras de la agricultura, perfección de la industria y extensión del comercio.

En todos los países cultos existen monumentos proporcionales a su riqueza, magnanimidad y magnificencia de los capitalistas. En Centro-América, donde las fortunas no han subido jamás al máximum a que han sido elevadas en otras partes, vemos sin embargo los que han levantado la beneficencia de algunos particulares. En México los vi yo mismo más costosos y respetables. En los Estados Unidos no corre un año sin presentar pruebas del patriotismo de algunos individuos. En Francia, los nombres Turgot, Séguier, Riquet, Choiseul, Laborde, D'Aguesseau, etc., son amados por las obras de beneficencia que emprendió su celo. Y en la Gran Bretaña, ¿los grandes capitalistas no han sido los creadores de obras grandiosas como sus fortunas? ¿No fue Sloane quien donó su museo, valuado en 250.000 pesos, para que se formase el británico que hace tanto honor a la Inglaterra? ¿No fueron Cavendish y Bedford los que hermosearon a Londres haciendo plazas tan vastas como la de Luis XV? ¿No fue un comerciante el que construyó la Bolsa, y Portland el que hizo un camino de hierro de diez millas de longitud?

El Decreto de 22 de enero de 1824 dice: «Todos los extranjeros que quieran venir a Centro-América podrán hacerlo de la manera que mejor les convenga, y ocuparse con toda libertad y seguridad en el ejercicio que más les acomode»; el artículo 12 de la Constitución, que dice: «La República es un asilo sagrado para todo extranjero, y la patria de todo el que quiera residir en su territorio», son leyes sabias y dignas, por su influencia, de cumplimiento y observancia. La Europa es el país de los capitales y luces. Abramos al europeo las puertas de la República, si queremos que Centro-América sea ilustrada y rica. Un europeo (sabio, capitalista u obrero) es un productor nuevo de riqueza. La Prusia vio manufacturas que no tenía cuando recibió a los franceses que el Edicto de Nantes había expulsado de su patria. Los hijos de Flandes tienen el honor de haber influido en la prosperidad de la Gran Bretaña, huyendo de las persecuciones de Felipe IV y buscando asilo en Inglaterra. Y el prodigio de los Estados Unidos, ese progreso asombroso de población, ilustración, riqueza y prosperidad, se debe a la buena acogida que saben dar a los extranjeros.

Un capital que no ha sido formado por vicios atesta el trabajo, la economía y moralidad de su dueño. Respetar la propiedad y nacionalizar al propietario; multiplicar los capitales, dándoles garantía de seguridad, y penetrar a los capitalistas del espíritu público, que debe ser el alma vivificadora de los Estados; hacerlos sensibles a las glorias del patriotismo, acercarlos a los intereses de la nación; identificar los del individuo con los del público: tales son los objetos sublimes a que debe elevarse una política ilustrada, digna de ser directora de los Gobiernos. Ella haría que cesase o fuese menos viva la lucha que ha comprometido los destinos de tantas naciones; que se diese a los propietarios la consideración a que tienen títulos tan grandes; que sobreabundasen los capitales y su inversión cooperase a la prosperidad de los individuos y de los pueblos.

Pero si los capitalistas merecen, por su influencia en la producción de la riqueza, las miradas del Gobierno, los operarios son por igual causa muy dignos de ellas. No hay riqueza faltando los brazos del obrero. Son improductivos en tal caso los capitales del propietario y los conocimientos del sabio.

Ya corrieron los siglos en que todos los trabajos eran hechos por manos de esclavos; ya va pasando el tiempo en que los jornaleros eran vistos como siervos y los propietarios como dueños o señores de ellos.

También en esto tiene el género humano obligaciones muy grandes a las ciencias. Ellas levantaron la voz contra la esclavitud, y el imperio de la razón hizo que fuese desapareciendo de sobre la haz de la tierra. Sus cálculos demostraron que los esclavos, oprimidos y mal alimentados, no pueden interesarse en que sean grandes los productos de sus trabajos; que hombres degradados o envilecidos no son capaces de inventar o perfeccionar cosa alguna; que la cantidad gastada en el esclavo es, en último análisis, mayor que el salario pagado al hombre libre.

Un operario, obrero o jornalero no es un siervo. Es un coproductor de las riquezas. No es una servidumbre lo que se estipula: es un pacto el que se celebra. El operario ofrece brazos y el capitalista promete salarios. No se crea en este contrato una magistratura autorizada para castigos, violencias u opresiones. Se da al uno derecho para exigir los servicios estipulados, y al otro acción para demandar el jornal ofrecido.

Yo manifiesto con placer los derechos de los obreros, hollados injustamente en los siglos pasados. Su causa es la de los desvalidos, la de los infelices, merecedores de la conmiseración de pechos sensibles. Pero sus mismos intereses y los de la nación exigen que se piense al fin en su educación y se les aleje del abismo a que podría llevarles la falta de ella.

Hay operarios honrados, inocentes y útiles, como los oficios a que se dedican. Yo, amigo suyo constante, lo publico con gusto. Pero otros no tienen la moralidad que debería embellecer todas sus acciones.

En los campos, morada antigua de la inocencia, van penetrando los vicios. Se está extendiendo en ellos la embriaguez, propagando el de la ociosidad y multiplicando el del hurto.

Familias desvalidas se ven en los últimos extremos de la miseria porque no procuran su subsistencia los que deben atender a ella; hijos infelices crecen totalmente abandonados porque sus padres, errantes por todas partes, no tienen cuidado de ellos; propietarios ansiosos de trabajos útiles no pueden emprenderlos porque no se encuentran manos que los ejecuten; tierras que darían cosechas grandes y ricas quedan incultas porque faltan brazos para su labranza.

Seamos sensibles a la humanidad. Su voz es la que clama para que se prevengan los vicios, siempre destructores de las víctimas que sacrifican; para que la honradez, que hace felices a los individuos de otras profesiones, extienda sus beneficios a los demás que puedan también serlo por ella.

Patriotismo es amor a la patria; y patria es la nación, el pueblo o la sociedad de hombres que, celebrando un mismo pacto, se han sometido a una misma ley. Amar a la nación o pueblo es querer que sea culto y moral: trabajar para que tenga luces y virtudes: interesarse en la educación que da unas y otras. Sócrates, enseñando virtudes a los griegos, era un patriota en la Grecia. Catón, censurando los vicios del romano, era otro patriota en Roma.

La ilustración del siglo que marcha a pasos rápidos ha mejorado los pensamientos de Campomanes, amigo digno de las sociedades económicas. Pero la idea grande de su patriotismo, la educación popular, es eterna como la razón, y debe ser la primera en la escala de los Gobiernos.

No nos hagamos ilusión. Es imposible la producción de riqueza sin operarios; y lo es también la existencia de operarios sin educación.

Démosla a los obreros, y el vicio no los arrancará de los campos y talleres para llevarlos a la ruina o miseria. Trabajarán todos los días que no sean de asueto; mejorarán su fortuna privada; aumentarán la pública; y los patriotas verán el espectáculo que afecta más a un alma sensible: un pueblo ilustrado y virtuoso.

La riqueza es obra de tres agentes: sabios, capitalistas y obreros. La Sociedad, que ama la de Centro-América, nuestra patria querida, desea:

1.º Que los poderes del Estado procuren su ilustración, planteando el sistema conveniente de instrucción general, estrechando sus relaciones con la Europa, de donde deben venir las luces; y manifestando gratitud a los sabios que desde aquella parte de la tierra se interesan por la independencia y felicidad de la América.

2.º Que hagan respetar la propiedad, mirándola como sagrada, y protegiendo a los capitalistas centroamericanos y extranjeros.

3.º Que nacionalicen a los propietarios dándoles interés en la causa de la nación, inspirándoles el entusiasmo de la gloria y acercándolos a los objetos del patriotismo.

4.º Que vuelvan su atención a los obreros, cuidando la educación popular y dictando las leyes y acordando las providencias que exigen los deberes recíprocos de capitalistas y operarios.

Tales son los votos de la Sociedad que se ha instalado. Yo tengo el honor de presentarlos. Yo los hago para que el Gobierno se sirva tomarlos en consideración.

DE LA OPOSICIÓN A LOS GOBIERNOS REPRESENTATIVOS

Es un principio bastante reconocido que en los gobiernos absolutos la oposición es esencialmente conspiradora. La razón es, porque la ley no ofrece ninguna garantía a las opiniones. Desde que yo me atrevo a opinar en diferente modo que los gobernantes y a expresar mi opinión, estoy en peligro de muerte, por lo menos civil; y no hay salvación para mí si el despotismo no cae. El instinto de la propia conservación obliga a conspirar a todos los que opinan como yo.

No sucede lo mismo en el gobierno representativo, que ofrece seguridad y garantía a todas las opiniones.

Bajo este gobierno, el peligro está en conspirar, no en opinar. La ley no examina las doctrinas sino las acciones. Pero es menester distinguir de épocas.

Cuando el gobierno representativo se acaba de fundar, se forman contra él dos posiciones opuestas entre sí, ambas conspiradoras, aunque la una más que la otra. Cuando el Gobierno representativo está consolidado, no tiene más que una oposición ambiciosa y generalmente no conspiradora.

Tratemos de explicar bien este fenómeno y de exponer sus causas.

Todo movimiento que rescinde el lazo social existente y le sustituye otro, deja en el intermedio de la operación un espacio de tiempo vacío en que la sociedad existe más bien por los vínculos morales que por los políticos. Cesa la ley antigua: aún no se ha sustituido la nueva: la dictadura que se pone en lugar de ambas sólo tiene más fuerza de opinión fundada en la celebridad de los que la ejercen, mas no una fuerza legal. En esta época se forman los partidos, nacen las esperanzas ambiciosas, se comprometen los hombres unos con otros; y cuando empieza a reinar la ley nueva, encuentra ya, siendo ella todavía niña y débil, crecidos y robustos los monstruos que debe combatir. En esta época interesante se hallan formados tres partidos muy caracterizados, todos igualmente garantidos por la ley.

El primero es el de los amigos del antiguo régimen. Este se compone de los intereses creados por dicho régimen y a veces aglomerados y compactos por el transcurso de muchos siglos: se compone de preocupaciones, hijas de las doctrinas antiguas y envejecidas: se compone de preocupaciones hijas del hábito, del temor a la novedad; del egoísmo que no quiere renunciar al descanso, aunque sea el del sepulcro, y de la inclinación irresistible que tienen todos los hombres a conservar sus ideas y sentimientos: se compone, en fin, de todas las ambiciones acostumbradas al imperio bajo dicho régimen y a las cuales no se les ofrece compensación alguna en el nuevo orden de cosas. A este partido llamaremos la oposición retrógrada porque su objeto es hacer retrogradar la nación al antiguo sistema de gobierno.

El segundo partido es el de los que, no bien contentos con la distribución del Poder en las personas a quienes lo ha dado la nueva ley, quisieran un movimiento más rápido, una convulsión más activa en la cual adquiriesen ellos más parte en la autoridad y en los intereses públicos. Este partido se compone de doctrinas exageradas, de las ambiciones no satisfechas, de los temores de que vuelva el antiguo régimen; en fin, de la necesidad de sangre que atormenta a algunos individuos de la especie humana. A este partido llamaremos la oposición por exceso, porque su objeto es desnaturalizar la nueva ley, exagerando todos sus principios y aspirando a toda la autoridad.

El tercer partido es el de los hombres que, convencidos de la necesidad de la nueva ley, la aceptan en todas sus consecuencias, la sostienen y la conservan tal como se ha promulgado. Este partido se compone de los verdaderos patriotas, es decir, de los hombres que atienden más al bien de su país que a sus intereses y pasiones particulares; de los ambiciosos satisfechos, de los amantes de la libertad y del orden, de los comerciantes e industriosos, de los sabios, de los amantes de la gloria, en fin, de toda la masa culta de la población. A este partido llamaremos el partido del Gobierno, porque dicho se está que el gobierno establecido por la nueva ley debe hallarse al frente de este partido.

La generación de estas tres fracciones de la sociedad en la época en que empieza a estar vigente la nueva ley, es una verdad de hecho y una verdad de teoría. La razón demuestra que debe ser así y la experiencia histórica de las revoluciones lo confirma.

Las dos oposiciones tienen las mismas garantías que el partido del gobierno porque la nueva ley no castiga las opiniones ni los deseos. Sin embargo, una y otra son esencialmente conspiradoras, aunque la primera lo es mucho más que la segunda.

El partido retrógrado, cuya fuerza y opulencia se han fundado en las preocupaciones y abusos de muchos siglos, ve destruirse los abusos en virtud de la nueva legislación y disiparse las preocupaciones por el espíritu y las luces que causaron la ruina del antiguo régimen. Si la revolución se hubiese hecho en siglos bárbaros, aún podrían esperar que la ignorancia y los errores les dejasen mucha parte en la autoridad. Acostumbrados al mando, podrían ejercerlo aun cuando la ley se los quitase, sobre almas sencillas y preocupadas, y conservarían por medio de la influencia moral lo que la política les había quitado. Así se vio a la curia romana prolongar su imperio por tres siglos después de haber sido despojada de su fuerza física.

Pero esto no es posible en un siglo de luces. No hay más medios ya para acallar el grito de la razón que la inquisición y el despotismo. El mundo no puede retrogradar: por consiguiente, los amigos del antiguo régimen no pueden triunfar sino por medio de la fuerza. Luego si han de recobrar su antiguo poder e influencia, han de conspirar por precisión; y como están seguros de que no encontrarán en su nación los elementos de fuerza necesarios para comprimir, los buscarán en las naciones extranjeras.

Pero supongamos por un momento que los que la componen son hombres amantes de su patria, y, por consiguiente, incapaces de atraer sobre ella las calamidades de una guerra civil extranjera y religiosa. Supongamos, además, que tienen luces y talentos suficientes para abrirse paso al poder en el nuevo orden de cosas, y de conquistar a fuerza de virtudes y servicios una gloria mucho más sólida y brillante que la que obtienen bajo el antiguo régimen: o en fin, supongamos que, convencidos de la inutilidad de sus esfuerzos, se resignen tranquilamente a su nueva situación y renuncien de buena fe a su antigua preponderancia. La marcha del nuevo sistema los sacará de esta apatía.

Rara vez se usa bien del triunfo, y mucho más con enemigos que aunque humillados conservan el deseo de la victoria y quizá de la venganza. Rara vez los hombres son prudentes, mucho más con enemigos que se ven obligados a sobre vigilar constantemente. Rara vez los hombres son humanos y tolerantes, y mucho más con enemigos que no dieron ejemplos de humanidad ni de tolerancia cuando tuvieron el poder en sus manos. El gobierno y su partido darán la prueba más grande de moderación, de tolerancia, de humanidad y de prudencia con respecto a la oposición retrógrada, si se contentan con sospechar y sobre vigilar y no se extienden a insultar, a perseguir, a calumniar; pero la oposición por exceso no se contentará con esto, hallándose en la misma línea militar que el gobierno, y peleando ostensiblemente bajo las banderas de la libertad: insultarán, se ensañarán y perseguirán a los retrógrados hasta donde alcancen sus fuerzas, y dos motivos muy poderosos los moverán a ello: el fanatismo de la opinión y la ambición del poder.

El fanatismo de la opinión, porque siempre son fanáticos los que profesan doctrinas exageradas; creen que aquellas doctrinas se han creado para ellos exclusivamente: creen que ellos solos son la ley, que ellos solos tienen el derecho y la autoridad de defenderla: creen, en fin, que tendrán más fuerzas mientras más abatidos vean a los de contraria opinión; y no cuentan con la fuerza que suele dar a los vencidos la desesperación. Aspiran al exterminio de sus adversarios y parece que ignoran los efectos morales y políticos del martirio. Quieren que la nueva ley no ofrezca garantías a los que no son sus amigos y en esta parte raciocinan como los déspotas, al mismo tiempo que se proclaman los liberales por excelencia.

La ambición del poder, porque viéndose obligado el gobierno, protector nato del orden y de la seguridad, a oponerse a los insultos, ataques y persecuciones que ejerce el partido exagerado contra el retrógrado, le da al primero un pretexto para desacreditar a los gobernantes y acusarlos de connivencia con los amigos del antiguo régimen, de desafecto a la nueva ley, de inercia, de negligencia, etc. De este modo consiguen hacerle perder la fuerza moral y se aumentan las esperanzas de suplantarlos. Pero aún hay más: irritando a los retrógrados y poniéndoles en el resbaladero para que conspiren, organizada la guerra civil, llevado al extremo el furor de los partidos, se coloca al gobierno en una situación difícil, incierta y expuesta a equivocaciones funestas, porque llega a no conocer ni sus amigos ni sus enemigos y, por consiguiente, se aumentan las probabilidades de su caída y de que le suceda la oposición por exceso.

Vemos, pues, que la oposición retrógrada tiene dos grandes motivos para ser conspiradora: el primero, su ambición y sus preocupaciones propias; el segundo, la situación desesperada a que la reduce la oposición enemiga suya. Adelante indicaremos los medios de disminuir y aun de destruir la influencia de esos dos motivos perniciosos, porque se nos agradecería muy poco que indicásemos los males si al mismo tiempo no manifestásemos los medios de curarlos.

La oposición por exceso es también conspiradora aunque no tanto ni de la misma manera que la retrógrada. Sus conspiraciones, parece, digámoslo así, que van en el mismo sentido de la ley; parece que la protegen al mismo tiempo que la ahogan: semejantes a los aduladores de los reyes, destruyen la autoridad que afectan defender extendiéndola hasta donde no debe llegar. En una palabra, aniquilan la libertad aniquilando las garantías que ella misma ha ofrecido hasta a los que no las quieren: aniquilan la libertad desacreditándola con sus excesos: aniquilan la libertad desacreditando al gobierno que ella ha creado y prometen a la nación, cuando ellos gobiernan, un nuevo fantasma de libertad, en lugar de la real y verdadera, promulgada en la nueva ley.

Cuanto hemos dicho hasta aquí se deduce, no sólo de la marcha natural de las pasiones humanas, sino también de la experiencia de todas las revoluciones. No tenemos que citar ninguna: bien claras son las lecciones de la historia para quien quiera consultarlas.

Las dos oposiciones son un escándalo y una calamidad para las naciones. Son un escándalo porque una y otra oposición manifiestan bien a las claras la perversidad de sus intenciones o por lo menos, el delirio de sus mentes. Los retrógrados quieren poder sin libertad; los exagerados, libertad sin poder, y ambos estados, además de ser imposibles en las naciones cultas y civilizadas, son resultados del triunfo efímero de una facción; y no constituyen la situación constante y permanente de la sociedad; son una calamidad porque ¿qué puede resultar del choque de dos partidos fanáticos, exclusivos, intolerantes y sanguinarios sino muerte y ruina? El gobierno colocado en medio de ellos, comprimido sucesivamente y en sentido contrario por uno y otro, reducido a la fuerza de la ley, joven aún y poco robusta, ¿cómo podrá defenderla y defenderse contra pasiones encarnizadas? ¿Recurrirá a las transacciones con los partidos? Pero todo partido cuando transige es para dar la ley, es decir, para que el ministerio se reduzca a ser el instrumento de su ambición y de sus pretensiones. ¿Peleará con ambos a la par? ¿Y cómo puede un gobierno ilustrado resolverse a sostener dos guerras civiles sobre una misma línea? ¿Y qué gobierno hay que tenga las fuerzas físicas y morales que son necesarias para sostener ambas lides? Es fácil comprimir las facciones: los partidos no se vencen, sino se convencen.

En medio de estos dos partidos de oposición turbulentos y furibundos, existe la gran masa nacional, como un escollo eminente e inmóvil, contra el cual vienen a estrellarse las olas encontradas que quieren dominarlo. Esta masa sosegada, y, por decirlo así, inerte, ve las agitaciones, los furores, las injusticias de los partidos; estudia en silencio los hombres, las instituciones y los acontecimientos. Aprende a valuar los hombres y sus pretensiones, las leyes y sus resultados, los sucesos y sus causas, y como su voto ha de ser el que decida en última instancia, se toma tiempo para darle con conocimiento de causa. Esta indecisión, que es un mal durante la lucha, es un verdadero bien si se atiende a que el momento de la convulsión no es más a propósito para tomar una resolución prudente. Desgraciada de la nación que se decide con ligereza. Es verdad que ninguna se decide sino cuando la atacan en lo más vivo de su existencia. Se ha culpado mucho a los franceses por haberse determinado sin reflexión en los principios de su libertad. Sea justa o no la acusación de ligereza que siempre se les ha hecho, lo cierto es que la imprudente y criminal maniobra del partido retrógrado, cuando precipitó sobre la Francia toda la Europa, convirtió la cuestión de la libertad en una lid de vida o muerte, y cuando se llega a este caso, ningún pueblo duda. Sea cual fuere la diferencia de carácter nacional, de situación política y de fuerza, los franceses de la revolución, los españoles de 1808 y los griegos de nuestros días, han tomado la misma determinación y dado el mismo grito: vencer o morir.

De aquí se infiere que todo partido puede contar que labra su propia ruina cuando su delirio llega al punto de comprometer los intereses más amados de la nación.

No hay fuerza ni poder sino cuando se defienden intereses nacionales.

Observemos con atención el movimiento variado pero sagaz de la opinión pública con respecto a los partidos de oposición y podremos explicar muchos fenómenos políticos que parecen ininteligibles sin esta observación interesante: mientras el partido retrógrado está abatido y sufre con paciencia y resignación, no sólo la pérdida de sus intereses sino también los insultos, las amenazas y las persecuciones de sus adversarios, se crea en la masa nacional compasión hacia ellos e indignación hacia sus injustos perseguidores. Todas las naciones son generosas; por otra parte, ningún ciudadano honrado gusta de que se violen las garantías civiles con respecto a otro, porque prevé que llegará un momento en que se violen con respecto a él. Yo soy liberal, pero soy hombre. ¿Por qué no me ha de disgustar que se ataque injustamente a un hombre que no tiene más delito que su opinión?

En virtud de esta compasión y de esta indignación, llegan a persuadirse los retrógrados que van ganando en la opinión (ésta es su frase), en lo cual se engañan mucho, pues nada es más liberal que proteger a un inocente. Engañados con este aumento de benevolencia, cobran osadía y conspiran. ¿Qué sucede entonces? Que pierden al momento, no la opinión que no tenían, sino la protección a que tenían un derecho, que han perdido ya por su delirio, y la nación que los compadecía verá con gusto el castigo de sus crímenes. Las mismas reflexiones tienen lugar en la oposición por exceso. La nación sostiene a los exagerados cuando se les ataca injustamente. Cuando ellos atacan pierden terreno. Sucede en las lides políticas lo contrario que en las militares. Todo partido se desacredita cuando es injusto y todo partido que se desacredita perece. En esta verdad están incluidos todos los remedios y calamidades que produce la doble oposición.

El objeto del ministerio debe ser reducirla a una sola, ambiciosa si se quiere, como son y deben ser todas las oposiciones, pero que no conspire ni para hacer retrogradar el sistema, ni para extraviarlo en los senderos de una libertad desconocida. El signo más cierto de haberse consolidado el sistema constitucional es la unidad de oposición; para lograr este fin, propondremos una sola máxima; pero que es fecunda de todos los principios saludables que han de dirigir al gobierno en la grande empresa de llevar al puerto la nave del Estado. Esta máxima es atender y cumplir la voluntad de la masa culta de la nación. No es difícil de acertar esta voluntad: cada día se está manifestando de mil maneras.

La primera cosa que quiere la parte ilustrada de la nación, es que se hagan efectivas las garantías constitucionales para todos. Sin esto no puede haber libertad ni gobierno. Mientras los partidos se insulten, se amenacen y se persigan, no habrá ciudadanos sino conspiradores. La irritación en los unos, el temor en los otros y la impunidad de semejantes atentados producirán el rompimiento, no sólo de los vínculos sociales sino también los de la humanidad.

La nación española quiere el gobierno monárquico constitucional. Esta es una verdad de que nadie duda sino los necios o los ambiciosos. La reunión del poder y de la libertad, es el voto común de todos los hombres que tienen que perder.

Por consiguiente, es un deber del gobierno, deber indeclinable, deber que si no lo cumple está condenado a perecer, no transigir con ninguna de las dos oposiciones en cuanto a las doctrinas; aunque puede y debe transigir en cuanto a las personas. Esto necesita de explicación.

Los tiempos de revolución son muy propios para producir errores o ilusiones de toda especie. Por consiguiente, el gobierno debe estar autorizado para perdonar y recibir a los ilusos que quieran reconciliarse con él y con su patria. Mas esta indulgencia no debe extenderse hasta adoptar sus principios, proclamar sus doctrinas y mucho menos invocar su auxilio considerándolos como un poder. Más vale mil veces perecer en defensa del alcázar constitucional que implorar el funesto auxilio de los partidos extremos. Cualquiera de ellos echará abajo la Constitución si llega a triunfar. Luego ninguno de ellos puede prestar un auxilio que no sea peligroso.

Esto no impide que el gobierno se valga con mucha utilidad de las personas aunque no se valga de los partidos. Es muy posible que un ciudadano prescinda de sus opiniones particulares cuando se trata del bien de su país. Es un principio bastante conocido que se debe obedecer a la autoridad legítima aun cuando no sea de nuestro agrado lo que manda. Una cosa es la opinión y otra la obligación; y aun en los partidos más furiosos hay hombres que saben distinguirlas, y quizá se funda en esto la fuerza legal que conservan los gobiernos, a lo menos por mucho tiempo, aun después de haber perdido la fuerza de opinión. Por consiguiente, pueden ser empleadas con utilidad muchas personas aunque su opinión no sea la del gobierno, con tal que su probidad e idoneidad sean reconocidas, y por otra parte, no se tema ningún riesgo de colocarlas. Hemos dicho que pueden ser empleadas y añadimos que deben serlo algunas, si el gobierno quiere tener fama de justo e imparcial con todas las opiniones. Nada desacredita más a un ministerio que la manía de repartir exclusivamente entre sus amigos todos los empleos y dignidades, porque un ministro nunca debe ser un partido. Pero al mismo tiempo, advertimos que esta prenda de imparcialidad debe darse con mucha prudencia y bajo el seguro de no arriesgarse nada. Sería un necio el ministro que encargase un gran poder militar a un amigo declarado del poder absoluto, aunque fuese el hombre más honrado y el mejor militar del siglo. Del mismo modo sería un delirio confiar el mando político de una provincia a un amigo declarado de los movimientos y tumultos populares, aunque sus cualidades personales le hiciesen digno de aquella magistratura; pero uno y otro podrían ser empleados sin riesgo y con utilidad de la patria, ya en corporaciones literarias, ya en cuerpos colegiados de magistratura o de milicia, donde se guardarán muy bien de abusar del derecho de sufragio, porque sus intenciones serían descubiertas y sus paralogismos pulverizados.

El gobierno debe distinguir, en cada partido extremo, los que le han adoptado por miras personales, de los que no han entrado en él sino por el temor de las doctrinas contrarias. En la oposición retrógrada, la mayor parte de los adeptos lo son por el temor de las exageraciones de la libertad. ¿Y quién ignora que la mayor parte de los exagerados lo son por el temor de que vuelva el gobierno absoluto? Quitad esos temores a unos y otros y quitaréis toda su fuerza moral a entrambas oposiciones, porque las dejaréis reducidas a jefes ambiciosos o descontentos que nada osarán porque nada podrán. Para destruir aquellos temores es menester que el gobierno manifieste, en todos sus casos, su intención invariable de sostener hasta el último suspiro el nuevo sistema, sin permitir jamás que se introduzcan en él las doctrinas del despotismo ni las de la anarquía. La intrepidez del ministerio confirmará el ánimo de los medrosos y aumentará las fuerzas físicas y morales del mismo. El valor en los gobernantes es la prenda segura de su triunfo: el miedo y la debilidad no los librarán ni de la muerte ni de la infamia.

Últimamente el gobierno deberá decir a los retrógrados, porque la palabra es una potencia en el régimen liberal: no conspiréis; vuestros movimientos no producirán otro efecto que el de dar motivo a vuestros adversarios para exagerar los principios de la libertad y destruir las garantías que el régimen constitucional os asegura. Mirad que ponéis en el mayor riesgo los objetos de vuestro culto político, colocados bajo la salvaguardia de la ley, mientras no se turbe la tranquilidad pública. Renunciad a ese fanatismo de esclavitud, que en nuestro siglo es ya ridículo.

Dirá también a los exagerados: conteneos en los límites de la nueva ley constitucional. Si amáis la libertad, dejad libre y expedita la acción del gobierno que la protege. ¿Cómo queréis que sea fuerte contra la oposición que conspira, si vosotros le quitáis la fuerza? En fin, si aspiráis a sucederle, atacad enhorabuena nuestras personas; mas no ataquéis las instituciones que componen la fuerza del gobierno, porque una vez aniquiladas las garantías del poder, ¿cómo podréis conservarlo si algún día se rehace en vuestras manos? ¿Quién os obedecerá después de haber proclamado la desobediencia? ¿A quién contendréis en los límites de una libertad justa después de haber predicado la licencia? En fin, ¿cómo sostendréis la nueva ley habiéndola despedazado en vuestras declamaciones?

A estas operaciones debe acompañar siempre el amor de la concordia. No se crea que ésta es imposible en una nación. A pesar de la divergencia de las opiniones y de los intereses, todos son hijos de una misma patria, y la voz de un gobierno justo y prudente, que hable en nombre de ella, no será nunca despreciada.

EL SABIO

En la escala de los seres, el hombre es el primero. En la escala de los hombres, el sabio es el más grande.

El sabio es el que más se aproxima a la Divinidad: el que da honor a la especie y luces a la tierra.

El nacimiento de otros hombres es suceso ordinario, que no influye en las sociedades. El nacimiento de un sabio es época en la historia del género humano.

Cantad himnos de gozo, hombres de todos los países. Ya nació el que había de manifestar vuestros derechos y dignidad: el que ha de dar conocimientos a los que son desvalidos porque no los tienen: el que ha de escribir para que los hombres no sean tiranos de los hombres: el que ha de iluminar la oscuridad del África, ilustrar la India y derramar luces sobre nuestra patria.

Tendiendo la vista por toda la tierra, ve el sabio que después de siglos hay todavía salvajes en ella: ve que hay samoyedos y lapones, cafres y hotentotes en el otro continente, omeguas y chaymas, automacuos y guaranos en este; lacandones y caribes en Guatemala.

El amante de las artes no tiene sentimiento tan profundo viendo manchas en el cuadro más acabado de un genio, como el sabio viendo aquellas hordas en la superficie hermosa del globo.

En el santuario de la sabiduría hace el juramento grande. Oídlo, hombres de todas clases. Jura sacrificar a la ilustración general todos los momentos de su existencia: reunir todo lo que se ha pensado desde que hay ciencias en el mundo: añadir a la suma de pensamientos creados en los siglos pretéritos los que él mismo ha de crear en el de su vida: difundirlos por los cuartos del globo: aumentar las luces en unos, disipar las tinieblas en otros. Es inmenso su trabajo, diarias sus vigilias, sin interrupción sus tareas.

Vedlo cogitabundo y abstraído, investigando y observando, revolviendo en la profundidad de la mente alguna teoría útil o algún pensamiento provechoso. Pide observaciones a todos los individuos y clases: las hace él mismo en uno y otro continente: da vuelta a todo el globo para hacerlas: vela para sorprender a la naturaleza en los momentos en que se deja ver: la forza en otros a descubrir sus secretos: examina todos sus seres: recoge todos sus fenómenos.

Humboldt, el hijo amado de la fortuna, posesor de los dones que esta regala a sus favoritos, rico y titulado, querido de unos, respetado de otros, sacrificó a las ciencias estos goces pacíficos. Salió del Antiguo al Nuevo Mundo y recorrió las dos Américas durmiendo en playas cubiertas de cocodrilos, internándose en bosques poblados de tigres, pisando las nieves de los Andes, subiendo al Chimborazo y trepando al pico del Orizaba, levantando planos y determinando posiciones para conocer este inmenso continente, para desmentir a los que hacían cuadros horrorosos de esta bella mitad de la tierra, para vindicarnos de las injurias de Paw y de los que decían que los americanos estamos condenados a la ignorancia por el influjo del clima.

Lleno de hechos, rico en observaciones, el sabio se retira a la soledad, porque en la soledad es donde el hombre tiene toda la energía y libertad de su ser: en la soledad es donde el alma, sin pesos que la compriman, se dilata en toda su expansibilidad: en la soledad es donde se produce lo grande, lo perfecto y lo sublime.

Allí medita el sabio: allí desenvuelve sucesivamente todos los siglos; ve en el que precede el germen del que sigue, examina lo presente y se lanza a lo futuro: allí observa la marcha de las sociedades, calcula su movimiento y pronostica su término: allí abraza la naturaleza eterna, y humilde primero en la acumulación de detalles, es sublime después en la teoría general del Universo.

No hay clase que no tenga títulos de gloria en algunos de sus individuos. La que más se desdeña, la que más se desprecia, tiene hijos que admiran con su virtud, o cooperan a la riqueza por su industria. Pero la de los sabios es la que presenta lo más grande, la que hace bien más universal y duradero.

Enorgullécete, hombre, al considerarlo. El sabio es individuo de tu especie; y el sabio ha determinado la figura de la tierra y medido la extensión de su superficie: el sabio ha enumerado la multitud inmensa de seres que la pueblan y señalado los caracteres que los distinguen: el sabio ha dado las dimensiones de los astros que rotan en el espacio: el sabio ha descubierto las fuerzas de la naturaleza y enseñado al hombre el uso de ellas: el sabio ha hablado a los reyes de los derechos de los pueblos: el sabio ha trabajado los códigos más justos de las leyes: el sabio descubre nuevos alimentos, cuando las plagas destruyen los antiguos: el sabio hace llorar al rico y enternece al poderoso; el sabio dirige la opinión pública, y la opinión pública es el tribunal que juzga a los funcionarios.

Si el género humano no es una sociedad de hordas salvajes; si el Asia creó las ciencias útiles y las artes provechosas, y la Europa perfecciona unas y adelanta otras, el sabio es el autor de estas maravillas.

La civilización, lo sublime, lo bello y lo útil, todo ha sido formado o perfeccionado por el sabio. Quitad a los sabios, y la tierra entera será un mundo de horror y un caos de muerte: Casiquiario donde el salvaje comerá dos libras de tierra: África donde el hombre venderá al hombre.

Un ser tan grande es natural que conozca su magnitud: que sienta sus fuerzas: que calcule sus alcances. No es la vanidad la que le ensoberbece. Es la conciencia de su poder la que le hace hablar.

Píndaro, inspirado por el genio que lo eleva sobre sus enemigos, cantaba: Mis palabras están acordes con mis pensamientos. La envidia solo me merece un desprecio que la humilla. Los gritos del ave tímida y celosa jamás suspenderán el vuelo del águila que se pasea por los aires.

Buffón, lleno de pensamientos sobre toda la creación, inmensos como el Universo: mis pasos, dice, son los de la naturaleza: el orden de mis ideas es el de la sucesión de los tiempos.

El idioma del sabio es augusto; sus palabras parecen de un dios. Dadme un punto, decía Arquímedes, y moveré el globo. Dadme materia y movimiento, decía Descartes, y formaré un mundo. Toma los alimentos que recetaré, decía Galeno, y te haré más moderado, más emprendedor o más tímido.

Confesémoslo con noble orgullo. De la boca de los Césares jamás salieron palabras tan expresivas del poder del hombre como de los labios del sabio.

El conquistador de Europa pedía cañones para destruir al mundo y el sabio pide materia para hacer otros mundos. Responded, hombres que desdeñáis a los sabios. ¿Quién será más grande, el conquistador o el sabio? ¿Dionisio, tirano de Siracusa, o Arquímedes, honor y defensa de su patria?

Filipo maquinando la esclavitud de la Grecia; Alejandro devastando la Persia; César hollando los derechos de Roma, han adquirido el título de héroes.

Sócrates enseñando virtudes a la Grecia; Zoroastro dando moral a la Persia; Cicerón ilustrando a Roma, han merecido el nombre de sabios.

En las nomenclaturas de la vanidad, no hay título de igual precio. Él solo, sin bandas ni medallas, sin oro ni diamantes, manifiesta la grandeza de quien lo merece: él solo es el timbre de su mayor gloria.

Lejos del turbión de los hombres, distante de la sociedad en la misma sociedad, sin ambición de empleos ni deseos de riquezas, ocupado en la ciencia, fijo solamente en ella, el sabio es un ser de paz, que ignora las artes de la intriga, que detesta el mal y quiere el bien.

Suele errar en las teorías que más admira: suele equivocarse en los pensamientos que más asombran. Esta es su pena más escocedora; estos son sus tormentos más vivos.

Trabaja día y noche para no errar: se sacrifica a la meditación, al cálculo y a la observación: consume en las ciencias la vida entera de su ser: desea otras vidas para dedicarlas a las ciencias. ¿Será culpable por haber errado el que trabaja más para no errar? La verdad es el objeto grande de sus inquisiciones. Solo verdades quisiera presentar. Las busca en la naturaleza entera, en las regiones altas y en los abismos hondos.

No encuentra todas las que busca, a pesar de trabajos, sacrificios y penas. Se equivoca, yerra, se hace ilusión. ¿Será culpa suya enseñar verdades y errores? ¿La hay en el astro de la luz dando noches y días?

Hace más el sabio. Es señor de sí mismo: sabe domar la pasión que domina con más imperio. No olvidéis, siglos, la memoria de sus triunfos. El sabio confiesa sus errores al momento que los conoce.

Saussure hizo catorce viajes a los Alpes: trepó al Etna; subió al Cramont; formó nuevos instrumentos para observar; meditó sistemas; y después de sus trabajos, cuando conoció el vacío de ellos, el mejor sistema, dijo, es no tenerlo.

Si presentando verdades, descubiertas con penas, brilla la sabiduría del filósofo, confesando errores, advertidos con trabajos, triunfa la virtud del sabio. Fenelón es grande haciendo amable la religión: Fenelón es grande enseñando a los reyes; pero Fenelón es superior a sí mismo condenando en Cambray sus pensamientos.

Todo es espectable en el sabio. Son inmensas sus tareas: sublimes sus obras; heroicos sus triunfos.

Si entre los humanos hay seres que merezcan himnos, ¿no es al sabio a quien deben cantarse? ¿No es a los pies de su estatua donde debe oírse la voz del afecto, el acento de la gratitud?

Jóvenes, ved aquí la carrera grande de la gloria. Los cuerpos políticos necesitan almas, y las almas de estos cuerpos deben ser los sabios. El patriotismo ilustrado avanza la causa de la patria: el patriotismo que no lo es la atrasa y la entorpece.

Cultivad las ciencias: trabajad para ser sabios. Pero no esperéis serlo sin alejaros de lo que distrae o embaraza el pensamiento. La sobriedad en todo es el primer elemento de la sabiduría. Un obeso no puede pensar: un sibarita es incapaz de meditaciones profundas. No hay vicio que no arrebate el tiempo a sus víctimas: no hay pasión que no turbe el reposo.

En el seno de la templanza, en la tranquilidad de la virtud, es donde se forma el pensador profundo; el sabio grande y sublime. Si buscáis placeres, las ciencias son las fuentes más inagotables. César viendo a Cleopatra; Creso acumulando riquezas no probaron jamás el placer que se goza leyendo el libro de un sabio, observando la naturaleza, o pensando en las sociedades. Si en la misma meditación se ve de repente iluminado lo que antes era tenebroso; si contemplando un objeto se descubren teorías nuevas, o pensamientos originales, entonces... oh, jóvenes, no es posible explicar estos momentos de delicias. Afectan todo el ser. Newton queda arrobado; Arquímedes sale por las calles publicando su descubrimiento. Las ciencias os llaman, jóvenes: sed dignos de ellas: sed sabios: sed justos: observad primero: reunid hechos: meditad después: escribid al fin, y presentad a la patria las luces a que tiene derecho.

CIENCIA

El trabajo que más interesa en las ciencias: el de desnudarlas del aparato misterioso con que se han presentado, el de hacerlas populares, el de achicarlas y ponerlas al alcance de todos.

Si se unen los hombres para ocuparse en conversaciones insípidas o para verse unos a otros fumar y bostezar, únanse ustedes para cultivar las ciencias comenzando por donde debe principiarse. Todo origen es pequeño.

Todas las ciencias son útiles, todas influyen en el bien Social; las que se arrastran por la superficie del suelo, y las que se elevan a la Región de los Planetas.

Por los más pequeños experimentos de la Química se ha adelantado el Arte benéfico de los tintes que han dado valor a las fábricas. Un fósil despreciable aceleró los progresos de la Metalurgia, injustamente despreciada por los que no conocen el interés que tenemos en la ciencia de los metales.

La disección o anatomía de un reptil preparó descubrimientos útiles para el Arte de la salud. La medida de sílabas es uno de los elementos de la Armonía; y la Armonía, suavizando el carácter feroz del hombre, hace que no sea carnívoro, o que sea más humano con sus semejantes. El Ergo mismo: el escolasticismo, objeto de risa en estos tiempos, era escala para subir al método feliz del Análisis.

Solo un espíritu pequeño, incapaz de abrazar grandes relaciones, no percibe las del hermoso todo que forman las ciencias, influyendo unas en otras para sus progresos, y contribuyendo todas a la felicidad general. Solo la ignorancia puede desdeñar unas y alzar otras.

El hombre siente la acción de los seres que obran en él; y sus sensaciones son de dos clases, agradables y molestas. Quiere aumentar el número de las primeras y disminuir el de las segundas; busca en la Naturaleza los seres que pueden llevar este deseo, acumula ideas y observaciones, medita los métodos que pueden hacerlo servir a su objeto, y esta suma ordenada, este sistema metódico de conocimientos es lo que se llama Ciencia.

Era desagradable la impresión de los sures o nortes destemplados, de los rayos ardientes del sol. El hombre sintió la necesidad de evitarla; buscó árboles hojosos que le cubriesen con su sombra; fabricó cabañas al principio, quiso después ahorrarse el trabajo de hacerlas cada año, pensó en edificios sólidos, reunió pensamientos y creó la Arquitectura.

Eran destructores los males que hacía el Poder arbitrario. Sintieron la necesidad de precaverles los hombres que los sumían, meditaron formas distintas de Gobierno, unieron las observaciones de la experiencia, los raciocinios de la necesidad; y formaron la Ciencia de la legislación.

Todas las obras del hombre nacen de un principio. Todo lo que piensa, todo lo que ejecuta se deriva del instinto maravilloso con que procura la conservación plácida de su ser.

La Política, la Poesía, la Geometría, la Hidráulica, la Agricultura, tienen un mismo origen, sirven a un mismo ser, tienden a un mismo fin: aumentar el número de sensaciones agradables; disminuir el de las molestas.

Las ciencias son relativas a las necesidades que las han creado; las necesidades son relativas a la organización física del hombre; los hombres son relativos al punto que ocupan en la Tierra; y la Tierra es relativa al lugar que tiene en el universo. Todo es enlace, todo es vinculo.

Varían las necesidades del hombre. Dale nuevos sentidos o perfecciona los que tiene. Que no sienta ya los estímulos del hambre, ni sea atraído por el sexo que adora. No habrá Amor, ni existirán las ciencias que han nacido de esta dulce necesidad: no habrá Agricultura, ni conoceremos las Artes que ha producido el cultivo. La Armonía de Haydn dejará de serlo. Los encantos de la Música serán sensaciones desagradables.

No es demostrada la población de los otros planetas. Razones de analogía la afirman; razones de la misma especie la niegan. Pero supóngase cierta. En esta hipótesis las ciencias de los que vivan en Saturno frío serán distintas de cultivadas en Mercurio encendido. Un ser abrasado por el fuego debe tener necesidades diversas de las de otro nevado por el frío; y las ciencias, hijas de las necesidades, obra de las sensaciones, producto del hombre, deben tener el mismo sello de diversidad.

Mira la tierra que habitamos. Su estructura indica lo que deben ser los hombres: lo que deben ser las Ciencias.

Este hermoso planeta gira en derredor del sol formando una gran elipse. Sus polos se aproximan menos y su ecuador se acerca más al astro del fuego, su superficie es alzada en unos puntos, tendida en otros, hundidas en los demás; su masa es formada de tierras vegetales en unos lugares, tierras arcillosas en otros, montañas ricas en un país, desiertos de arena en otro.

Esta organización de la Tierra manifiesta que debe ser dividida en zonas frías y cálidas, elevadas y bajas, estériles y fecundas, húmedas y secas. En cada zona debe haber familias diversas de vegetales, especies distintas de animales, clases diferentes de tierras, variedades diversas de hombres, necesidades distintas en cada variedad, y Ciencias diferentes producidas por las necesidades.

Es preciso que haya en cada región una Agricultura, una Zoología, una Ornitología, una Gramática, una Jurisprudencia particular porque cada región tiene sus vegetales, sus cuadrúpedos, sus aves, su idioma sus leyes especiales.

Los hombres observaron los minerales, plantas y animales del país donde vivían, inventaron nombres para expresarlos; y dictaron leyes para regirse. Talentos superiores recogieron las ideas, raciocinios y experiencias de cada hombre, les dieron orden; y formaron las Ciencias propias de cada país. Genios más sublimes entraron en comparaciones más grandes, cotejaron las Ciencias de un país con las Ciencias de otro país, observaron los puntos de contacto, generalizaron ideas, descubrieron principios Ciencias particulares. universales, y formaron la Teoría General de las Ciencias particulares.

Así es cómo se han ido creando las Ciencias, así es cómo han nacido y se han desarrollado. No conocieron la obra grande de su creación los que han supuesto la existencia de un pueblo inventor y perfeccionador de ellas; no conocen la genealogía de las ideas que forman el sistema de nuestros conocimientos los que les den un solo padre.

La Teoría universal de las Ciencias no puede formarse sin la cooperación sucesiva de los primeros que hacen observaciones particulares, de los segundos que forman el sistema científico de cada nación, y de los terceros que trabajan la Teoría que se dilata a todos estos sistemas.

Puede un pueblo reunir las Ciencias creadas en diversos pueblos, puede adelantarlas añadiendo verdades grandes. La historia de Atenas lo atesta, París es ejemplo vivo; y Londres aumenta las pruebas. Pero creer que un solo pueblo ha podido ser inventor y creador de todas las Ciencias y artes es olvidar la generación de ellas, desconocer la marcha del hombre y dar a un pueblo el honor que corresponde a muchos.

Las ciencias tienen simultáneamente el sello de la de la unidad en un sentido, y el de la diversidad en otro. Es preciso que sea así. Los hombres son unos en todos los países, mirados en un aspecto; y diversos en todos, considerados en otro. Las necesidades tienen el mismo carácter; y en todos los climas hay la de repeler lo que produce sensaciones molestas y buscar lo que puede darles agradables; del polo al ecuador se van mudando los seres que pueden causar unas y otras, variar las sensaciones, y modificar las ideas.

Las Ciencias son progresivas como las necesidades que las hacen nacer. Observad la marcha de las unas, y conoceréis la de las otras.

El hombre camina siempre movido por la necesidad, impelido por el deseo de una existencia más alegre. En lo económico busca primero lo necesario, se extiende después a lo de comodidad, y se dilata últimamente a lo de lujo.

En lo político establece primero un Gobierno sencillo, después otro más combinado, y últimamente otro de mayor complicación. En lo literario forma primero las Ciencias de necesidad, después las de provecho y últimamente las de placer.

Siguiendo la misma progresión las Ciencias parecen inmensas. Se dilatan por todos los campos a que se extienden las necesidades, avanzan con ellas; y se pierden en lo infinito porque son infinitos los deseos del hombre.

A Buffón sucedió Cuvier, después de Cuvier nacerán otros sabios y más allá de Newton la imaginación divisa otros Newtones.

Enorgullecido con las luces de los precedentes cada siglo se promete el honor de llegar a la meta y cantar desde allí himnos de victoria. Trabaja lleno de esperanzas, cree tocar en el término; y entonces es cuando descubre nuevos espacios, nuevas extensiones al lado de otras extensiones.

No hay linderos en los campos de las Ciencias. No tienen término los deseos que las dilatan. Todos buscan sensaciones plácidas, todos repelen las molestas. El instinto de la conservación, el amor mismo del Ser es el que inclina a las unas y aparta de las otras.

Si un Gobierno justo da a todos igual protección, el equilibrio hará felices a todos. La tendencia de unos a gozar con perjuicio de otros será resistida por los que no permitan su propio daño. Esta lucha pondrá término a las necesidades gravosas para los demás; y multiplicadas solamente las que no lo sean, las Ciencias obra de ellas avanzarán espacios inmensos y harán el bien que prometen sus progresos. Pero si un Gobierno injusto tiende a la felicidad de unos y olvida la de otros, el deseo de gozar multiplicará al exceso las necesidades de cada especie; no bastará a llenarlas el trabajo de un hombre. Comenzará entonces la tiranía, comenzará la destrucción Se acabará la sociedad; y las Ciencias se acabarán con ella, emigrarán a países donde haya hombres que puedan cultivarlas, y leyes que sepan proteger a los hombres.

A estas líneas es reducida la historia de todas las Ciencias, la de sus progresos y decadencia, la de sus emigraciones y marcha por la India y la Grecia, por Italia y los demás países del antiguo continente.

Las revoluciones de los Gobiernos las producen siempre en las Ciencias. No es preciso hacer inquisiciones penosas para calcular su estado en una nación. Basta ver la ley que rige y saber quiénes mandan.

Estos datos son suficientes para resolver el problema.

Debe haber establecimientos científicos. Es preciso que los haya. Son los focos donde juntándose los rayos de luz salen después unidos a ilustrar a todas las clases. Pero si se interceptan estos rayos, si se levantan muros de separación y un pueblo no puede comunicar a otro pueblo sus pensamientos y observaciones, serán en caso tan triste necesarias las consecuencias. No habrá establecimientos científicos, o será nula la utilidad de los que existan, no habrá punto de unión, o no podrán esparcirse los conocimientos que reúnan.

Es necesario multiplicar las relaciones de sociedad, es necesario facilitar la comunicación de los pueblos para que haya ilustración y progresen las ciencias.

Fijémonos en esta grande verdad, origen de otras que también lo son; analicémosla con exactitud, investiguemos las causas que embarazan las relaciones sociales. Su conocimiento descubrirá las que entorpecen la marcha de las ciencias, manifestará el enlace de la ilustración y la riqueza, señalará los puntos que deben ocuparnos y las medidas a que la atención debe volverse con preferencia.

Las ciencias no se adquieren en un día, ni el compás se aprende a manejar en un minuto. Todos empezamos errando, todos damos traspié en una carrera difícil.

Eran hombres de luces Ustaris, Arriquivar, Antillon; y sin embargo de serlo Arriquivar corrigió algunas equivocaciones de Ustaris; Antillón rectificó los errores de Arriquivar; y otro talento feliz dará más perfección a los Estados y cartas de Antillón.

Ya es tiempo de aproximar las ciencias exactas a las económicas, ya es llegada la época de dilatar el imperio de las unas con las luces de las otras.

La ciencia de los hechos debe preceder a toda teoría científica o política. En vano se forman sistemas, en vano se trazan planes si no anteceden los conocimientos que deben servir de base. Los primeros son imaginarios y los segundos inexactos cuando no se han reunido, estudiado y coordinado los hechos en que deben fundarse.

Obsérvese la marcha de las ciencias en el movimiento de los tiempos. Desaparece la Física que admiraba al siglo antecedente; y comienza a brillar otra en el que sigue. Cae la política de una edad, y sobre sus escombros se levanta otra que también será arruinada. Se siguen unas a otras las ciencias, se suceden unos a otros los sistemas porque se organizan aquellos o se forman éstos sin haber acumulado antes todos los hechos que debían dar las luces necesarias o rectificar las ideas precisas.

Queremos levantar planes de riqueza o formar teorías de prosperidad. Estudiaremos nuestras caras provincias, observaremos su posición y figura, sus tierras y producciones, su población y recursos.

A estos conocimientos del sistema físico seguirán los del sistema económico. El pensamiento tendrá entonces bases más sólidas: la verdad será más convincente; el triunfo de ella más claro y perceptible.

Las ciencias naturales son origen de bienes que no es posible calcular. Cualquiera que sea el aspecto en que se les mire, consideradas como partes del sistema literario o científico, vistas en sus relaciones con el económico, o examinadas en las que tienen con el político, su influencia es benéfica, su imperio grande, y sus efectos trascendentales.

1º. Los astros que iluminan al mundo son parte de un todo inmenso. Es uno del sistema que forman. Los movimientos del más distante influyen en los demás, las luces se comunican a todos; y las sombras de unos producen eclipses en otros.

Las ciencias que ilustran a los hombres son partes de un todo hermoso. Es uno el sistema que constituyen de conocimientos humanos. Los progresos de las que parecen más aisladas influyen en las demás, las luces reflejan en todas; y las tinieblas de las unas obscurecen a las otras.

Cuando el escolasticismo hizo progresos en una ciencia, su movimiento se comunicó a las demás. Todas se volvieron escolásticas; y el imperio de la escuela donde fue creada, se vio extendido a las otras escuelas.

Comenzaron las matemáticas a llamar la atención, se empezó a cultivar su estudio, y el espíritu de exactitud comenzó también a penetrar en las demás ciencias. Se hicieron aplicaciones felices de las exactas a las físicas y económicas, y hasta en las morales empezó a advertirse el genio de la precisión.

Las bellezas de la naturaleza crearon admiradores, empezó a cultivarse el estudio de las ciencias naturales, se formaron clases, órdenes, géneros y especies para abrazar la inmensidad de seres que componen los tres reinos; el espíritu de clasificación que es el de orden, siempre luminoso, se comunicó a las demás ciencias; el médico trabajó tablas de las clases y órdenes de enfermedades, como el botánico había trabajado las de vegetales; y el jurista clasificó los delitos y pactos como el mineralogista había clasificado los fósiles.

"No es en los libros de derecho, dice Bentham, donde he encontrado medios de invención o modelos de método, es en las obras de metafísica, de física, de historia natural, y de medicina. Leyendo algunos tratados modernos de esta ciencia llamaba mi atención la clasificación de las enfermedades y los remedios. ¿No podrá trasladarse a la legislación el mismo orden?... Lo que he encontrado en los Tribonianos, los Coccios, los Blackstons, los Vattel, los Potier, los Domat es poca cosa. Hume, Helvecio, Linneo, Bergman, Cuvier han sido más útiles para mí".

Cultivando las ciencias naturales, observando el arte maravilloso con que han sabido descubrir las semejanzas y diferencias de los seres, dividirlos por ellas en clases, órdenes y especies, crear para todas un idioma claro y preciso, abrazar de este modo la creación entera, y transmitir su conocimiento a las generaciones futuras; estudiando este arte divino y observando su marcha detenida y sagaz, se aprende el método más fácil para dar orden a los pensamientos y abrazar grandes relaciones.

La filosofía de Linneo es útil por los conocimientos que da en la parte más bella de la historia natural; pero su utilidad más grande consiste en el modelo que presenta para crear una ciencia, y formar el idioma de ella.

Si el Análisis es el instrumento grande del arte de pensar, las ciencias naturales son las que enseñan el método, y cuando las morales, las legislativas, etcétera, formen tablas de virtudes y vicios, de delitos y penas etcétera, tan claras y metódicas como las de plantas y fósiles, entonces los trabajos serán menos penosos: las ciencias abrazarán espacios más grandes, y el amigo de ellas verá en un cuadro pequeño el sistema entero de los conocimientos humanos.

Dilatemos la vista por los pueblos que hermosean la tierra, numeremos si es posible, los bienes que gozan. No hay uno que no deban y sea proporcional a los conocimientos que hayan adquirido.

Si trabajan la tierra con menor pena y sudor, si dan a las plantas más agrestes cierta especie de civilización, si saben cultivar el trigo y trabajar el fierro, si han aprendido a dirigir y emplear en su servicio las fuerzas o potencias de la naturaleza, si tienen máquinas que movidas por una mano hacen en igual suma de tiempo lo que no harían veinte, si conocen sus derechos y no permiten que sean hollados, si han sabido constituirse y crear lo que se llama Espíritu público, si respetan la libertad en los demás pueblos para que sea la suya respetada en el mismo grado, si estiman en todo su valor el precio de la virtud, y saben que la moralidad consiste en respetar en nuestros semejantes nuestros propios derechos, las ciencias son las que les han hecho todos estos presentes; a las ciencias los deben; y si hay diferencia entre una Nación culta de ciudadanos ilustrados y una horda grosera de salvajes estúpidos, las ciencias son las que la han establecido.

Las naturales hacen el mayor bien dando a las demás métodos de perfección enriqueciendo el idioma, y multiplicando los objetos de comparación. Pero esta influencia, grande en sus resultados, es indirecta en su cooperación. Hay otra más próxima, o inmediata en la riqueza de los pueblos; y de ella también pueden gloriarse las ciencias naturales.

2º. Se han fatigado los economistas para dar una definición exacta de la riqueza. Lauderdale da este nombre a todo lo útil y agradable que el hombre desea poseer. Malthus lo limita a los objetos materiales necesarios, útiles o agradables a la especie humana. Say lo extiende a todo cuanto tiene valor.

Elijase la definición que se quiera. Sea lo necesario, lo útil, lo agradable o lo que tiene valor. No hay riqueza que no sea derivada de alguno de los tres reinos, no hay industria que no tenga por base los fragmentos de algún mineral, vegetal o animal. Descubrir fósiles, plantas y animales: estudiarlos y darlos a conocer por caracteres positivos y constantes es aumentar la riqueza de un pueblo, mejorar su suerte, extender sus relaciones, y darle representación en el mundo.

Un pueblo que no conoce más que las bellotas o manzanas que comían sus primeros salvajes es pueblo pobre, dependiente en los artículos más necesarios de las naciones que los producen. Pero un pueblo que a cada estación adquiere conocimientos de los vegetales de su suelo es pueblo que va aumentando su riqueza, disminuyendo su dependencia, y elevando su poder.

Si no sabe hacer descripciones exactas, sus conocimientos serán limitados a las primeras generaciones: las siguientes sólo recibirán aquellos que les transmita una tradición vaga que se obscurece con el tiempo; y alterándose sucesivamente no llegarán a la posteridad más que errores o equivocaciones.

Si sabe por el contrario describir sus plantas por caracteres positivos y constantes, el conocimiento de ellas, exacto en las primeras generaciones, lo será también en las últimas la riqueza se perpetuará y la posteridad más remota disfrutará los mismos bienes que hayan gozado las primeras familias.

Los observadores antiguos recorrieron como los modernos diversos países; estudiaron las plantas que los hermoseaban; describieron aquellas que hacían la riqueza de los pueblos. Pero no conocieron los métodos que invento después el genio; no supieron clasificar los seres de la naturaleza por caracteres inequívocos; y sus viajes, sus observaciones, sus descripciones son por aquella ignorancia casi inútiles para nosotros.

Si los idiomas perpetúan los conocimientos comunicando a los hijos los que tienen los padres, la botánica, mineralogía y zoología, que son la lengua de las ciencias naturales, perpetúan la riqueza transmitiendo a las segundas generaciones la que han descubierto las primeras.

Un mineralogista, un botánico, un zoologista, que renunciando los placeres de las ciencias sedentarias abandonan su patria y familia por observar los individuos de los tres reinos en los bosques más espesos, en las montañas más escarpadas, son bienhechores de los pueblos, amigos del hombre; y dignos por serlo de su gratitud y respetos.

Por ellos el comercio dilata sus relaciones multiplicando sus artículos, por ellos las artes extienden su imperio aumentando las materias primeras, por ellos la especie humana es aliviada en sus dolores y socorrida en sus necesidades.

A los naturalistas puede decirse con justicia: El conquistador destruye; y vosotros conserváis el mundo. La Flora de una Nación, las tablas de sus fósiles, el cuadro de sus animales son el índice o inventario de sus grandes propiedades. Los géneros y especies de minerales, las clases y órdenes de formas vegetales y animales son géneros y especies, clases y órdenes de riqueza. Generalizando el gusto de las ciencias naturales, inspirándolo a las clases primeras, las tres especies de industria avanzarían espacios muy grandes. Los curas y sus tenientes, dividiendo el tiempo entre su ministerio y el estudio de la naturaleza, derramarían en su parroquia conocimientos útiles, y harían por el ascendiente de su destino que los aprovechasen sus feligreses.

Los propietarios, en vez de consumir sus rentas en ciudades populosas, sepulcro de la moralidad, se retirarían a las tierras de que son dueños para cultivar en medio de la naturaleza las ciencias que la tienen por objeto, harían pruebas o experimentos que ellos solos son capaces de ejecutar, mejorarían los cultivos y darían luces provechosas al labrador.

Los comerciantes llevando a un país las especies de otro aumentarían las riquezas de su patria, reunirían en ellas las de climas diversos; y no sería el interés individual el objeto único de su carrera. Los fabricantes, multiplicadas las materias primas, harían ensay os importantes, substituirían a las acostumbradas otras de mayor provecho, perfeccionarían los métodos; y la Nación enriquecida por tan tas manos tendría poder y sabría sostener sus derechos.

3°. Las naciones que no conocen sus plantas, fósiles, ni animales no tienen productos que llevar al comercio, no pueden presentarse al mercado a donde concurren las demás, viven aisladas sin relaciones con los otros pueblos, no reciben las luces que les daría la comunicación con ellos, y no existen en el mundo político, son ignorantes y pobres, la ignorancia y pobreza las expone a ser propiedad de los primeros ocupantes; los señores que llegan a poseerlas las dominan con despotismo para mantenerlas sometidas; y el despotismo las hace más infelices perpetuando los elementos que lo sostienen.

En otras ciencias escapan a los que las cultivan opiniones que influyen en el atraso de la civilización, opiniones que deprimen los derechos del hombre, preparan los pueblos a sufrir los caprichos de un tirano. En las naturales todo es inocencia y provecho. No hay sistemas que ofendan los fueros de las naciones, o no hay opiniones que hieran la libertad de los pueblos. Se suceden unos a otros los métodos, se varían las nomenclaturas en la progresión de las luces. Cada una deja alguna verdad provechosa, algún pensamiento útil: y ninguna produce daño a la Nación.

Se hacen por el contrario un bien inestimable, poco conocido hasta ahora, y digno de ser apreciado. Difundiéndose el gusto de las ciencias naturales por las clases que influyen o dan dirección a los pueblos, la atención se vuelve a objetos inocentes que jamás hacen mal y siempre producen bien, la meditación no se fija en productos peligrosos para quien los concibe y funestos para los pueblos donde se ejecutan; la Nación no se mantiene en deliberación continua, ni corre los riesgos a que precipita esta aptitud.

Ese aire de inocencia que tienen las ciencias naturales se comunica a los que las estudian. La fisonomía del naturalista donde está pintada la paz dulce y tranquila es muy diversa de la del proyectista donde se ve la agitación y desorden.

El botánico observa los cereales que alimentan al hombre mientras otros meditan acaso planes de subversión, el mineralogista busca fósiles de nueva utilidad al mismo tiempo que otros maquinan tal vez combinaciones de mu muerte. La moralidad hace progresos con el estudio de la naturaleza; y la moralidad es la base más sólida de la felicidad de los pueblos, y el sublime a que debe elevarse la política.

En estos aspectos son provechosas las ciencias naturales. En lo literario, en lo económico y en lo político producen bienes de diversa especie; o extendiéndolos a quienes las cultivan le comunican luces y le dan placeres que en el entusiasmo que inspiran le hacen decir: "Solo, con la naturaleza y Linneo, soy el hombre feliz".

Una Academia de amigos de las ciencias y artes sería muy importante en la República. Ciento treinta años hace que se establecieron las primeras sociedades sabias y en este tiempo no se ha hecho un descubrimiento que no esté en sus registros o cuyo autor no haya sido individuo suyo. La Academia debe dividirse en seis secciones, ocupada la primera en las ciencia físicas y naturales; la segunda en las ciencias exactas; la tercera en las ciencias económicas, políticas y morales; la cuarta en las bellas letras; la quinta en las artes y la sexta en la instrucción elemental.

En siglos oscuros, cuando eran posesores exclusivos de los empleos los individuos de las clases altas que desdeñaban las ciencias y no tomaban el trabajo de cultivarlas, sucedió lo que era natural sucediese. El interés de unos, la adulación de otros, la ignorancia de los demás, hizo creer que no había principios ciertos, ni reglas fijas para gobernar; y esta opinión propagada sin examen, tiene ecos que los repitan del mismo modo.

En la naturaleza hay variedad casi infinita de fenómenos que se suceden unos a otros, todos son, sin embargo, efecto preciso de leyes invariables y el conocimiento coordinado de estas leyes forma la ciencia.

En las sociedades políticas hay diversidad menos numerosa de fenómenos o acaecimientos, todos son obra necesaria de leyes igualmente constantes, y el conocimiento de ellas, elevado a sistema o cuerpo organizado de doctrina, forma la ciencia.

"No posees la de gobernar", dijo un escritor, "si crees que en ella no hay principios ni reglas fijas".

Estudiemos la materia bruta que es lo más sencillo de la naturaleza, subamos después a la materia vegetal que presenta fenómenos más difíciles, trepemos sucesivamente a la materia animal que aparece más complicada en todas sus funciones, ascendamos al hombre, que es el ser más grande de la tierra.

La naturaleza es un sistema sabiamente concatenado de seres; y las ciencias deben ser también un sistema, organizado con sabiduría, de conocimientos relativos a las partes y leyes de la naturaleza.

Es maravilloso ese todo inmenso que se llama Naturaleza. Es más prodigioso este otro todo infinito que se llama Ciencia.

Todo es luz refleja en el sistema científico. Si se corta la comunicación de unas ciencias con otras, si se aíslan o separan por líneas impenetrables, no habría reflexión de luces ni claridad en los espacios a que se extiende cada una de ellas. Todo será obscuridad y tinieblas.

Los sabios observan toda la naturaleza sin arredrarles su inmensidad: estudian todas las creaciones, buscan todas sus leyes, recogen todas las observaciones, forman al fin las ciencias y las artes; y cada ciencia, cada arte, es productora de artículos de riqueza,

Recorriendo las secciones en que se dividen los seres físicos, estudiando primero los minerales, subiendo después a los vegetales y trepando últimamente a los animales, los sabios abrazan sus caracteres más inequívocos, dan a conocer sus propiedades más eminentes, indican sus destinos más provechosos, y abren las puertas de las tres creaciones.

Y el estadista conoce que la balanza de las naciones es como he dicho otra vez, equilibrada o inclinada por un fósil, por una planta, por el capullo de un insecto, por la cera de una flor, por la piel o lana de un animal descubierto, observado y clasificado por un sabio. Estudiando las leyes del movimiento, de los fluidos, de la luz, del sonido, etcétera, forman las ciencias que se llaman exactas, después de haber formado las que se denominan naturales.

Crean un mundo que se cree de abstracciones, y es en realidad el mismo mundo de que somos partes. Con números y líneas, haciendo figuras que parecen entretenimiento de ociosos, contando, midiendo y pesando, hacen verdaderos prodigios, honor del genio, provecho de los Estados.

Ellos han llenado el mundo de instrumentos que multiplican los ojos, las manos y los poderes del hombre, han logrado que el trabajo de millones de individuos sea ejecutado por máquinas inanimadas que no exigen salarios por sus trabajos.

Ellos han triunfado de la naturaleza, haciendo que las aguas condenadas por ella a bajar, sean superiores a sus leyes y suban a regar las siembras del labrador. Ellos han creado tres épocas, que serán gloria inmortal de su especie. Enseñaron primero a servirse del hombre para la producción de la riqueza, hicieron después que emplease animales menos costosos que el hombre; sustituyeron últimamente seres inanimados, menos gravosos que los animales.

La ciencia de los Gobiernos, que con una orden pueden abrir o cerrar las fuentes de los Estados, su prosperidad más brillante, su decadencia y ruina, son fenómenos producidos por causas tan invariables o constantes como el ascenso de unos cuerpos y el descenso de otros. Reuniendo hechos individuales, el físico llegó a conocer las leyes de la gravitación; y recogiendo observaciones particulares, el estadista aspira a descubrir las leyes de las sociedades.

Posesor de ellas un gobierno instruido en el arte de aplicarlas, siguiendo el desarrollo natural del hombre, dando a los pueblos niños las leyes que convienen a su tierna edad, dictando a las naciones adultas las que exige su madurez, la marcha de los Estados sería natural como la de las plantas regadas en un jardín. Florecerían y darían frutos en sus períodos respectivos. No habría violencia, ni coacción. El movimiento sería espontáneo; y la prosperidad, resultado feliz de un sistema inspirado por los sabios.

Cada siglo, por ellos, ha ido mejorando o multiplicando las ciencias y las artes: cada ciencia y arte ha ido aumentado las riquezas y comodidades. El siglo XV presentó el arte de la imprenta, el XVI el Nuevo Mundo, la cochinilla, el añil y el tabaco; el XVII el telescopio, el barómetro y el termómetro; el XVIII una filosofía nueva; el XIX, la independencia de la América y las experiencias grandes. Los que le sigan serán superiores; y marchando sucesivamente, yo no sé hasta dónde llegarán los adelantamientos de las ciencias, los progresos de la riqueza, la mejora de los pueblos y las perfecciones de la especie.

Las ciencias y las artes son las que ponen la naturaleza entera a los pies del hombre, las que le dan el cetro del mar y la tierra. No puede haber riqueza, poder ni prosperidad, sin ilustración. Las tierras donde no hay luces, son bosques de lacandones o mosquitos desnudos, pobres y miserables, lagos de aguas estancadas sin movimiento ni corriente, pantanos cenagosos, poblados de reptiles dañinos o inútiles. Los países iluminados son por el contrario praderas y trigales hermosos y dilatados, lugares ricos de talleres y manufacturas, plazas concurridas de tráfico y comercio. El África es un continente obscuro como el color de sus habitantes; y la Europa es el ornamento más bello del mundo civilizado.

La nomenclatura, división y clasificación de las ciencias que forman el sistema vasto y hermoso de los conocimientos humanos es todavía defectuoso después de corridos tantos siglos. Se dice: Aerología, Hidrología, y olvidando la analogía, no se dice (en el artículo publicado) Geología, Iconología, Esferología, etcétera. Se da nombre al conocimiento de las aguas que fertilizan la tierra, y al del aire que la circunda; y no se da al de los vegetales que la embellecen, o minerales que la enriquecen. Se da el de Aerología al conocimiento del aire; y no se da el de Phitología al de los vegetales, y Mineralogía al de los minerales, etcétera.

Yo tiendo la vista por las ciencias que forman el árbol hermoso de los conocimientos, y en todas partes veo a las matemáticas presentándoles sus métodos de raciocinio, análisis, sus cálculos, fórmulas, sus cifras y sus máquinas.

La agricultura progresa en las labores de la tierra a proporción que avanza en las observaciones del cielo. Es uno el Todo inmenso que se llama universo. Todos los seres que lo forman están concatenados, todos se atraen, todos gravitan unos sobre otros. El movimiento de los planetas y sus satélites, lo produce en la atmósfera y el océano; y el de los aires y las aguas influye siempre en el cultivo. Si el curso de los primeros está sujeto a leyes invariables, el de los segundos debe estarlo igualmente. Y si puede predecirse el uno, podrá también pronosticarse el otro.

A los fenómenos del cielo siguen fenómenos proporcionales en la tierra. Hay verdadera correspondencia entre los primeros y los segundos.

Los genios no se forman en los bancos de los colegios, ni en las aulas de las universidades ¿En las de Cambridge aprendió Newton el análisis de la luz, el descubrimiento de la atracción, y el cálculo de las fuerzas y movimientos de los mundos? ¿En las de París descubrió La Place el sistema del universo?

En los colegios y universidades se reciben lecciones de lo que se llama sabiduría a la época en que se dan. Los genios someten a examen todo eso que se denomina ciencias. Borran unas, crean otras, perfeccionan las demás.

Los genios reciben su educación de la Naturaleza que los ha formado, de Universo que influye en ellos.

SISTEMA POLÍTICO

I

Desde que los hombres, dice un escritor, existen en sociedad, dos grandes procesos agitan el espíritu humano y arman alternativamente con la cuchilla de las proscripciones a una y otra de las partes contendoras.

1°—Ha existido antes y existe ahora un proceso entre los pueblos que quieren la libertad política y civil, y los jefes, temporales o vitalicios, electivos o hereditarios, reyes o emperadores que quieren tener poder absoluto.

2°—Ha existido antes y existe ahora otro proceso entre los pueblos que no quieren admitir otras distinciones que aquellas que sean convenientes al interés de todos; y las clases de aquellos individuos que han usurpado y quieren todavía conservar para su privativo interés privilegios honoríficos o pecuniarios.

Combate del espíritu de libertad con el de dominación o poder absoluto: combate del espíritu de igualdad con el de distinción o privilegio. Este es el cuadro de las naciones o sociedades políticas del mundo antiguo.

Los pueblos de Europa, salvajes o bárbaros primero, dominados después por Roma antigua que, liberal o justa para sí, era una tirana para los demás; invadidos posteriormente y subyugados por los godos, vándalos, hunos, etc.; oprimidos por monarcas absolutos y ministros ignorantes o inmorales; sensibles al sufrimiento de tantos males; ilustrados en sus derechos por hombres que desde la altura de sus gabinetes derramaban luces sobre toda la especie, quieren ser menos infelices: quieren constitución: quieren una ley que señale límites a los poderes, dé a todos derecho, y prescriba a todos deberes. Es justa su demanda, y no tiene moral, o no habla lo que siente el que niegue la justicia de solicitud tan conforme a razón. Pero los gobiernos y las clases no quieren dejar de ser aquellos absolutos y estas privilegiadas. El interés personal unió a las clases con los gobiernos; y el interés público o social unió a los pueblos entre sí.

Empezó el combate o la lucha: empezaron los gobiernos a ser enemigos de los pueblos, y los pueblos enemigos de los gobiernos: y no hay armonía entre los que mandan y los que obedecen; y la Europa se ve amenazada de todos los males temibles en posición semejante.

Los pueblos de América, salvajes también al principio; dominados después con arbitrariedad por los Incas y Moctezumas; conquistados posteriormente por los Corteses y Pizarros; envueltos en las desgracias que afligían a los europeos; ilustrados con las luces que del norte del mundo antiguo pasaban al norte del nuevo, y desde él volaban por el centro y mediodía, quieren también ser menos desventurados: quieren constitución: quieren tener cerca los gobiernos directores de sus destinos. Su demanda es igualmente justa. La religión la aprueba y la razón la defiende. Pero el mismo espíritu de privilegio y poder absoluto que repugna el bien de los pueblos de Europa resiste también el de los de América. Se ha formado una alianza que con escándalo se llama santa; y el objeto de esa santa alianza es que no haya constituciones justas: que no haya leyes iguales para todos: que el mundo nuevo esté sujeto al viejo; y dominen los poderes absolutos.

No es general esa liga. La Inglaterra, que es la primera potencia del mundo: la Inglaterra, que tiene la corona del Océano, y es para los gobiernos de las demás naciones como la cámara de los comunes que se ha reservado el bolsillo, no ha entrado en aquella coalición. Ha reconocido por el contrario la independencia de Colombia y México, y tenemos datos para asegurar que reconocerá también la de Guatemala. La Holanda empieza a hacer iguales reconocimientos, los Estados Unidos los han hecho ya; y tienen intereses semejantes a los del resto de América; y otras potencias son neutrales o seguirán su ejemplo.

Los Gobiernos de Francia, Austria, Rusia y Prusia son los que forman la alianza que resiste en Europa las instituciones liberales; y a esos Gobiernos quiere España interesar en sus pretensiones sobre la América. ¿Cuál será el resultado final de la contienda entre los Gobiernos y las naciones? ¿Cuál será el término de la lucha entre las clases privilegiadas y los pueblos de Europa? ¿Triunfará la justicia? ¿Será victoriosa la razón? ¿Los Gobiernos de la alianza darán a España los auxilios que necesite? Y dándole lo que ha menester, ¿se encenderán en Europa los fuegos de una guerra que en tal caso sería general? Y encendiéndose aquellos fuegos, ¿avanzará la América en su causa, o será atrasada en su carrera? Y cuando no hubiese guerra en Europa, ¿será posible que España vuelva a conquistar la América? Y cuando llegase a conquistarla, ¿podrá la conquista ser duradera?

Deseamos que los hombres de todas clases tengan rango más elevado que el de lectores pasivos. Queremos que sean pensadores activos: queremos que se aumente la masa de luces; y que enviándose a nuestro periódico las que produzca la meditación, sea El Redactor el sol que las vaya difundiendo por todas partes.

Nosotros no quedaremos ociosos. Publicaremos noticias acordes o contradictorias, oscuras o claras, así como las encontremos en las gacetas o periódicos de otros países. Presentaremos a su tiempo nuestros pensamientos. Enderezaremos también lo que se nos demuestre ser torcido: seguiremos lo que sea recto; y de uno u otro modo avanzaremos siempre a nuestro término.

II

La independencia absoluta es nuestro primer derecho y el fundamento de los demás. El espíritu público es la garantía más firme de la independencia; y la libertad justa de imprenta es la que forma y dirige el espíritu público.

El pueblo de la República Federal de Centroamérica, dice el artículo 1° de nuestra Constitución Política, es soberano e independiente.

No podrán, dice el artículo 185, el Congreso, las asambleas, ni las demás autoridades coartar en ningún caso ni por pretexto alguno la libertad del pensamiento, la de la palabra, la de la escritura, y la de la imprenta.

Esta es la Ley Fundamental que decretó la Asamblea y ha jurado la Nación: esta es nuestra carta: este es nuestro pacto. Penetrémonos de su importancia en las actuales circunstancias; conozcamos toda su influencia: y no olvidemos los derechos del juramento.

III

Siendo independiente esta nación, sus destinos dependerán de ella misma. No será Lima, no será Bogotá, no será México la que le dará leyes. Será Guatemala la que las dictará a Guatemala.

Sus hijos tendrán elevación en su carácter, nobleza en sus sentimientos. Somos, dirán, independientes y libres. No es el Norte ni el Sur el que nos enviarán empleados. Nosotros mismos elegiremos a nuestros legisladores, a nuestros jefes, a nuestros jueces. Si el hijo de Roma conquistando, destruyendo, talando a los pueblos se enorgullecía de ser romano, nosotros, proclamando nuestros derechos y respetando los de nuestros vecinos, nos gloriamos de ser guatemalanos.

Sus diputados no tendrán que atravesar centenas de leguas para ir a Colombia, Nueva España u otra nación a formar una minoría de representantes guatemalanos, sujeta a la mayoría de representantes colombianos o mexicanos. En su misma patria, sin salir de su territorio, sin sentir influencias extrañas, sin multiplicar gastos, se unirán en congreso, y elevándose sobre pasiones y errores trabajarán en el mayor bien posible el mayor número posible.

Sus jefes serán hijos suyos, elegidos por los pueblos, y ejecutores no de las leyes que dicten naciones extrañas sino de las que acuerden sus conciudadanos y convengan al interés de la patria.

Sus magistrados serán también hijos de ella misma, electos igualmente por los pueblos, para decidir con arreglo a leyes guatemalanas las diferencias de guatemalanos, paisanos suyos, individuos de la misma República.

Sus tropas no serán divisiones militares de soldados extraños que vengan a atropellar nuestros fueros y hollar nuestros derechos. Serán regimientos de guatemalanos formados y disciplinados para defender la libertad de los guatemalanos.

Sus individuos no tendrán que emprender largos viajes, consumir mucho tiempo, y erogar muchos gastos para interponer recursos ante el Tribunal Supremo de Justicia que resida en Pekín, en Calcuta, en México o en Bogotá.

Sus pueblos no serán gravados con los gastos que aumenta la distancia, ni con las contribuciones que quiera imponer un congreso extranjero.

Sus aranceles serán los más moderados en toda la América: su hacienda será la menos gravosa en todo el Nuevo Mundo.

Hagamos cuentas exactas: sofoquemos el interés mal calculado de familia o de individuo: no oigamos las voces fieras del orgullo sino los acentos dulces de la razón. ¿Querremos que nuestra patria sea libre, independiente, y señora de sí misma, o colonia o provincia de otro pueblo?

IV

La identidad de intereses hizo que desde 1810 comenzase en América a resonar sucesivamente la voz lisonjera: Somos hombres, y por serlo tenemos los mismos derechos que los habitantes de Europa. No es justo que las naciones europeas sean regidas por gobiernos americanos. No es conforme a razón que los pueblos americanos sean administrados por gobiernos europeos.

Esta misma identidad hace que en la misma América se empiece a oír otra voz igualmente agradable: Nacimos en un mismo continente: somos hijos de una misma madre: somos hermanos: hablamos un mismo idioma: defendemos una misma causa: somos llamados a iguales destinos. La amistad más cordial: la liga más íntima: la confederación más estrecha deben unir a todas las Repúblicas del Nuevo Mundo.

V

Los pueblos que desean una ley, expresión de sus derechos y fueros; y la Santa Alianza que trabaja para tenerlos sometidos a los rigores del poder absoluto: la América que después de tres siglos de sujeción a un gobierno lejano se pronunció al fin independiente; y la España que poseedora de la América igual espacio de tiempo, no quiere reconocer su independencia, son los asuntos que continúan ocupando a los talentos y ejercitando a los estadistas.

Siguen los periódicos contradictorios entre sí, unos alegres prometiendo paz perpetua, y otros melancólicos amenazando guerras destructoras: aquellos pintando futuros lisonjeros, y estos bosquejando venideros funestos.

En este caos, tenebroso como la noche, hay cuatro verdades superiores a las contradicciones de los periódicos. La libertad dirigida por la ley es justa; y parece natural que los pueblos quieran constituciones y progresar en la marcha de su prosperidad. El poder absoluto acostumbrado a dominar sin oposición desea continuar del mismo modo, y ve su sepulcro en las leyes que enfrenan la arbitrariedad. La América es un mundo de valores infinitos, y no es creíble que su antiguo poseedor quiera de grado perder tanta riqueza. La España después de años de sufrimientos y desorganización debe estar abatida, en situación muy desgraciada; y sin el auxilio de fuerzas y fondos de otras naciones no puede acometer empresa tan grande como la reconquista de un mundo decidido a defender sus derechos.

DE LA OPOSICIÓN A LOS GOBIERNOS REPRESENTATIVOS

Es un principio bastante reconocido que en los gobiernos absolutos la oposición es esencialmente conspiradora. La razón es, porque la ley no ofrece ninguna garantía a las opiniones. Desde que yo me atrevo a opinar en diferente modo que los gobernantes y a expresar mi opinión, estoy en peligro de muerte, por lo menos civil; y no hay salvación para mí si el despotismo no cae. El instinto de la propia conservación obliga a conspirar a todos los que opinan como yo.

No sucede lo mismo en el gobierno representativo, que ofrece seguridad y garantía a todas las opiniones.

Bajo este gobierno, el peligro está en conspirar, no en opinar. La ley no examina las doctrinas sino las acciones. Pero es menester distinguir de épocas.

Cuando el gobierno representativo se acaba de fundar, se forman contra él dos oposiciones opuestas entre sí, ambas conspiradoras, aunque la una más que la otra. Cuando el Gobierno representativo está consolidado, no tiene más que una oposición ambiciosa y generalmente no conspiradora.

Tratemos de explicar bien este fenómeno y de exponer sus causas.

Todo movimiento que rescinde el lazo social existente y le sustituye otro, deja en el intermedio de la operación un espacio de tiempo vacío en que la sociedad existe más bien por los vínculos morales que por los políticos. Cesa la ley antigua: aún no se ha sustituido la nueva: la dictadura que se pone en lugar de ambas sólo tiene más fuerza de opinión fundada en la celebridad de los que la ejercen, mas no una fuerza legal. En esta época se forman los partidos, nacen las esperanzas ambiciosas, se comprometen los hombres unos con otros; y cuando empieza a reinar la ley nueva, encuentra ya, siendo ella todavía niña y débil, crecidos y robustos los monstruos que debe combatir. En esta época interesante se hallan formados tres partidos muy caracterizados, todos igualmente garantidos por la ley.

El primero es el de los amigos del antiguo régimen. Este se compone de los intereses creados por dicho régimen y a veces aglomerados y compactos por el transcurso de muchos siglos: se compone de preocupaciones, hijas de las doctrinas antiguas y envejecidas: se compone de preocupaciones hijas del hábito, del temor a la novedad; del egoísmo que no quiere renunciar al descanso, aunque sea el del sepulcro, y de la inclinación irresistible que tienen todos los hombres a conservar sus ideas y sentimientos: se compone, en fin, de todas las ambiciones acostumbradas al imperio bajo dicho régimen y a las cuales no se les ofrece compensación alguna en el nuevo orden de cosas. A este partido llamaremos la oposición retrógrada porque su objeto es hacer retrogradar la nación al antiguo sistema de gobierno.

El segundo partido es el de los que, no bien contentos con la distribución del Poder en las personas a quienes lo ha dado la nueva ley, quisieran un movimiento más rápido, una convulsión más activa en la cual adquiriesen ellos más parte en la autoridad y en los intereses públicos. Este partido se compone de doctrinas exageradas, de las ambiciones no satisfechas, de los temores de que vuelva el antiguo régimen; en fin, de la necesidad de sangre que atormenta a algunos individuos de la especie humana. A este partido llamaremos la oposición por exceso, porque su objeto es desnaturalizar la nueva ley, exagerando todos sus principios y aspirando a toda la autoridad.

El tercer partido es el de los hombres que, convencidos de la necesidad de la nueva ley, la aceptan en todas sus consecuencias, la sostienen y la conservan tal como se ha promulgado. Este partido se compone de los verdaderos patriotas, es decir, de los hombres que atienden más al bien de su país que a sus intereses y pasiones particulares; de los ambiciosos satisfechos, de los amantes de la libertad y del orden, de los comerciantes e industriosos, de los sabios, de los amantes de la gloria, en fin, de toda la masa culta de la población. A este partido llamaremos el partido del Gobierno, porque dicho se está que el gobierno establecido por la nueva ley debe hallarse al frente de este partido.

La generación de estas tres fracciones de la sociedad en la época en que empieza a estar vigente la nueva ley, es una verdad de hecho y una verdad de teoría. La razón demuestra que debe ser así y la experiencia histórica de las revoluciones lo confirma.

Las dos oposiciones tienen las mismas garantías que el partido del gobierno porque la nueva ley no castiga las opiniones ni los deseos. Sin embargo, una y otra son esencialmente conspiradoras, aunque la primera lo es mucho más que la segunda.

El partido retrógrado, cuya fuerza y opulencia se han fundado en las preocupaciones y abusos de muchos siglos, ve destruirse los abusos en virtud de la nueva legislación y disiparse las preocupaciones por el espíritu y las luces que causaron la ruina del antiguo régimen. Si la revolución se hubiese hecho en siglos bárbaros, aún podrían esperar que la ignorancia y los errores les dejasen mucha parte en la autoridad. Acostumbrados al mando, podrían ejercerlo aun cuando la ley se los quitase, sobre almas sencillas y preocupadas, y conservarían por medio de la influencia moral lo que la política les había quitado. Así se vio a la curia romana prolongar su imperio por tres siglos después de haber sido despojada de su fuerza física.

Pero esto no es posible en un siglo de luces. No hay más medios ya para acallar el grito de la razón que la inquisición y el despotismo. El mundo no puede retrogradar: por consiguiente, los amigos del antiguo régimen no pueden triunfar sino por medio de la fuerza. Luego si han de recobrar su antiguo poder e influencia, han de conspirar por precisión; y como están seguros de que no encontrarán en su nación los elementos de fuerza necesarios para comprimir, los buscarán en las naciones extranjeras.

Pero supongamos por un momento que los que la componen son hombres amantes de su patria, y, por consiguiente, incapaces de atraer sobre ella las calamidades de una guerra civil extranjera y religiosa. Supongamos, además, que tienen luces y talentos suficientes para abrirse paso al poder en el nuevo orden de cosas, y de conquistar a fuerza de virtudes y servicios una gloria mucho más sólida y brillante que la que obtienen bajo el antiguo régimen: o en fin, supongamos que, convencidos de la inutilidad de sus esfuerzos, se resignen tranquilamente a su nueva situación y renuncien de buena fe a su antigua preponderancia. La marcha del nuevo sistema los sacará de esta apatía.

Rara vez se usa bien del triunfo, y mucho más con enemigos que aunque humillados conservan el deseo de la victoria y quizá de la venganza. Rara vez los hombres son prudentes, mucho más con enemigos que se ven obligados a sobrevigilar constantemente. Rara vez los hombres son humanos y tolerantes, y mucho más con enemigos que no dieron ejemplos de humanidad ni de tolerancia cuando tuvieron el poder en sus manos. El gobierno y su partido darán la prueba más grande de moderación, de tolerancia, de humanidad y de prudencia con respecto a la oposición retrógrada, si se contentan con sospechar y sobrevigilar y no se extienden a insultar, a perseguir, a calumniar; pero la oposición por exceso no se contentará con esto, hallándose en la misma línea militar que el gobierno, y peleando ostensiblemente bajo las banderas de la libertad: insultarán, se ensañarán y perseguirán a los retrógrados hasta donde alcancen sus fuerzas, y dos motivos muy poderosos los moverán a ello: el fanatismo de la opinión y la ambición del poder.

El fanatismo de la opinión, porque siempre son fanáticos los que profesan doctrinas exageradas; creen que aquellas doctrinas se han creado para ellos exclusivamente: creen que ellos solos son la ley, que ellos solos tienen el derecho y la autoridad de defenderla: creen, en fin, que tendrán más fuerzas mientras más abatidos vean a los de contraria opinión; y no cuentan con la fuerza que suele dar a los vencidos la desesperación. Aspiran al exterminio de sus adversarios y parece que ignoran los efectos morales y políticos del martirio. Quieren que la nueva ley no ofrezca garantías a los que no son sus amigos y en esta parte raciocinan como los déspotas, al mismo tiempo que se proclaman los liberales por excelencia.

La ambición del poder, porque viéndose obligado el gobierno, protector nato del orden y de la seguridad, a oponerse a los insultos, ataques y persecuciones que ejerce el partido exagerado contra el retrógrado, le da al primero un pretexto para desacreditar a los gobernantes y acusarlos de connivencia con los amigos del antiguo régimen, de desafecto a la nueva ley, de inercia, de negligencia, etc. De este modo consiguen hacerle perder la fuerza moral y se aumentan las esperanzas de suplantarlos. Pero aún hay más: irritando a los retrógrados y poniéndoles en el resbaladero para que conspiren, organizada la guerra civil, llevado al extremo el furor de los partidos, se coloca al gobierno en una situación difícil, incierta y expuesta a equivocaciones funestas, porque llega a no conocer ni sus amigos ni sus enemigos y, por consiguiente, se aumentan las probabilidades de su caída y de que le suceda la oposición por exceso.

Vemos, pues, que la oposición retrógrada tiene dos grandes motivos para ser conspiradora: el primero, su ambición y sus preocupaciones propias; el segundo, la situación desesperada a que la reduce la oposición enemiga suya. Adelante indicaremos los medios de disminuir y aun de destruir la influencia de esos dos motivos perniciosos, porque se nos agradecería muy poco que indicásemos los males si al mismo tiempo no manifestásemos los medios de curarlos.

La oposición por exceso es también conspiradora aunque no tanto ni de la misma manera que la retrógrada. Sus conspiraciones, parece, digámoslo así, que van en el mismo sentido de la ley; parece que la protegen al mismo tiempo que la ahogan: semejantes a los aduladores de los reyes, destruyen la autoridad que afectan defender extendiéndola hasta donde no debe llegar. En una palabra, aniquilan la libertad aniquilando las garantías que ella misma ha ofrecido hasta a los que no las quieren: aniquilan la libertad desacreditándola con sus excesos: aniquilan la libertad desacreditando al gobierno que ella ha creado y prometen a la nación, cuando ellos gobiernan, un nuevo fantasma de libertad, en lugar de la real y verdadera, promulgada en la nueva ley.

Cuanto hemos dicho hasta aquí se deduce, no sólo de la marcha natural de las pasiones humanas, sino también de la experiencia de todas las revoluciones. No tenemos que citar ninguna: bien claras son las lecciones de la historia para quien quiera consultarlas.

Las dos oposiciones son un escándalo y una calamidad para las naciones. Son un escándalo porque una y otra oposición manifiestan bien a las claras la perversidad de sus intenciones o por lo menos, el delirio de sus mentes. Los retrógrados quieren poder sin libertad; los exagerados, libertad sin poder, y ambos estados, además de ser imposibles en las naciones cultas y civilizadas, son resultados del triunfo efímero de una facción; y no constituyen la situación constante y permanente de la sociedad; son una calamidad porque ¿qué puede resultar del choque de dos partidos fanáticos, exclusivos, intolerantes y sanguinarios sino muerte y ruina? El gobierno colocado en medio de ellos, comprimido sucesivamente y en sentido contrario por uno y otro, reducido a la fuerza de la ley, joven aún y poco robusta, ¿cómo podrá defenderla y defenderse contra pasiones encarnizadas? ¿Recurrirá a las transacciones con los partidos? Pero todo partido cuando transige es para dar la ley, es decir, para que el ministerio se reduzca a ser el instrumento de su ambición y de sus pretensiones. ¿Peleará con ambos a la par? ¿Y cómo puede un gobierno ilustrado resolverse a sostener dos guerras civiles sobre una misma línea? ¿Y qué gobierno hay que tenga las fuerzas físicas y morales que son necesarias para sostener ambas lides? Es fácil comprimir las facciones: los partidos no se vencen, sino se convencen.

En medio de estos dos partidos de oposición turbulentos y furibundos, existe la gran masa nacional, como un escollo eminente e inmóvil, contra el cual vienen a estrellarse las olas encontradas que quieren dominarlo. Esta masa sosegada, y, por decirlo así, inerte, ve las agitaciones, los furores, las injusticias de los partidos; estudia en silencio los hombres, las instituciones y los acontecimientos. Aprende a valuar los hombres y sus pretensiones, las leyes y sus resultados, los sucesos y sus causas, y como su voto ha de ser el que decida en última instancia, se toma tiempo para darle con conocimiento de causa. Esta indecisión, que es un mal durante la lucha, es un verdadero bien si se atiende a que el momento de la convulsión no es más a propósito para tomar una resolución prudente. Desgraciada de la nación que se decide con ligereza. Es verdad que ninguna se decide sino cuando la atacan en lo más vivo de su existencia. Se ha culpado mucho a los franceses por haberse determinado sin reflexión en los principios de su libertad. Sea justa o no la acusación de ligereza que siempre se les ha hecho, lo cierto es que la imprudente y criminal maniobra del partido retrógrado, cuando precipitó sobre la Francia toda la Europa, convirtió la cuestión de la libertad en una lid de vida o muerte, y cuando se llega a este caso, ningún pueblo duda. Sea cual fuere la diferencia de carácter nacional, de situación política y de fuerza, los franceses de la revolución, los españoles de 1808 y los griegos de nuestros días, han tomado la misma determinación y dado el mismo grito: vencer o morir.

De aquí se infiere que todo partido puede contar que labra su propia ruina cuando su delirio llega al punto de comprometer los intereses más amados de la nación.

No hay fuerza ni poder sino cuando se defienden intereses nacionales.

Observemos con atención el movimiento variado pero sagaz de la opinión pública con respecto a los partidos de oposición y podremos explicar muchos fenómenos políticos que parecen ininteligibles sin esta observación interesante: mientras el partido retrógrado está abatido y sufre con paciencia y resignación, no sólo la pérdida de sus intereses sino también los insultos, las amenazas y las persecuciones de sus adversarios, se crea en la masa nacional compasión hacia ellos e indignación hacia sus injustos perseguidores. Todas las naciones son generosas; por otra parte, ningún ciudadano honrado gusta de que se violen las garantías civiles con respecto a otro, porque prevé que llegará un momento en que se violen con respecto a él. Yo soy liberal, pero soy hombre. ¿Por qué no me ha de disgustar que se ataque injustamente a un hombre que no tiene más delito que su opinión?

En virtud de esta compasión y de esta indignación, llegan a persuadirse los retrógrados que van ganando en la opinión (ésta es su frase), en lo cual se engañan mucho, pues nada es más liberal que proteger a un inocente. Engañados con este aumento de benevolencia, cobran osadía y conspiran. ¿Qué sucede entonces? Que pierden al momento, no la opinión que no tenían, sino la protección a que tenían un derecho, que han perdido ya por su delirio, y la nación que los compadecía verá con gusto el castigo de sus crímenes. Las mismas reflexiones tienen lugar en la oposición por exceso. La nación sostiene a los exagerados cuando se les ataca injustamente. Cuando ellos atacan pierden terreno. Sucede en las lides políticas lo contrario que en las militares. Todo partido se desacredita cuando es injusto y todo partido que se desacredita perece. En esta verdad están incluidos todos los remedios y calamidades que produce la doble oposición.

El objeto del ministerio debe ser reducirla a una sola, ambiciosa si se quiere, como son y deben ser todas las oposiciones, pero que no conspire ni para hacer retrogradar el sistema, ni para extraviarlo en los senderos de una libertad desconocida. El signo más cierto de haberse consolidado el sistema constitucional es la unidad de oposición; para lograr este fin, propondremos una sola máxima; pero que es fecunda de todos los principios saludables que han de dirigir al gobierno en la grande empresa de llevar al puerto la nave del Estado. Esta máxima es atender y cumplir la voluntad de la masa culta de la nación. No es difícil de acertar esta voluntad: cada día se está manifestando de mil maneras.

La primera cosa que quiere la parte ilustrada de la nación, es que se hagan efectivas las garantías constitucionales para todos. Sin esto no puede haber libertad ni gobierno. Mientras los partidos se insulten, se amenacen y se persigan, no habrá ciudadanos sino conspiradores. La irritación en los unos, el temor en los otros y la impunidad de semejantes atentados producirán el rompimiento, no sólo de los vínculos sociales sino también los de la humanidad.

La nación española quiere el gobierno monárquico constitucional. Esta es una verdad de que nadie duda sino los necios o los ambiciosos. La reunión del poder y de la libertad, es el voto común de todos los hombres que tienen que perder.

Por consiguiente, es un deber del gobierno, deber indeclinable, deber que si no lo cumple está condenado a perecer, no transigir con ninguna de las dos oposiciones en cuanto a las doctrinas; aunque puede y debe transigir en cuanto a las personas. Esto necesita de explicación.

Los tiempos de revolución son muy propios para producir errores o ilusiones de toda especie. Por consiguiente, el gobierno debe estar autorizado para perdonar y recibir a los ilusos que quieran reconciliarse con él y con su patria. Mas esta indulgencia no debe extenderse hasta adoptar sus principios, proclamar sus doctrinas y mucho menos invocar su auxilio considerándolos como un poder. Más vale mil veces perecer en defensa del alcázar constitucional que implorar el funesto auxilio de los partidos extremos. Cualquiera de ellos echará abajo la Constitución si llega a triunfar. Luego ninguno de ellos puede prestar un auxilio que no sea peligroso.

Esto no impide que el gobierno se valga con mucha utilidad de las personas aunque no se valga de los partidos. Es muy posible que un ciudadano prescinda de sus opiniones particulares cuando se trata del bien de su país. Es un principio bastante conocido que se debe obedecer a la autoridad legítima aun cuando no sea de nuestro agrado lo que manda. Una cosa es la opinión y otra la obligación; y aun en los partidos más furiosos hay hombres que saben distinguirlas, y quizá se funda en esto la fuerza legal que conservan los gobiernos, a lo menos por mucho tiempo, aun después de haber perdido la fuerza de opinión. Por consiguiente, pueden ser empleadas con utilidad muchas personas aunque su opinión no sea la del gobierno, con tal que su probidad e idoneidad sean reconocidas, y por otra parte, no se tema ningún riesgo de colocarlas. Hemos dicho que pueden ser empleadas y añadimos que deben serlo algunas, si el gobierno quiere tener fama de justo e imparcial con todas las opiniones. Nada desacredita más a un ministerio que la manía de repartir exclusivamente entre sus amigos todos los empleos y dignidades, porque un ministro nunca debe ser un partido. Pero al mismo tiempo, advertimos que esta prenda de imparcialidad debe darse con mucha prudencia y bajo el seguro de no arriesgarse nada. Sería un necio el ministro que encargase un gran poder militar a un amigo declarado del poder absoluto, aunque fuese el hombre más honrado y el mejor militar del siglo. Del mismo modo sería un delirio confiar el mando político de una provincia a un amigo declarado de los movimientos y tumultos populares, aunque sus cualidades personales le hiciesen digno de aquella magistratura; pero uno y otro podrían ser empleados sin riesgo y con utilidad de la patria, ya en corporaciones literarias, ya en cuerpos colegiados de magistratura o de milicia, donde se guardarán muy bien de abusar del derecho de sufragio, porque sus intenciones serían descubiertas y sus paralogismos pulverizados.

El gobierno debe distinguir, en cada partido extremo, los que le han adoptado por miras personales, de los que no han entrado en él sino por el temor de las doctrinas contrarias. En la oposición retrógrada, la mayor parte de los adeptos lo son por el temor de las exageraciones de la libertad. ¿Y quién ignora que la mayor parte de los exagerados lo son por el temor de que vuelva el gobierno absoluto? Quitad esos temores a unos y otros y quitaréis toda su fuerza moral a entrambas oposiciones, porque las dejaréis reducidas a jefes ambiciosos o descontentos que nada osarán porque nada podrán. Para destruir aquellos temores es menester que el gobierno manifieste, en todos sus casos, su intención invariable de sostener hasta el último suspiro el nuevo sistema, sin permitir jamás que se introduzcan en él las doctrinas del despotismo ni las de la anarquía. La intrepidez del ministerio confirmará el ánimo de los medrosos y aumentará las fuerzas físicas y morales del mismo. El valor en los gobernantes es la prenda segura de su triunfo: el miedo y la debilidad no los librarán ni de la muerte ni de la infamia.

Últimamente el gobierno deberá decir a los retrógrados, porque la palabra es una potencia en el régimen liberal: no conspiréis; vuestros movimientos no producirán otro efecto que el de dar motivo a vuestros adversarios para exagerar los principios de la libertad y destruir las garantías que el régimen constitucional os asegura. Mirad que ponéis en el mayor riesgo los objetos de vuestro culto político, colocados bajo la salvaguardia de la ley, mientras no se turbe la tranquilidad pública. Renunciad a ese fanatismo de esclavitud, que en nuestro siglo es ya ridículo.

Dirá también a los exagerados: conteneos en los límites de la nueva ley constitucional. Si amáis la libertad, dejad libre y expedita la acción del gobierno que la protege. ¿Cómo queréis que sea fuerte contra la oposición que conspira, si vosotros le quitáis la fuerza? En fin, si aspiráis a sucederle, atacad enhorabuena nuestras personas; mas no ataquéis las instituciones que componen la fuerza del gobierno, porque una vez aniquiladas las garantías del poder, ¿cómo podréis conservarlo si algún día se rehace en vuestras manos? ¿Quién os obedecerá después de haber proclamado la desobediencia? ¿A quién contendréis en los límites de una libertad justa después de haber predicado la licencia? En fin, ¿cómo sostendréis la nueva ley habiéndola despedazado en vuestras declamaciones?

A estas operaciones debe acompañar siempre el amor de la concordia. No se crea que ésta es imposible en una nación. A pesar de la divergencia de las opiniones y de los intereses, todos son hijos de una misma patria, y la voz de un gobierno justo y prudente, que hable en nombre de ella, no será nunca despreciada.

LIBERTAD DE IMPRENTA

La libertad de imprenta, dice un escritor, fecundiza la opinión pública: amenaza al crimen; y si éste es feliz, ella es el castigo de su mismo suceso. Todos los pueblos libres la protegen; en ningún país esclavo se sufre. Roma no la perdió sino en el decenvirato de Apio y bajo el imperio de los Césares.

La imprenta es el sentido universal del cuerpo político, así como el tacto es el sentido general del cuerpo humano. Su libertad es consecuencia necesaria de la falibilidad común. Es preciso permitirla, o decir que los que gobiernan no pueden errar. Ella enfurece al espíritu orgulloso de dominación, porque le quita la máscara; ella intimida y desconcierta a la audacia y tiranía por la posibilidad sola de su vigilancia; pero estos temores que inspira son elogios serios, y una prueba más de su necesidad. ¡Feliz la libertad que va a buscar al conspirador que en las tinieblas se esconde bajo velos, o al hipócrita que se disfraza con ellos, o al charlatán que se engaña a sí mismo por el suceso que ha tenido su impostura!

¿El primer peligro público no es siempre la tiranía? ¿El instante en que acaba de nacer un Gobierno no es el momento en que se debe velar más el ejercicio del poder confiado a los que mandan?

Cuando ya está consolidada una Constitución, el tiempo ha hecho invariables los límites del círculo dentro del cual deben moverse las autoridades; pero antes de consolidarse la Ley Fundamental, una ambición desordenada, una audacia feliz pueden fácilmente saltar aquellos límites o darles más extensión.

La razón, como una antorcha, se enciende en un espacio vasto y ventilado, y muere reducida en un vaso estrecho. Leed la historia de las naciones, y veréis en ella el derecho de pensar y escribir comprimido en proporción de su esclavitud. ¿La Francia hubiera sucumbido bajo el despotismo del ministro que ocupó largo tiempo el trono en que Luis XIII parecía sentado, si filósofos elocuentes hubieran podido vengar la libertad que aquel funcionario acabó de alarmar con sus amenazas y envilecer con sus ultrajes?

Yo lo repito. Es necesario decir que los que mandan son infalibles, o permitir que se les censure. ¿Quién publicará, si no es la imprenta, sus errores, sus cargos o delitos? ¿Puede concebirse que un país sea libre cuando no lo son el pensamiento, o la palabra que es su expresión? ¿Cuándo hay pensamientos vasallos y sólo un pensamiento soberano?

La obediencia debe ser fiel; pero ilustrada. Asegurar que se le hace traición reclamando los derechos violados del pueblo es revelar ese secreto de los déspotas. Desde el momento en que un hombre o un cuerpo restringen o encadenan la libertad de escribir garantida por el pacto social, anuncian a la nación entera que el Gobierno se ha mudado o se va a mudar: publican indirectamente el manifiesto de la tiranía.

Leed los códigos de todos los pueblos libres. El de Pensilvania, en el artículo treinta y cinco, abandona expresamente las leyes a la discusión pública. La libertad de imprenta, dice la declaración de los derechos que precede a la Constitución de Virginia, no puede ser restringida sino por los gobiernos despóticos. Hablar con franqueza sobre los actos u operaciones del Gobierno es servir a la patria y a la libertad: tal es la máxima tutelar de los ingleses. La censura de aquellos actos fue también expresamente autorizada por la primera Constitución de Francia.

Llamar criminal o peligrosa la censura de un acuerdo o decreto violadores de nuestros derechos sería idea muy servil. ¿Sólo contra la tiranía antigua será permitido escribir? Cuando lo que se hace está en oposición con la justicia, con la razón, con la naturaleza, es lícito, es preciso sin duda reclamar en favor de estos sentimientos, más antiguos que todos los códigos, más respetables que todas las leyes. Hombres impuros desahogarán las venganzas de su corazón y servirán a la facción que los paga. Y la virtud, objeto de sus calumnias, ¿no podrá ser vengada con sus celosos adoradores? ¿No consideráis que se creería que teméis en tal caso los gritos del pueblo y queréis sofocarlos? Fabricio Vejento había ofendido al Senado con sus escritos. Se buscaban, dice Tácito, aquellos escritos y se leían con ardor: pero se olvidaron así que fue permitida su lectura. No son las calumnias: son los crímenes los que deshonran al poder supremo: la inepcia de los magistrados es la que los envilece.

Podría haber peligros contra una Constitución o un Gobierno cuando una sola clase de escritores, o si se quiere un solo partido, tuviese el derecho de publicar sus opiniones y pensamientos; pero si este derecho es universal, debe cesar todo temor. El mal que la Imprenta pudiera hacer se destruye entonces por la facilidad de curarle.

Cuando el cuerpo legislativo o el Gobierno prohíben o restringen la libertad de Imprenta, la prohibición o restricción sólo es relativa a los ciudadanos. Los poderes legislativo y ejecutivo conservan aquella libertad; y si llegaran a atacar los derechos del pueblo, ¿qué voz se levantará en tal caso para reclamarlos?

No digáis que los tiempos borrascosos en que vivimos exigen medidas de rigor... Vuestros raciocinios, cualquiera que sea el colorido que les deis, desaparecen ante estas cuestiones terribles. ¿Cómo se ha conservado la tiranía en todos los tiempos, en todos los pueblos? Por la esclavitud de la Imprenta. ¿Cómo se ha destruido la tiranía? Por la libertad de Imprenta. En medio de las tempestades de una revolución es precisamente cuando las pasiones aumentan su audacia y actividad... pero esas pasiones se neutralizan por su misma lucha... Su vigilancia activa compensa y repara los males que hacen nacer.

Yo me extiendo más. ¿El Gobierno representativo subsistirá en realidad cuando no hay entre los pensamientos de un Diputado y los del pueblo que lo ha elegido una comunicación abierta y necesaria? ¿Cuando los representantes no ejercen una vigilancia general? ¿Cuando no tienen el derecho de proclamar libremente o hacer que se proclame con franqueza la opinión nacional de que los representantes deben siempre ser órgano?

Se dirá que la Imprenta sirve de instrumento a algunos delitos... Pero yo quiero que en vez de hacer una ley particular sobre el agente pasivo del crimen, se haga sobre el mismo crimen. Si se roba a un autor el fruto de su trabajo, este plagio debe ser determinado en el Código Penal: si se calumnia a alguno, esta acción debe también tener lugar en el mismo Código, etc.

Una censura necesaria y justa, se dice, ¿no será para un hombre poderoso una provocación a la desobediencia? ¿Quién podrá, pues, seguir la cadena entre un escrito publicado y un atentado cometido?

¿Cómo osarás llenar el intervalo que los separa? ¿Quién os ha dicho que el proyecto del crimen no estaba ya en el alma del culpable? ¿La presunción sólo será bastante para condenar? No basta haber sido ocasión del delito: es preciso haber sido causa de él. Yo tengo una vela en las manos, y la destino a alumbrar. Si otro se quema con ella, ¿me creeréis autor del incendio?

Censurar o criticar una ley ¿es por ventura excitar a violarla? Si no es permitido criticar un decreto, ¿dónde está la esperanza de hacer que se revoque? ¿Dónde está la libertad de escribir, si un autor puede ser cargado de cadenas porque un hombre ha desobedecido la ley que aquél ha criticado? En breve se exigiría para todo lo que haga el Gobierno un respeto supersticioso; un decreto, una proclama, serían actos de fe o dogmas ante los cuales debería arrodillarse la razón.

Tú has decretado una ley injusta: yo la he criticado: otro la ha desobedecido. ¿Quién es causa de la desobediencia? ¿Tú, que has hecho la ley injusta, o yo, que he criticado tu injusticia? ¿Crees digno de cadenas al escritor enérgico que censura lo injusto? Y tú, que eres autor de la injusticia, ¿cuál es el infierno que mereces? Llamas desorganizadores políticos: denominas perturbadores del orden a los hombres justos que reclaman el cumplimiento de las leyes divinas, o humanas, eclesiásticas y civiles. Y tú, que las desprecias o has hollado, ¿cuál es el nombre que debes tener?

En una nación que comienza a existir, en un sistema que empieza a formarse, debe haber inexperiencia, equivocaciones y errores.

Pero la religión no debe ser confundida con los asuntos a que puede extenderse la libertad de Imprenta. La religión es un objeto sagrado, y sus dignos ministros merecen nuestros respetos. Que no sean nuestras manos las que toquen la religión. Su influencia es benéfica: su moral es divina. ¿Puede haber filantropía más sublime que la de identificar a todos los hombres, haciendo que en mi semejante vea otro yo?

IDEARIO DE ECONOMÍA POLÍTICA

El establecimiento de la Sociedad Económica exigía el de una clase de economía civil. Erigida para fomentar y proteger la industria, el cultivo y las artes, la ciencia que medita los progresos de ellas debía ser objeto de su celo.

Muy distinta de otras que sólo publican verdades frívolas, la economía civil no enseña una que no sea útil a los ramos de mayor interés para el público.

Es la ciencia de las sociedades civiles; la que presenta a los gobiernos principios de administración benéfica y da a los pueblos lecciones de prosperidad.

Donde ha sabido cultivarse su estudio; donde la autoridad le ha concedido la protección de que es digna; donde se han hecho aplicaciones prudentes de sus principios, la riqueza y la felicidad de los pueblos ha sido el resultado feliz.

Una legua cuadrada tiene población doble de la que hay en el área triple de otros reinos: el labrador siembra dos caballerías de tierra en el mismo espacio de tiempo en que otro sólo cultiva una; y el comerciante que en países ignorantes no sabe hacer otro giro que el de sus abuelos, en los ilustrados es creador de especulaciones siempre nuevas.

Sus progresos no han sido proporcionados a la extensión de su utilidad. El hombre es el mismo en todas las ciencias. Pierde siglos enteros en investigaciones frívolas o dañinas antes de ocuparse en las que le interesan positivamente; y no tira jamás una recta sino después de haber descrito muchas curvas.

En las primeras edades, la economía civil era tan bárbara como el hombre que empezaba a crearla.

La Grecia, modelo de perfección en otras ciencias, no lo ha sido en ésta. Oscura al principio; ocupada después en averiguar el origen del mundo, en contar sílabas o calcular la actividad de la forma; regida por legisladores que temían aun el uso de la moneda; dividida por guerras intestinas, no era posible que las ciencias económicas hiciesen progresos.

Roma, fundada sobre tierras usurpadas por la fuerza; poblada de esclavos; siempre en guerra con la constitución misma de su gobierno, tampoco podía avanzar en una ciencia, cuyos principios son más humanos que los del espíritu que dominaba, de conquista.

En los siglos posteriores los bárbaros del Norte no cultivaban otro arte que el de la caza y el de la guerra.

Después del restablecimiento de las Ciencias comenzó a hacerse estudio de la sociedad. Pero ignorados los principios no se consideró al hombre como individuo de una sola familia, encaminado por la naturaleza, siempre sabia y benéfica, a los mismos objetos a que se le procura estimular.

Cada sociedad fue vista como un cuerpo que sólo puede subsistir devorando los demás; y el hombre como pupilo que, en todos los períodos de su vida, debe ser guiado por la mano de un ayo.

Se formaron para su dirección distintos sistemas: se multiplicaron los reglamentos; y el comercio, la industria, las artes, la infeliz y desvalida agricultura, no podían dar un paso sin tropezar al instante con ejecutores puestos, en todas partes, para hacerlos observar.

La servidumbre hizo sentir la necesidad de una libertad racional. Escritores, dignos de siglos más ilustrados, comenzaron a discurrir contra las restricciones y trabas que, violentando la energía del comercio que siempre tiende a dilatarse, le reducían a un círculo muy estrecho.

Su voz, combatida al principio por el interés, por la adhesión al sistema antiguo, por la adulación que lisonjea todo lo que ve acreditado, llegó al fin a los gobiernos. Se hicieron ensayos; y la experiencia, siempre infalible, dio crédito a sus resultados.

Fue feliz la revolución de ideas. El espíritu de observación, aprovechando las que ofrecían siglos enteros de trabas y restricciones, se elevó al origen del error que las había sostenido para deducir el principio fundamental de la ciencia.

"El objeto del gobierno; el del hombre; y el de la sociedad, es uno, o debe serlo.

"El gobierno, fijo en la felicidad de los pueblos, debe asegurarla, fomentando su población, y procurando su riqueza. El hombre inclinado al mismo fin, desea reproducirse y enriquecerse.

"Si a pesar de la intensidad de sus deseos se le ve en muchos países solo, desnudo, miserable, degradado y envilecido, es porque embarazan su reproducción y riqueza obstáculos que no puede remover la debilidad de su mano, o porque le faltan auxilios que tampoco puede proporcionarse un particular.

"En vez de excitarle con estímulos inútiles, y de darle una dirección falsa, debe emplearse la protección o fuerza de la autoridad en franquear los auxilios o alejar las causas que no puede procurarse o remover un solo individuo."

Cuando llegó a discurrirse así se dio un paso inmenso en la ciencia. Se puso la primera piedra que debe servir de base; y sobre ella se levantaron teorías grandes, honor del siglo anterior.

Pero fijos los economistas en la parte a que los han inclinado sus principios, o arrastrado las circunstancias, pocos la han considerado en toda su extensión, y más raros aún los que han pensado en un curso completo de la ciencia.

El Conde Galiani, digno de los elogios que le ha dado un político tan elocuente como juicioso; Linguet, perseguido por un cuerpo que envidiaba su mérito; Necker, profundo en sus raciocinios, fijaron su atención en el comercio de granos. Campomanes, el primero o el principal que en el siglo pasado llamó a objetos útiles la de los españoles, distraída en estudios frívolos o de poco interés, dio la suya al arreglo de gremios y adelantamiento de la industria. Arriquivar, lleno de buenos sentimientos, se ocupó en criticar las máximas del Amigo de los hombres. Baudeau, defensor elocuente de los intereses del comercio, se dedicó principalmente a resolver el problema de la libertad del giro que ha dividido la opinión. El señor Jovellanos, protector ilustrado y celoso de los labradores, limitó sus observaciones a la agricultura de España. Condillac, digno sucesor de Locke en el arte de discurrir con exactitud, sólo trató del comercio en sus relaciones con el Gobierno. Hume, profundo como lo son los economistas ingleses, tampoco escribió un curso completo de la ciencia. Y la Enciclopedia metódica, escrita por el estilo de los diccionarios, no es el del género que exigen las lecciones de una clase.

Smith avanzó bastante en la ciencia: abrazó lo principal de ella en su investigación de la naturaleza y causa de la riqueza de las naciones; y si su estilo no es muy correcto, el autor fue digno de la reputación que tuvo en vida y del crédito que conservan hasta ahora sus escritos. Pero son más extensos de lo que debe ser un curso elemental: son oscuros en muchos lugares, y suponen principios en los lectores.

Algunos, secuaces ciegos de las dos sectas en que se dividieron los economistas, desde que Sully dio su protección a la agricultura y Colbert a la industria, no pueden guiar a quien debe elevarse sobre el espíritu de partido y escribir con imparcialidad.

Otros, excesivamente libres en sus opiniones, atrevidos en sus pensamientos, poco modestos en su expresión, siguieron el ejemplo funesto de aquellos que no saben escribir sobre ciencia alguna, por inocente que sea, sin mezclar sátiras malignas contra nuestra religión.

Finalmente, elevados otros a teorías sublimes, desdeñaron el trabajo que más interesa en las Ciencias: el de desnudarlas del aparato misterioso con que se han presentado; el de hacerlas populares; el de achicarlas y ponerlas al alcance de todos.

Sus obras, ceñidas a una parte de la ciencia, escritas para países de diversas circunstancias, sistemáticas, desconocidas, prohibidas o raras, no pueden servir de texto para las lecciones que deben llenar las horas de clase.

Parece necesario escribir más instituciones elementales que presenten a los cursantes la carta de la ciencia; pero no una carta topográfica que designe los lugares más pequeños, sino la general que sólo delinea los puntos principales.

Para darles la perfección de que son susceptibles sería preciso ver como ve un espíritu creador: elevarse al punto de mayor altura: tender desde allí la vista sobre lo que se ha pensado, desde el primer economista que dijo la primera verdad o el primer error, hasta el último de nuestros escritores: seguir el orden de filiación o genealogía de este pueblo inmenso de ideas: clasificarlas por caracteres fijos e invariables: distinguir las principales que forman como época, las intermedias que les sirven de punto de enlace o contacto, las útiles pero poco luminosas y conducentes al fin, y las absolutamente inútiles que son como la hez de la ciencia; formar de las primeras y segundas una serie bien ordenada, y de ella deducir las instituciones elementales.

Pero es necesario conocer las propias fuerzas. No es posible elevarse a tanta sublimidad, ni la sociedad puede exigir tanta perfección a quien sabe juzgarse con imparcialidad.

Se hará lo que pueda hacerse trabajando con celo, sacrificando otras atenciones y dedicando el tiempo casi exclusivamente a una ocupación que lo exige así:

Se abrirá la clase de economía civil, bajo la protección de la Sociedad Económica que ha acordado su establecimiento.

Sus puertas estarán francas a todos los que quieran dedicarse al estudio de la ciencia, sin sujetarlos a las inquisiciones odiosas que prescriben reglamentos dictados por el monopolio, o hechos para estancar las luces en una sola clase.

Se escribirán unas instituciones elementales, precisas, claras y propias de una clase que no había antes y que va a abrirse ahora por la primera vez, costeando su impresión y repartiendo gratuitamente un ejemplar a cada uno de los cursantes.

Se indicarán en ellas el origen de la sociedad civil, y de él se deducirá el objeto de la ciencia: se manifestará que los individuos de aquélla son impelidos al fin que se propone ésta por la fuerza secreta, pero activa, de los sentimientos que le inspiró la naturaleza; y que si no logran acercarse a él es porque les embarazan su goce causas superiores a sus fuerzas: se hará inquisición de las que las alejan o no permiten llegar al término de sus votos: se clasificarán con precisión: se discurrirá sobre cada una de ellas y se expondrá, para removerlas, los medios que ha descubierto la observación de los economistas.

Se darán lecciones los martes, jueves y sábado de cada semana a la hora y en la sala que señale la Sociedad.

Se leerá el primer día un discurso de apertura, interesando la aplicación de los cursantes al estudio de la ciencia.

Se les propondrá cada dos o tres meses puntos de discusión análogos a las lecciones que hubieren recibido para que, escribiendo memorias sobre ellos, se califique el mérito de los que se presentaron, por tres examinadores electos por los mismos entre los sujetos de crédito de esta capital y se dé por la Sociedad el primer premio que considere justo al autor de la que fuese digna de él; y

251

Se llevará un libro de matrículas de todos los cursantes, manifestando en él la fecha en que comience cada uno a serlo, lugar de su nacimiento, edad, oficio, talentos, aplicación, conducta, progresos, etc., y concluido el curso se presentará a la Sociedad un estado o lista de todos para que premie el mérito de los que lo hubieren acreditado, o lo recomiende a quien corresponda en las circunstancias y casos que les convengan.

Este es el plan de enseñanza que me ha parecido más arreglado: si la Sociedad lo juzgare digno de su aprobación, comenzaré a trabajar en ella.

14 de marzo de 1812.

GOBIERNO

Son necesarias dos cosas para que sea lo que debe ser: una sabiduría previsora que calcule los bienes y males que puede hacer una ley; forme el plan o sistema legislativo; y una sabiduría activa que, venciendo obstáculos, sepa ejecutar el mismo sistema. Ni leyes sabias sin funcionarios activos, ni funcionarios activos sin leyes sabias. Es preciso que unas tracen el plan y otros lo ejecuten.

El mejor Gobierno, decía Pope, es el mejor administrado. Pero no ha existido nunca ni existirá jamás administración buena sin plan exacto y ejecución enérgica.

Uno y otro ha faltado en los tiempos antiguos. Se ha obrado sin verdadero plan, se han expedido órdenes y cédulas aisladas, según las exigencias del momento: no ha habido unidad en las expedidas; no se ha seguido en el departamento de empleos el sistema que aconsejaba la razón; no ha habido energía en la ejecución de lo más interesante.

Se han establecido seminarios, colegios y academias para formar eclesiásticos, artilleros, ingenieros, militares y marinos, y no los hemos tenido para formar hombres capaces de trazar el plan legislativo o sistema sabio de gobierno. Ha habido escuelas para enseñar a manejar el cañón o esgrimir la espada, y no se han fundado para enseñar a gobernar. Se multiplicaban los maestros de bailes y no había un profesor para las ciencias legislativas y económicas. Se creía precisa la enseñanza del Derecho privado, y no se juzgaba necesario el Derecho público. Se abrieron clases para formar comerciantes, y no las ha habido para formar intendentes. En un orden de empleados se exigían cursos de estudio, grados y exámenes; y en otros no se pedía uno ni otro. La escala era necesaria en un departamento para asegurar el acierto en la provisión de empleos, y en otros no se estimaba precisa para afianzarlo. Para que un procurador pudiese firmar escritos hechos por un abogado, debía ocuparse de examinarlo una audiencia entera; y para que un corregidor fuese a gobernar un vasto corregimiento, bastaba que hiciese una cruz con los dedos índice y pulgar y dijese que iba a cumplir y hablar a favor de quien lo ha elegido porque merece su confianza, sin haber estudiado Derecho teórico y práctico por espacio de ocho años; y un alcalde mayor podía gobernar una provincia, sin saber si había leído el alfabeto de la ciencia del gobierno.

Se ignoraba que si un abogado debe ser letrado en la jurisprudencia, un gobernador debe serlo en la economía política, un intendente en la ciencia fiscal y un militar en la guerra. Este error produjo otros muchos, y todos unidos han hecho la infelicidad de los pueblos.

No hay empleo que no exija instrucción en quien lo sirva. Los funcionarios de la hacienda pública deben cultivar la ciencia de Necker y Sully; los del Gobierno deben meditar la de Say y Smith; los del Poder legislativo deben poseer la de Filanghieri y Montesquieu; y los del Judicial, la de Marina Heineck. Varía en la escala de empleados la suma de conocimientos que debe tener cada uno. Pero es preciso que la haya en todos, y sólo habiéndola podrá haber sabiduría en la ejecución.

Un sistema sabio de educación debe dar la universal que se extiende a todos los ciudadanos, la general de los individuos de cada clase, y la específica de los de cada especie. En cada lugar, decía Cabarrús, debe haber escuela destinada a enseñar a leer, escribir, los elementos de aritmética, geometría práctica y catecismo político. Esta enseñanza ha de ser común a todos, ricos y pobres, grandes y pequeños... Todos deben recibirla simultáneamente; y el que no la hubiere recibido, no podrá conseguir empleos... Pero criados todos uniformemente hasta los diez años, deben distribuirse después en las varias carreras a que sean llamados: debe haber colegios para las profesiones.

No hay orden alguno de funcionarios que no exija en cada uno de los que forman ciertas calidades físicas, morales y literarias. La juventud, peligrosa en unos empleos, es necesaria en otros. La integridad que basta en este departamento no sería suficiente en aquél; y las luces de un jefe de rentas deben ser distintas de las de un general.

Dos leyes son de absoluta necesidad: una que, dilatándose a toda la sociedad, trace el plan general de educación; y otra que, extendiéndose a todas las órdenes de empleados, fije las cualidades físicas, morales y literarias que ha de tener cada uno y las pruebas que debe dar para acreditar su posesión antes de entrar al servicio de un empleo.

Leyes dictadas por la sabiduría; ciudadanos formados por la educación; funcionarios provistos por la imparcialidad: éstos son los elementos necesarios de un gobierno justo. Cuando se dé a ellos toda la atención que reclamen, entonces serán felices los pueblos; y los que se placen en su bien gozarán el que desean.

AMÉRICA

El nuevo Continente estaba por la naturaleza separado del antiguo. Paralelos distintos los demarcaban; zonas diversas los dividían; océanos inmensos los alejaban.

Eran hombres los que habitaban el nuevo; lo eran también los que poblaban el antiguo. Unos y otros habían sido formados por una mano; ambos tenían un mismo origen: los de un hemisferio eran como los del otro, libres, iguales y señoriales de las propiedades que poseían.

Los americanos ignoraban la existencia de Europa; los europeos ignoraban la de América; y esta ignorancia de una y otra parte del globo garantizaba la libertad de los dos.

El sabio que todo lo indaga descubrió al fin lo que era escondido. «Debe haber otro continente», dijo Colón; y este descubrimiento del genio fue el primer origen de los sufrimientos del nuevo y de las riquezas del viejo.

España mandó a Cortés y Alvarado, a Pizarro y Almagro, a Solís y Rojas, a Bastidas y Heredia. Los españoles pisaron la América; y el americano empezó a sufrir.

Era cobrizo el color del indio, y más claro el de los españoles. Pero más blancos y más rubios que los españoles eran los alemanes; y cuando la casa de Austria quiso dominar a España, los españoles se levantaron contra ella y proclamaron a la de Borbón. El color no es título de superioridad o esclavitud. Cobrizo, moreno o blanco, eres hombre, americano infeliz; y la esencia de hombre te da derechos imprescriptibles. Las lavas del Izalco te pueden abrasar; las aguas del Lempa te pueden inundar. Pero la mano de la arbitrariedad no tiene derecho para oprimirte.

No había en América la suma de conocimientos que poseía España. Pero tampoco había en España la cantidad de sabiduría que se admira en París; y cuando París quiso regenerar a España, los españoles se alzaron contra Francia; los pueblos repelieron agresión tan injusta; y las Cortes dijeron: «La fuerza no es derecho».

No manifestaban talentos los naturales, ni se barruntaba en su descendencia la potencia divina de perfeccionarlos. Pero las obras de Anáhuac, las maravillas de Tenochtitlán, los atestaban iguales o mayores que los del español en sus primeros siglos; y cuando Cartago, ilustrada y rica, oprimió a España, ignorante y pobre, los españoles lucharon primero y quebrantaron después el yugo de Cartago. El suelo de América ha sabido brotar talentos grandes. Hijo de ella era Olavide; y este americano fue el que ilustró al conde de Aranda, uno de los ministros más dignos de serlo. En América nació Dávila, y este sabio guayaquileño fue el fundador y primer director del Gabinete de Historia Natural que no tenía Madrid y le hace tanto honor. Natural de Tizicapán era Velázquez; y este geómetra de la Nueva España, fundador del Tribunal de Minería de México, fue el que ejecutó nivelaciones y emprendió trabajos trigonométricos dignos del elogio de un sabio; formó la carta de aquel vasto imperio; hizo observaciones astronómicas, justamente celebradas; y comunicó, dice Humboldt, a los astrónomos de Europa la verdadera longitud de California, antes que estos hubiesen podido hacer observación alguna.

Los sabios no son opresores ni detractores de los ignorantes. Son amigos del hombre; preceptores de los pueblos; bienhechores de su especie. Si era ignorante el indio y sabio el español, el segundo debía dar luces al primero, hacerle bien, enseñarle sus derechos. Pero sofocar los que tenía, conquistarle, someterle a pupilaje perpetuo, a ignorancia eterna... Hombres imparciales: ¿esto es lo que dicta la razón? ¿Esto es lo que inspira la justicia?

Era despótico el gobierno de Moctezuma II. Pero los mismos españoles confiesan que lo era también el de Carlos IV. La constitución mexicana prevenía los males de la sucesión hereditaria y aseguraba los bienes de la electiva. Mandaba que hubiese elección de emperador; pero obligaba a hacerla de un individuo de la familia real. No sucedía el hijo del emperador: uno de sus hermanos era el sucesor; y el cetro no se daba a un niño sin luces, ni el gobierno era encomendado a un regente tirano. España no tenía Constitución. El despotismo había abolido la de sus antiguas Cortes. Un joven sin conocimientos ni moralidad, Godoy, era quien gobernaba la monarquía a placer de su arbitrio, sin ley ni Constitución. Bonaparte quiso darla a España; y los españoles gritaron: «Los representantes de los pueblos son los que deben formar su Constitución; solo ellos tienen este derecho; solo ellos pueden decretar leyes».

Un pueblo degradado por la tiranía puede ser protegido por un gobierno sabio y bienhechor. Pero no existe ahora ni ha habido jamás derecho alguno para destruir el despotismo que aqueja a una nación y sustituir otro despotismo, igual o más opresivo que el destruido. Pudo Roma proteger a los españoles en su alzamiento contra Cartago; pero no tuvo derecho para quebrantar el yugo cartaginés e imponer seguidamente el romano.

Ignoraba la América la religión que profesaba España. Pero España también ignoraba la de la Meca, la de los bárbaros del Norte, la de Roma y la de Cartago; y ni los sarracenos, ni los godos, ni los romanos, ni los cartagineses tuvieron derecho para conquistar a España. La ignorancia de una religión predicada en el antiguo continente no era título para sojuzgar el nuevo. Su autor divino no mandó que se conquistase el mundo. Mahoma fue el que ordenó sangre y fuego. El carácter distintivo de Jesús era la lenidad. En toda la extensión del globo se calculan ciento dieciséis millones de católicos y quinientos veintisiete de protestantes, griegos, mahometanos, etc. Los americanos no combatían la religión católica: la ignoraban solamente; y su ignorancia no era crimen suyo. Los protestantes, los griegos, etc., la desprecian, la combaten y persiguen. Si los ciento dieciséis millones de católicos no tienen derecho para conquistar a los quinientos veintisiete que desprecian nuestra religión, ¿lo tendrían para dominar a los que la ignoraban? ¿Se ha creído alguna vez que los españoles tengan derecho para conquistar a los discípulos de Confucio o a los vasallos de Kon, a los tártaros o a los chinos, a los persas o a los japoneses?

La historia comparada de España y América, el paralelo de una y otra, primero salvajes y después civilizadas, el cuadro de la primera repeliendo a sus invasores y de la segunda luchando con sus conquistadores, sería el monumento más grande de los derechos de América derivados de los mismos que ha creído tener España. Es obra que no se ha publicado hasta ahora. Algún día la escribirá algún americano ilustrado, hijo digno de su patria, defensor celoso de sus derechos.

Publiquemos entretanto la verdad. Su confesión es siempre honrosa. Aun recorriendo los espacios infinitos hasta donde puede extenderse la razón, no se encuentra título legítimo para la conquista de la América. El cañón fue el que la sometió; y la fuerza del cañón ha sido siempre fuerza y jamás derecho.

Se abolieron los gobiernos que regían al imperio de Anáhuac, a la república de Tlascala, a las naciones de los Tzutujiles, Quichés, Zapotitlecos, Choles, Cakchiqueles o Guatimalas. Se estableció otro gobierno; y el principio fundamental de este gobierno fue reservar todos los poderes a los españoles, no permitir relaciones más que con ellos, separar unas de otras las clases de americanos, aislar la América y mantenerla subordinada.

Las poblaciones debían fundarse en el centro del continente, lejos del mar que multiplica las relaciones facilitando el trato y la comunicación. Las costas debían ser yermas, salvajes y brutas para que no arribasen a ellas pabellones de otros Estados; y los puertos debían cerrarse para todos y abrirse solamente a los españoles.

En los pueblos no podían vivir unidos por vínculos de sociedad los indios, ladinos y españoles. La ley los separaba unos de otros; su mano injusta levantaba el vallado que los dividía.

Los indios debían existir aislados, distantes aun de las otras clases que vivían en la misma provincia; no podían hablar al gobierno y autoridades sino por la boca de un fiscal nombrado por el gobierno español; debían ser perpetuamente pupilos y existir bajo una tutela que les prohibía el uso de sus derechos.

Los ladinos también debían vivir alejados de las otras clases. No podían entrar en la carrera del honor; no podían pisar las universidades y colegios, unirse en las aulas con los jóvenes de otras clases, ni tener fuera de ellas las relaciones que estrechan a los funcionarios.

Los españoles americanos tampoco podían tenerlas con todos los españoles europeos. La ley prohibía a los empleados el trato, la comunicación y las relaciones; quería que viviesen aislados en la sociedad; y para que el amor no los uniese con las americanas se procuraba que viniesen casados con españolas, y se prohibía a los célibes casarse sin licencia del rey.

Ni los indios, ni los ladinos, ni los blancos podían tener otras opiniones que las que inspiraba la educación española, las que dictaba el gobierno de España o enseñaban libros escritos en la Península.

La facultad de dictar leyes, la de imponer contribuciones, la de proveer empleados, los dos poderes Legislativo y Ejecutivo, eran reservados al gobierno de España. Los virreyes eran militares nacidos y formados en la Península. La administración de justicia, la de rentas, el mando de tropas, la comandancia de puertos, las magistraturas y primeros empleos eran, en lo general, puestos en manos de españoles hijos de la Península.

El derecho de hablar es natural como el de andar; y el de escribir es lo mismo que el de hablar. Pero no era permitido este derecho de la naturaleza. No había libertad de hablar; era coartada la de leer; se prohibía la de escribir, y no se conocía la de imprenta.

Parecía imposible mudar un gobierno que había tomado medidas no combinadas para perpetuarse en los siglos. El americano volvía los ojos a su patria y veía en ella un caos de tinieblas separado del mundo que podría darle luces. Los levantaba al cielo, y en él leía escrito: «Por mí reinan los reyes y existen los legisladores».

La religión y la política parecían unidas para alejar más allá de lo posible la esperanza lisonjera de libertad. Pero los sabios penetran futuros que otros no pueden prever. Su ojo descubría lo que no veían los pueblos; su genio barruntaba la marcha progresiva del tiempo.

«No desconfíe V. M. de los indios, decía Antonio Pérez a Felipe II. Desconfíe de los españoles criollos y de los europeos aventureros que pasan a la América sin destino».

«La reina Isabel, decía Montesquieu, ha revelado al mundo un gran secreto. Es que las Indias solo están pendientes de un hilo».

«¿Cuándo serán los hombres, decía Buffon, bastante sabios para sofocar sus pretensiones, renunciar dominios imaginarios, posesiones lejanas, muchas veces ruinosas o al menos más gravosas que útiles? El imperio de España, tan extenso como el de Francia en Europa y diez veces más grande en América, ¿es acaso diez veces más poderoso? ¿Lo es tanto como si esta fiera y grande nación se hubiera reducido a sacar de su tierra venturosa todos los bienes que podía ofrecerle? Los ingleses, ese pueblo tan sensato y profundamente pensador, ¿no cometieron una gran falta extendiendo tan lejos los límites de sus colonias?

Los antiguos tenían, a mi juicio, ideas más sanas: no proyectaban emigraciones sino cuando sobreabundaba su población y no bastaban a sus necesidades sus tierras y comercio.

«Cuando se descubrieron las Indias, decía Smith, los europeos tenían tal superioridad de fuerza que podían cometer impunemente toda especie de injusticias en aquellos remotos países. Puede que en adelante lleguen sus naturales a ser más fuertes que los europeos, y puede que todos los habitantes del globo tengan algún día aquella igualdad de fuerza, que por el temor mutuo que inspire, contenga la injusticia de las naciones independientes. El comercio parece que es el agente más propio para producir esta feliz revolución... Librémosle de las trabas antipolíticas que le sujetan, y el interés bien entendido de todas las naciones llevará las luces y beneficios al más alto grado a que puedan llegar.

«La sabiduría o divisiones insensatas de los pueblos europeos, decía Condorcet, auxiliando los efectos lentos, pero infalibles, de los progresos de sus colonias, ¿no producirán en breve tiempo la Independencia del nuevo mundo? Y entonces, la población europea, haciendo rápidos progresos sobre este territorio inmenso, ¿no civilizará o hará que, sin conquistas, desaparezcan las naciones salvajes que ocupan todavía regiones vastas?»

«La decadencia pronta y rápida, decía Raynal, de nuestras costumbres y fuerzas, los delitos de los que mandan y las desgracias de los pueblos harán universal esa catástrofe fatal que debe separar al mundo nuevo del antiguo. La mina es preparada bajo los cimientos de nuestros vacilantes imperios: los materiales de su ruina se acumulan con los fragmentos de nuestras leyes, el choque y fermentación de nuestras opiniones, la destrucción de nuestros derechos que hacían nuestro valor, el lujo de nuestras Cortes y la miseria de nuestros campos, el odio eternamente irreconciliable entre los hombres bajos que poseen todas las riquezas, y los hombres robustos y virtuosos que no tienen más que la vida. A proporción que nuestros pueblos se debiliten y sucumban unos al poder de otros, la población y agricultura harán progresos en América: las artes nacerán en breve, transportadas por nuestros cuidados. Ese país, salido de la nada, arde por hacer figura en la faz del globo y la historia del mundo. ¡Oh posteridad! ¡Tú serás acaso más feliz que tus tristes y miserables abuelos! Quiera el cielo que se cumpla este último voto, y que la generación que expira se consuele con la esperanza de otra mejor.»

Dios ha oído tus voces, hombre sabio y previsor. La naturaleza habló primero en la América del Sur, después en la del septentrión, y últimamente en la del centro.

El pueblo inglés no ha cesado de luchar por ir corrigiendo su carta y conquistando sus derechos, usurpados por el trono, el clero y la nobleza. Los holandeses, los de Utrecht, Zelanda, Güeldres, Frisa, Over-Isel y Groninga se alzaron para quebrantar el yugo de España y defender su libertad, y el 23 de enero de 1583 firmaron el tratado grande de su unión. Los portugueses se levantaron para proclamar su independencia del gobierno español, y el 1.º de diciembre de 1640 manifestaron el poder que tiene la voluntad unida de un pueblo. Suecia se movió impelida por el resorte que hace obras contra el despotismo; y a principios del siglo XVIII formó la Constitución que admira a los filósofos, pone cadenas a la arbitrariedad y sostiene los derechos del pueblo.

El norte de América se puso en movimiento el año de 1774; y declarándose independiente del gobierno inglés dio esta lección a México y Guatemala, a Chile y Buenos Aires. Francia se conmovió después de 1789; y derramando luces sobre sus hijos y los de todo el globo, defendió su libertad y enseñó a los hombres a defender la suya. Los españoles se movieron también gloriosamente en 1808; y arrojando con una mano al conquistador injusto de Castilla, escribieron con otra la Constitución, que dice: «La soberanía reside en la Nación». Los castellanos volvieron a levantarse en 1820 para restablecer esa ley fundamental que garantizaba sus fueros y debía hacer su felicidad.

Los portugueses quisieron también recobrar sus derechos y, alzándose heroicamente, dijeron a la faz del mundo: «Nuestra justicia no debe ser administrada en el Brasil a dos mil leguas de distancia, con excesivos gastos y dilaciones: es imposible dar un giro regular a los negocios públicos y particulares de una monarquía, hallándose a tal distancia el centro de sus movimientos, y siendo estos muchas veces impedidos o retardados por la malignidad de los hombres, por la violencia de las pasiones y aun por la fuerza de los elementos».

Los napolitanos fueron movidos por el mismo impulso. Conocieron sus derechos; se armaron para sostenerlos; y fuerzas superiores sofocaron los primeros pasos de un pueblo que quería ser libre. El poder de la opinión triunfará al fin de esas fuerzas, y hará renacer el imperio de la justicia.

El movimiento, que en lo político es comunicativo como en lo físico, se propagó del antiguo al nuevo continente. «También soy hombre», dijo al fin el modesto y sensible americano. «Yo también he recibido de la naturaleza los derechos que ha sabido defender el europeo. Los grados de latitud hacen helado el polo, ardientes las costas de Honduras, bello al georgiano, negro al congo y cobrizo al indio. Pero el hombre es uno en todos los paralelos. Hay en Madrid más frío en invierno y más calor en estío que en Guatemala, dulcemente templada.

Pero el madrileño no tiene más derechos que el guatemalano. Aquende y allende del océano, separados por montañas o divididos por lagos o ríos, todos somos individuos de una misma especie, iguales y libres por naturaleza. Si el europeo, habitante del antiguo mundo, resiste ser administrado por gobierno establecido en el nuevo; si el español repugnó la traslación a México del gobierno de Madrid cuando Castilla era amenazada por fuerzas que se creían invencibles; si el portugués levantó al cielo sus voces cuando el rey de Lisboa se transportó a Río Janeiro; si unos y otros han creído imposible ser bien regidos por un gobierno distante de sus hogares, los americanos tenemos iguales derechos para dar el mismo grito y publicar la misma opinión.

La voluntad es la base de los pactos que someten a un hombre al poder de otro hombre; y jamás ha debido suponerse en los americanos la de estar sujetos a un gobierno tan lejano. Son prudentes, y por serlo cedieron a la fuerza cuando esta era mayor. Cesó al fin de serlo, y reclamaron al momento sus derechos, suspensos algún tiempo por la prudencia y nunca extinguidos por la justicia. La Constitución de España, declarando la soberanía de la Nación, declaró que el soberano moral eran todos los pueblos que formaban la monarquía. La mayoría de votos es la que debe decidir; y si quince millones de americanos pronuncian la voluntad de ser libres, nueve millones de españoles deben respetar los votos del mayor número. Sabedlo, hombres de todos los climas: la misma ley de España es la que ha declarado la independencia de América; ella es la que, confesando la soberanía de la Nación, mandó respetar la mayoría de esta misma Nación.

»No odio a los españoles, ni me gozo en su mal. Españoles eran los que me comunicaron la vida, los que me enseñaron la religión santa que profeso, los que me dieron el idioma hermoso de Castilla, los que formaron el patrimonio que asegura mi conservación, los que engendraron a la que es objeto de mis amores y madre de mis hijos. Recibid, padres amados de mi ser, los votos de mi gratitud. Respetaré siempre la memoria de los autores de mi existencia; pero los deberes de la filiación no son contrarios a las obligaciones del patriotismo. En América me engendrasteis. La América es mi patria, y todo ciudadano debe amar la que tenga. Si el castellano no ofende a sus hijos sosteniendo la causa de Castilla, el americano no agravia a sus padres defendiendo la causa de América. Debo sostener la de este caro continente; pero no violentaré jamás la naturaleza del americano. Que haya en Francia Robespierres sanguinarios. El carácter de un americano es la dulzura; la sensibilidad pintada en su cara, expresada en sus acentos. No seamos perseguidores injustos: amemos a todos los que respetan el orden y confiesen la justicia de nuestra causa.»

Es una la voz desde el cabo de Hornos hasta Texas. Oponerse a la libertad de América hubiera sido luchar contra el espíritu del siglo, resistir las fuerzas de la opinión, ser injusto, y hacerse objeto de la execración. Guatemala, colocada en el centro de los movimientos del mediodía y del septentrión, recibió al fin el que era preciso que tuviese. Las dos Américas han proclamado su independencia; y este suceso grande, más memorable que el de su descubrimiento, producirá en la marcha progresiva del tiempo efectos que lo serán también.

El Nuevo Mundo no será en lo futuro como ha sido en lo pasado, tributario infeliz del antiguo. Trabajará el americano para aumentar los capitales productivos de su propiedad; trabajará para presentar al gobierno, protector de sus derechos, las rentas precisas que exija la conservación del orden. Pero no se arrastrará en las cavernas de la tierra para sacar de sus entrañas los metales que debía enviar al otro continente; no remitirá la propiedad del indio acumulada con penas; no enviará los ocho o nueve millones que enviaba anualmente.

Esta suma supone cantidad inmensa de trabajo, y de este trabajo será aliviado en lo venidero, cuando las contribuciones sean únicamente para el gobierno de América, y medidas por las necesidades del mismo gobierno.

Las costas de América, dilatadas majestuosamente del Norte al Sur, se abrirán a todas las naciones amigas o neutrales. Pabellones de todos colores pintarán sus puertos y bahías. El mundo entero vendrá a ofrecerle los productos de su industria. El concurso de comerciantes de todos países hará bajar los precios; y la América, entrando al goce de uno de sus más preciosos derechos, hará lo que hace España. Comprará a quien le ofrezca mercaderías mejores y más baratas; no será ligada a la voluntad de una sola plaza de comercio; no pagará el tributo de millones impuesto por la ley que daba a un solo vendedor la facultad de señalar precio a sus mismos géneros y a los productos de un continente entero.

El americano, que apenas tenía interés en ir a costas salvajes, rara o ninguna vez frecuentadas, abrirá caminos o formará calzadas para aproximarse a puertos que le llamarán ofreciéndole las riquezas de todas las naciones. Los fletes, costosos ahora más que los valores de los frutos, no retraerán a los especuladores activos. No será el añil el único producto capaz de sufrir el transporte. Todos los vegetales útiles que puede producir un suelo que abraza todas las temperaturas serán porteados a la costa y llevados a las plazas de todo el mundo.

La agricultura, que multiplica el número de espigas a proporción que se aumenta el número de consumidores, dilatará sus cosechas abriéndose el mundo entero a sus consumos. Las pendientes de los Andes, las faldas de esas montañas, las más elevadas del globo, serán cubiertas de frutos; y los campos que ostentan en vegetaciones inútiles la energía de su fecundidad, la manifestarán en plantas provechosas, origen de la riqueza.

La marina, que hace siempre que se multipliquen las relaciones entre pueblos separados por mares, será la primera en un continente que suda hierro y cobre, brota algodones, derrama alquitranes, resinas y breas, y se ve cubierto de bosques útiles para la construcción.

La población, numerosa o menguada, según la facilidad o dificultad de las subsistencias, se reproducirá prodigiosamente en razón de la riqueza distribuida sabiamente por la libertad. No habrá desiertos sin vida ni campos sin verdor. Si en 15,005 leguas cuadradas de tierras menos fecundas hay en España 10.351,071 almas, en 408,000 leguas cuadradas de suelo más fértil habrá en América, aun suponiendo la misma proporción, 322.845,799 almas.

Los extranjeros, atraídos por la riqueza que prometerá un suelo libre y fecundo, vendrán a aumentar más la población. Traerán sus talentos, sus máquinas y sus manos. Brillará la industria europea en los talleres de América; y los hijos de ella, desenvolviendo su genio, imitarán primero y crearán después.

Cruzándose los indios y ladinos con los españoles y suizos, los alemanes e ingleses que vengan a poblar la América, se acabarán las castas, división sensible de los pueblos: será homogénea la población; habrá unidad en las sociedades; serán unos los elementos que las compongan.

Las ciencias, recibiendo luces de todos los pueblos en el comercio con todos ellos, harán progresos rápidos. La Europa, que hasta ahora no ha existido para nosotros, será un mundo nuevo descubierto a nuestros ojos: desenvolverá todas sus riquezas; presentará todos sus conocimientos. La América, no conocida más que en la superficie de algunos puntos, será otro mundo, descubierto también a nuestra vista. Los sabios, que no osaban penetrar regiones vastas asechadas para la desconfianza, vendrán a observar los tres reinos y derramar sobre ellos nuevas luces. Caerán los sistemas existentes, y se levantarán otros apoyados en bases más sólidas y observaciones más numerosas. El americano, dulce y sensible, dará su carácter a las artes y ciencias.

Recordando su antigua esclavitud hará llorar a sus semejantes; cantando su libertad penetrará de dulce gozo a la especie entera. Su imaginación fecunda creará nuevos géneros de poesía y elocuencia, otras ciencias, modelos nuevos de sentimental, tipos originales de bello. Si en la temperatura feliz de Italia fue donde se escribió el arte de amar, en el clima dulce de Quito es donde se hermoseará, glosará y perfeccionará.

La América no caminará un siglo atrás de Europa: marchará a la par primero; la avanzará después; y será al fin la parte más ilustrada por las ciencias, como es la más iluminada por el sol.

La lengua castellana, hablada por naciones independientes de Castilla, se irá mudando insensiblemente. Cada Estado americano tendrá su dialecto; se multiplicarán los idiomas; y cada idioma será un método nuevo de análisis.

Las lenguas que han conservado los indios para expresar quejas que no entienden los españoles desaparecerán en lo sucesivo cuando no sean oprimidos aquellos infelices: cuando, cayendo el muro de separación que los ha dividido de los ladinos y españoles, sea uno el idioma de todos.

Los de la América se irán hermoseando y elevando a proporción que se borren las sensaciones de tiranía y nazcan las de libertad; a medida que cesen de ser imagen de desigualdades injustas, y comiencen a ser expresión de la unidad social y la igualdad de los ciudadanos que la forman.

Los elementos, los principios, los métodos de las ciencias, poseídos ahora por un número mínimo de hombres, serán al fin populares. Habrá sabios entre los ladinos; habrá filósofos entre los indios; todos tendrán mayor o menor cantidad de civilización; y esta parte de la tierra será la más iluminada de todas.

Ilustrados con las luces de las ciencias; restituidos al goce de sus derechos; libres bajo un gobierno protector; iguales en una legislación justa e imparcial; sin reglamentos en la elección de trabajo, ni opresión en el goce de sus productos; ricos con el desarrollo progresivo de gérmenes nuevos de prosperidad, los americanos conocerán al fin que son hombres: sentirán toda la dignidad de su ser; sabrán que el rico y el pobre, el sabio y el ignorante, el título y quien no lo tenga, Newton y el indio son hijos de una familia, individuos de una especie.

El alma del americano se elevará como la del europeo. No será el indio un ser degradado que en su misma cara, en los surcos de su frente, manifiesta las señales de su humillación. Será lo que es el hombre: un ser noble que en la elevación de sus miradas da a conocer la de su esencia.

Se mudarán las fisonomías y tallas, las organizaciones y caracteres. Esos americanos tristes y desmedrados que solo hablan ayes y suspiros, se tornarán en hombres alegres, altos y hermosos como los sentimientos que darán vida a un ser. No serán humildes como los esclavos. Tendrán la fisonomía noble del hombre libre.

El indio, el ladino, que se abandonaban a los placeres del crimen, sabiendo que aun negándose a ellos no recibían los premios de la virtud, harán en lo futuro los sacrificios que exige el honor. Tendrán mérito, porque su posesión les dará derecho a la remuneración. Se ilustrarán, sabiendo que pueden entrar en el campo de las ciencias; harán servicios a los pueblos, sabiendo que los empleos se dan a quien los haga; trabajarán para poseer todas las especies de mérito, sabiendo que un gobierno imparcial les abre las puertas del sacerdocio y la guerra, de las letras y hacienda.

No se verá en los hospitales el espectáculo sensible de infelices heridos por hombres rabiosos que se exasperan viendo que hay siempre penas para sus vicios y jamás premios para sus virtudes.

Habrá ricos y pobres, ignorantes y sabios, porque en el sistema de las sociedades es difícil y acaso imposible distribuir las fortunas y dividir las luces con igualdad absoluta. Pero el pobre y el millonario, el ignorante y el sabio, serán iguales ante la ley: la riqueza no será título para oprimir; la ilustración no se ocupará en engañar; se acercarán las distancias, y el hombre andrajoso, sabiendo que es ciudadano como el rico, será menos vil, o más digno de la especie de que es individuo.

Las rentas, los hospitales, la casa de moneda, las tropas, los palacios de justicia, no estarán reunidos en un lugar acumulando la riqueza, enorgulleciendo a sus hijos, dando a una ciudad superioridad sobre todas. Se hará distribución justa para que haya equilibrio. Se establecerán en una provincia las rentas y su intendente; en otra los tribunales de apelaciones y sus magistrados; en otra las tropas y sus jefes; en otra los hospitales y sus administradores. Los hijos de una provincia tendrán entonces necesidad de los de otras; los de esta la habrán de los de aquella; se estrecharán los vínculos. Los pueblos no serán esclavos de una capital; y la sociedad será lo que debe ser: compañía de socios; familia de hermanos.

Estos sentimientos de justa libertad, estas sensaciones de igualdad bien entendida, harán nacer la moral que no puede existir entre amos y esclavos, entre opresores y oprimidos. No hollarán los unos los derechos de los otros: el hombre se respetará a sí mismo en sus semejantes; y la moralidad, que es el respeto mutuo de los derechos de todos, brillará al fin en las tierras donde ha sido más ofuscada.

No vendrán negros a las costas de América, porque a los blancos interesa que no los haya. Cesará el comercio que ofende más a la razón: no venderá el hombre a sus semejantes; y la libertad de América hará que se respete la de África.

La voz de haberse la América pronunciado independiente correrá por todo el globo. El asiático, el africano, subyugados como el americano, comenzarán a sentir sus derechos; proclamarán al fin su independencia en el transcurso del tiempo; y la libertad de América hará por último que la tierra entera sea libre.

El tiempo que antes iba estrechando los vínculos de América y España, a proporción que se generalizaban en la primera los usos, leyes, idioma y costumbres de la segunda, los irá disolviendo a medida que la una vaya mudando las instituciones, lengua, legislación y modales que había recibido de la otra. Todo se irá variando con la marcha de los siglos; y cada paso del tiempo será un espacio más de distancia entre América y Castilla.

La América será por último lo que debe ser. Colocada en la posición geográfica más feliz; dueña de tierras más vastas y fecundas que las de Europa; señora de minerales más ricos; poblada con la multiplicación de medios más abundantes de existencia; ilustrada con todos los descubrimientos del europeo, y los que estos mismos descubrimientos facilitarán al americano; llena de hombres, de luces, de riquezas y de poder, será en la tierra la primera parte de ella: dará opiniones, usos y costumbres a las demás naciones; llegará a dominar por su ilustración y riqueza; será en lo futuro, en toda la extensión del globo, lo que es al presente en Europa la rica y pensadora Albión.

Pero antes de llegar a esa cima de poder es necesario trepar rutas escarpadas, andar caminos peligrosos, atravesar abismos profundos. No nos ocultemos los riesgos de la posición en que estamos. Publiquemos la verdad para que su conocimiento nos haga más prudentes.

Somos en el punto más peligroso de la carretera; nos hallamos en el período más crítico de los Estados. Vamos a formar nuevas instituciones, a hacer nuevas leyes, a crearlo todo de nuevo.

Una población heterogénea, dividida en tantas castas y diseminada en territorios tan vastos, ¿llegará a unir sus votos sobre el gobierno que debe constituirse? ¿Las clases que han gozado serán bastante justas para dividir sus goces con las demás? ¿Las que han sufrido serán bastante racionales para no excederse en sus peticiones? ¿La opinión, varía siempre según las temperaturas, los paralelos, intereses y estados, podrá uniformarse en una extensión de tantos grados y climas? ¿La juventud, vana siempre y persuadida de saber más grande que el que tiene, respetará las luces de la experiencia juiciosa y previsora? ¿Los impostores de los pueblos olvidarán sus artes y sacrificarán a los del público sus intereses privados?

La justicia es en caos tan grande el lazo único que puede ligar intereses tan contrarios; y justicia en lo político es el mayor bien posible del mayor número posible.

Es necesario preferir la forma de gobierno menos peligrosa en circunstancias tan críticas. Pero es necesario presentar un plan que tienda al bien del máximo: es necesario formar una Constitución que haga felices a todas las clases: es necesario dictar leyes que lejos de dividir hagan una a la sociedad: leyes que no sacrifiquen los derechos de unos para distinguir o aumentar los derechos de otros: leyes que ofrezcan iguales premios a méritos iguales, y solo tengan por mérito los servicios útiles al bien del máximo: leyes que castiguen con iguales penas a delitos de una especie, y solo tengan por delito la violación de los derechos del hombre: leyes que no sean el voto de una clase, sino la expresión de la voluntad general de los pueblos pronunciada por sus representantes.

La Constitución española ha derramado luces, enseñado principios, y dado lecciones que no es fácil olvidar. Si se forma para la América una Constitución menos liberal; si se niegan a los pueblos derechos que les daba la de España, la causa justa de nuestra independencia tendrá en su mismo origen el germen de su destrucción.

Los pueblos que la proclamaron llenos de esperanzas lisonjeras; los pueblos que se pronunciaron independientes para mejorar sus destinos futuros: «Nada hemos avanzado en la ley que debe regirnos», dirían tristes primero, irritados después. «La Constitución española, respetando nuestros derechos, declaraba que la soberanía reside esencialmente en la Nación: que los pueblos son los que deben elegir sus representantes en Cortes, sus diputados provinciales, sus alcaldes, regidores y síndicos. Reservaba a los representantes de los pueblos el poder legislativo, y procuraba la unidad de la Nación estableciendo la de sus Cortes. Daba a los ayuntamientos el gobierno interior de los pueblos. Daba el de las provincias a las diputaciones provinciales y jefes políticos. No concedía a unos pueblos más derechos que a otros en el acto grande de elecciones. Los declaraba iguales a todos, porque todos son compuestos de hombres, y los hombres son iguales ante la ley».

Si en todos tiempos ha exigido la justicia que la ley fundamental respete los derechos de los pueblos, en los presentes la necesidad es mayor que en otros. Si en todos países la Constitución es la obra que más debe meditarse, en América es este deber más grande que los demás.

Que los americanos marchen gradualmente sin dar saltos precipitados, pasando del extremo en que eran a otro absolutamente contrario; que aquellos que elija la voluntad de los pueblos para legisladores de América formen una legislación que sea desarrollo exacto del principio grande de sociedad o compañía; que los escritores dignos de serlo trabajen en uniformar la opinión para que no haya divisiones sensibles; que el patriotismo de todos los ciudadanos se interese en que la América del septentrión no sea como la del mediodía, teatro funesto de guerras intestinas; que se modere la ambición, persuadida de que primero es ser que tener empleos, y que es imposible ser no habiendo orden y tranquilidad. Estos son los votos de la razón en nuestro actual estado: mis deseos, y los de todos los que aman racionalmente la América.

PODER

He aquí uno de los orígenes más grandes de las desgracias del género humano. No hay igualdad entre los individuos ni entre los pueblos. Los hombres educados son dueños de los incultos, los pueblos ilustrados dominan a los ignorantes.

Son raras entonces las virtudes, porque es difícil que las haya en señores y esclavos. El hombre que siente la superioridad de su poder se inclina a abusar de él, conoce que puede hacer todo lo que quiere, y esta triste conciencia le arrastra muchas veces a querer aún lo que no puede.

Desde que los hombres, dice un escritor, existen en sociedad, dos grandes procesos agitan el espíritu humano y arman alternativamente con la cuchilla de las proscripciones a una y otra de las partes contendoras:

1°. Ha existido antes y existe ahora un proceso entre los pueblos que quieren la libertad política y civil, y los jefes, temporales o vitalicios, electivos o hereditarios, reyes o emperadores, que quieren
tener poder absoluto.

2°. Ha existido antes, y existe ahora, otro proceso entre los pueblos que no quieren admitir otras distinciones que aquellas que sean convenientes al interés de todos; y las clases de aquellos individuos que han usurpado y quieren todavía conservar para su privativo interés privilegios honoríficos o pecuniarios.

Combate el espíritu de libertad con el de dominación o poder absoluto, combate el espíritu de igualdad con el de distinción o privilegio. Este es el cuadro de las naciones o sociedades políticas del mundo antiguo.

Los pueblos de Europa, salvajes o bárbaros primero, dominados después por Roma antigua que, liberal o justa para sí, era una tirana para los demás: invadidos posteriormente y subyugados por los godos, vándalos, hunos, etcétera, oprimidos por monarcas absolutos y ministros ignorantes o inmorales, sensibles al sufrimiento de tantos males, ilustrados en sus derechos por hombres que desde la altura de sus gabinetes derramaban luces sobre toda la especie, quieren ser menos infelices, quieren constitución, quieren una ley que señale límites a los poderes, dé a todos derechos y prescriba a todos deberes. Es justa su demanda y no tiene moral, o no habla lo que siente el que niegue la justicia de solicitud tan conforme a razón. Pero los gobiernos y las clases no quieren dejar de ser aquellos absolutos y éstas privilegiadas.

El interés personal unió a las clases con los gobiernos; y el interés, público o social unió a los pueblos entre sí. Empezó el combate o la lucha, empezaron los gobiernos a ser enemigo de los pueblos, y los pueblos enemigos de los gobiernos, y no hay armonía entre los que se mandan y los que obedecen; y la Europa se ve amenazada de todos los males temibles en posición semejante.

Los pueblos de América, salvajes también al principio, dominados después con arbitrariedad por los Incas y Moctezumas, conquistados posteriormente por los Corteces y Pizarros, envueltos en las desgracias que afligían a los europeos ilustrados con las luces que del mundo antiguo pasaban al norte del nuevo, y desde él volaban por el centro y mediodía, quieren también ser menos desventurados, quieren constitución, quieren tener cerca los gobiernos directores de sus destinos. Su demanda es igualmente justa. La religión la aprueba y la razón la defiende. Pero el mismo espíritu de privilegio y poder absoluto que repugna el bien de los pueblos de Europa resiste también el de los de América. Se ha formado una alianza que con escándalo se llama santa; y el objeto de esa santa alianza es que no haya constituciones justas, que no haya leyes iguales para todos, que el mundo nuevo esté sujeto al viejo; y dominen los poderosos absolutos.

Todo movimiento que rescinde el lazo social existente y le sustituye otro, deja en el intermedio de la operación un espacio de tiempo vacío que en la sociedad existe más bien por los vínculos morales que por los políticos. Cesa la ley antigua, aún no se ha sustituido la nueva, la dictadura que se pone en lugar de ambas sólo tiene más fuerza de opinión fundada en la celebridad de los que ejercen, más no una fuerza legal.

En esta época se forman los partidos, hacen las esperanzas ambiciosas, se comprometen los hombres unos con otros; y cuando empieza a reinar la ley nueva, encuentra ya siendo ella todavía niña y débil, crecidos y robustos los monstruos que debe combatir. En esta época interesante se hallan formados tres partidos muy caracterizados, todos igualmente garantizados por la ley.

El primero es el de los amigos del antiguo régimen. Este se compone de los intereses creados por dicho régimen y a veces aglomerados y compactos por el transcurso de muchos siglos; compone de preocupaciones, hijas de las doctrinas antiguas y envejecidas; se compone de preocupaciones hijas de hábito del temor a la novedad; del egoísmo que no quiere renunciar al descanso, aunque sea el del sepulcro, y de la inclinación irresistible que tienen todos los hombres a conservar sus ideas y sentimientos; se compone en fin de todas las ambiciones acostumbradas al imperio bajo dicho régimen y a las cuales no se les ofrece compensación alguna en el nuevo orden de cosas. A este partido llamaremos la oposición retrograda porque su objeto es hacer retrogradar la nación al antiguo sistema de gobierno.

El segundo partido es el de los que no bien contentos con la distribución del Poder en las personas a quienes lo ha dado la nueva ley, quisieran un movimiento más rápido, una convulsión más activa en la cual adquiriesen ellos más parte en la autoridad y en los intereses públicos. Este partido se compone de doctrinas exageradas, de las ambiciones no satisfechas, de los temores de que vuelva el antiguo régimen; en fin, de la necesidad de sangre que atormenta a algunos individuos de la especie humana. A este partido llamaremos la oposición por exceso, porque su objeto es desnaturalizar la nueva ley, exagerando todos sus principios y aspirando a toda la autoridad.

El tercer partido es el de los hombres que, convencidos de la necesidad de la nueva ley, la aceptan en todas sus consecuencias, la sostienen y la conservan tal como se ha promulgado.

Este partido se compone de los verdaderos patriotas, es decir, de los hombres que atienden más al bien de su país que a sus intereses y pasiones particulares; de los ambiciosos satisfechos, de los amantes de la libertad y del orden, de los comerciantes e industriosos, de los sabios, de los amantes ates de la gloria, en fin, de toda la masa culta de la población.

A este partido llamaremos el partido del Gobierno, porque dicho se está que el gobierno establecido por la nueva ley debe hallarse al frente de este partido.

No hay más medios para acallar el grito de la razón que la inquisición y el despotismo. El mundo no puede retrogradar, por consiguiente, los amigos del antiguo régimen no pueden triunfar sino por medio de la fuerza. Luego si han de recobrar su antiguo poder e influencia, han de conspirar por precisión y como están seguros de que no encontrarán en su nación los elementos necesarios para comprimir, los buscarán en las naciones extranjeras.

Rara vez se usa bien el triunfo y mucho más con enemigos que aunque humillados conservan el deseo de la victoria y quizá de la venganza. Rara vez los hombres son prudentes, mucho más con enemigos que se ven obligados a sobre vigilar constantemente. Rara vez los hombres son humanos y tolerantes y mucho más con enemigos que no dieron ejemplos de humanidad ni de tolerancia cuando tuvieron el poder en sus manos.

El gobierno y su partido darán la prueba más grande de moderación, de tolerancia, de humanidad y de prudencia con respecto a la oposición retrógrada, si se contentan con sospechar y sobre vigilar y no se extienden a insultar, a perseguir, a calumniar; pero la oposición por exceso no se contentará con esto hallándose en la misma línea militar que el gobierno, y peleando ostensiblemente bajo las banderas de la libertad, insultarán, ensañarán y perseguirán a los retrógrados hasta donde alcancen sus fuerzas, y dos motivos muy poderosos los moverán a ello: el fanatismo de opinión y la ambición del poder.

El fanatismo de la opinión, porque siempre son fanáticos los profesan doctrinas exageradas, creen que aquellas doctrinas se han creado para ellos exclusivamente, creen que ellos son la ley, que ellos solos tienen el derecho y la autoridad de defenderla, creen, en fin, que tendrán más fuerza mientras más abatidos vean a los de contraria opinión; y no cuentan con la fuerza que suele dar a los vencidos la desesperación.

Aspiran, al exterminio de sus adversarios y parece que ignoran los efectos morales y políticos del martirio. Quieren que la nueva ley no ofrezca garantías a los que no son sus amigos y en esta parte raciocinan como los déspotas, al mismo tiempo que se proclaman los liberales por excelencia.

Las dos oposiciones son un escándalo y una calamidad para las naciones. Son un escándalo porque una y otra oposición manifiestan bien a las claras la perversidad de sus intenciones o por lo menos, el delirio de sus mentes. Los retrógrados quieren poder sin libertad; los exagerados, libertad sin poder, y ambos estados, además de ser imposibles en las naciones cultas y civilizadas, son resultados del triunfo efímero de una facción; y no constituyen la situación constante y permanente de la sociedad; son una calamidad porque ¿qué puede resultar del choque de dos partidos fanáticos exclusivos, intolerantes y sanguinarios sino muerte y ruina?

El gobierno colocado en medio de ellos, comprimido sucesivamente y en sentido contrario por uno y otro, reducido a la fuerza de la ley, joven aún y poco robusta, ¿cómo podrá defenderla y defenderse contra pasiones encarnizadas? ¿Recurrirá a las transacciones con los partidos? Pero todo partido cuando transige es para dar la ley, es decir, para que el ministerio se reduzca a ser instrumento de su ambición y de sus pretensiones. ¿Peleará con ambos a la par? ¿Y cómo puede un gobierno ilustrado resolverse a sostener dos guerras civiles sobre una misma línea? ¿Y qué gobierno hay que tenga las fuerzas físicas y morales que son necesarias para sostener ambas lides? Es fácil comprimir las facciones: los partidos no se vencen, sino se convencen.

En medio de estos dos partidos de oposición turbulentos y furibundos, existe la gran masa nacional, como un escollo eminente e innoble, contra el cual vienen a estrellarse las olas encontradas que quieren dominarlo. Esta masa sosegada, y, por decirlo así, inerte, ve las agitaciones, los furores, las injusticias de los partidos; estudia en silencio los hombres, las instituciones y los acontecimientos.

Aprende a valuar los hombres y sus pretensiones, las leyes y sus resultados, los sucesos y sus causas, y como su voto ha de ser el que decida en última instancia, se toma tiempo para darle con conocimiento de causa. Esta indecisión, que es un mal durante la lucha, es un verdadero bien si se atiende a que el momento de la convulsión no es más a propósito para tomar una resolución prudente. Desgraciada de la nación que se decide con ligereza. Es verdad que ninguna se decide sino cuando la atacan en lo más vivo de su existencia. Se ha culpado mucho a los franceses por haberse determinado sin reflexión en los principios de su libertad. Sea justa o no la acusación de ligereza, que siempre se les ha hecho, lo cierto es que la imprudencia y criminal maniobra del partido retrógrado, cuando precipitó sobre la Francia toda la Europa, convirtió la cuestión de la libertad, en una lid de vida o muerte, y cuando se llega a este caso, ningún pueblo duda. Sea cual fuere la diferencia de carácter nacional, de situación política y de fuerza, los franceses de la revolución, los españoles de 1808 y los griegos de nuestros días, han tomado la misma determinación dado y el mismo grito: vencer o morir.

El objeto del ministerio debe ser reducirla a una sola, ambiciosa si se quiere, como son y deben ser todas las oposiciones, pero que no conspire ni para hacer retrogradar el sistema, ni para extraviarlo en los senderos de una libertad desconocida. El signo más cierto de haberse consolidado el sistema constitucional es la unidad de oposición; para lograr este fin, propondremos una sola máxima; pero que es fecunda de todos los principios saludables que han de dirigir al gobierno en la grande empresa de llevar al puerto la nave del Estado. Esta máxima es atender y cumplir la voluntad de la masa culta de la nación. No es difícil de acertar esta voluntad, cada día se está manifestando de mil maneras.

A estas operaciones debe acompañar siempre el amor de la concordia. No se crea que ésta es imposible en una nación. A pesar de la divergencia de opiniones y de los intereses, todos son hijos de una misma patria, y la voz de un gobierno justo y prudente, que hable en nombre de ella, no será nunca despreciada.

Después de siglos de gobiernos absolutos, opresores de los pueblos, los hombres pensaron en gobiernos constitucionales, protectores de sus derechos. La primera época debía producir la segunda. Era cosa muy natural. El dolor hace siempre pensar en el remedio.

La tierra ofrecía en otro tiempo el espectáculo triste de naciones enteras sometidas a la voluntad de un solo individuo o a los caprichos de sus validos[5].

Los reyes donaban, legaban y vendían pueblos así como los ricos venden, arriendan o regalan cabras, ovejas y caballos. Millones de hombres eran propiedad de un solo hombre.

El hombre no es propiedad del hombre. Todos son individuos de una especie: en todos hay derechos que el movimiento del tiempo no puede hacer que sean proscritos. Si se han unido en sociedad, no es para ser unos esclavos de otros. Es para su pro comunal. Las selvas serían preferibles a las poblaciones si en aquellas hubiera libertad y en éstas esclavitud.

Debe haber Poderes directores de la sociedad, ¿quién puede dudarlo? Pero esos poderes no deben ser absolutos, ni estar acumulados en un solo individuo. A excepción de la acumulación de virtudes y conocimientos, todas las demás son peligrosas cuando dan influencias excesivamente grandes. La acumulación de riquezas inmensas en una mano es temible, la de muchas autoridades en un funcionario lo es igualmente. Los Poderes deben estar sabiamente distribuidos y sabiamente limitados. Este es el objeto noble de una Constitución, esta es la necesidad primera de un Estado. El despotismo sube al trono y oprime con su masa de hierro cuando un solo hombre puede todo lo que es capaz de querer. La discordia divide a la sociedad cuando la ley no ha sabido fijar los linderos de cada Poder.

Estos principios, concentrados al principio en los gabinetes de los sabios cultores infatigables de las ciencias políticas, se fueron transmitiendo después de unas a otras clases de la sociedad. Comenzó el ejemplo en unos países, la imitación en otros, y el deseo en los demás.

Al momento que un pueblo, proclamándose independiente o libre, muda la forma de gobierno que lo regía, sus hijos se dividen en dos partidos o secciones contrarias: la de aquéllos que temen perder todo el ser que les había dado el gobierno antiguo; y la de aquéllos que

---

[5] Hombre que, por tener la confianza de un alto personaje, ejercía el poder de este.

quieren adquirir todo el que esperan del nuevo. Entre estos dos partidos hay acciones y reacciones recíprocas. El deseo que se supone en el primero de restablecer el régimen anterior exalta al segundo y le hace trabajar por la subversión de todo lo antiguo y creación de todo lo nuevo. La exaltación del segundo alarma al primero, aumenta sus temores y aviva el conato de retroceder a lo antiguo.

En esta divergencia de opiniones y sentimientos, origen primero de los partidos que dividen a las naciones y de las guerras intestinas que la debilitan o destruyen, el Poder Ejecutivo ha obrado como parecía prudente. Velando la marcha subterránea de los que puedan querer régimen antiguo, y observando los pasos de los que deseen la precipitación del nuevo, ha dicho a los primeros: "La Independencia es justa y las instituciones que la sostienen son necesarias. La nación no retrocederá de la independencia absoluta que ha proclamado con tanta justicia; y el Gobierno, inflexible en su propósito, sabrá sostenerla con constancia".

Ha manifestado a los segundos: "la razón cesa de serlo al momento que se exalta con las pasiones. Los intereses mismos de la causa que defendemos exigen que la hagamos amable por nuestra moderación. En las naciones, así como en la naturaleza, nada debe hacerse repentinamente. Se prepara primero la tierra, se siembra la semilla, se espera su desarrollo gradual, se aguarda la sazón del fruto; y se cosecha al fin cuando está maduro".

Manifestar que las reformas no deben ser repentinas o precipitadas sino graduales y preparadas con juicio, evidenciar toda la importancia de la prudencia que no decreta leyes, ni dicta medidas sin detenerse a meditar antes de acordarlas todos los bienes y males que es capaz de producir, todos los sentimientos que puede engendrar, todos los deseos que puede inspirar, todos los resultados que puede haber.

Dando esta dirección a la opinión, publicando independencia por una parte y moderación por otra, el Gobierno ha procurado mantener el orden interior, que es la condición necesaria para gozar todo bien social.

Son superiores a todo cálculo los que promete la independencia, es inmensa la voluntad de asegurar su goce, que existe en el Gobierno.

Pero de ninguno podrá disfrutarse si no hay orden interior, si no hay paz, sosiego y tranquilidad.

Un gobierno que hace sufrir y exige silencio profundo en medio del sufrimiento, que oprime con una mano y embaraza con otra las reacciones consiguientes a la opresión, que predica paz y sosiego a pueblos que con sus providencias tiende a poner en movimiento, es un gobierno despótico que ama la tranquilidad para que sea más libre la acción de la tiranía. Pero no tendrá jamás aquel carácter el gobierno que desea orden para consolidar sin tropiezos la independencia y plantear sin obstáculos el sistema, el gobierno que exige juicio y prudencia para que tenga opinión nuestra causa y sea reconocida por todas las naciones del mundo, el gobierno que quiere paz y sosiego para que el movimiento tumultuoso de las revoluciones no impida o atrase la marcha tranquila de las leyes, el gobierno que no ama la tranquilidad de los cadáveres que yacen en los sepulcros sino la de hombres alegres y contentos por los goces de sus derechos y las dulzuras de su existencia.

Los intereses de nuestra causa son los que exigen la conservación del orden. Obra contra ellos quien lo altera, desacredita nuestras instituciones quien lo turba, pone a los pueblos en la necesidad de desear cualquiera dominación que les dé paz y sosiego, quien los hace sufrir los males de la anarquía o los horrores de la revolución.

La unidad de tiempo es en los grandes planes la que multiplica la fuerza y asegura el suceso, la que hace que dos tengan más poder que un millón. Cien mil fuerzas obrando en períodos distintos sólo obran como una. Diez fuerzas obrando simultáneamente obran como diez.

Habiendo dos poderes, ceñido el uno a los actos que sean legislativos y limitado el otro a los gubernativos, se evitan los males que resultan de acumularlos en una persona o cuerpo que, pudiendo todo lo que quiere, debe temerse que quiera aun lo que no puede; y habiendo armonía entre ellos se asegura la energía que hay siempre en la unidad y se gozan los bienes que son consiguientes.

Diverso uno de otro el mundo físico y el político, en el primero, todos los seres tienden a un mismo punto por la fuerza que los arrastra a un centro común; en el segundo dirigidos a puntos opuestos cada uno trabaja en hacerse centro de los demás, cada asociación, cada pueblo, cada clase, cada individuo, tiene intereses distintos, cada interés inspira diversas ideas; y a la variedad de ideas es proporcionada la de opiniones y sistemas.

Toda acumulación excesiva es peligrosa. Toda distribución justa es útil.

La aglomeración en un individuo de autoridades oprime a los pueblos; la de fuerzas oprime al débil; la de riquezas oprime al pobre; y aun la de luces, estancadas en una clase o persona, puede ser origen de abusos.

Que una ley sabia divida las autoridades, equilibre las fuerzas, distribuya las riquezas y difunda los conocimientos. Entonces no serán los pueblos víctimas de una administración arbitraria; entonces no será el máximum sacrificado por el mínimum. Serán las naciones verdadera compañía de ciudadanos unidos para partir los bienes y los males, para cooperar a felicidad común y gozar en proporción de su mérito.

En todas las naciones del mundo las formas despóticas que hacen esclavos ignorantes han durado más siglos que las instituciones que hacen liberales que forman hombres ilustrados y libres. En todos los países de la tierra la superstición que embrutece y sacrifica la especie humana es víctima del mínimum; y la ignorancia de los pueblos es la solución de ese admirable problema.

Los hombres ignorantes son instrumentos de sus mismas desventuras. De ellos se sirve la tiranía para destruir la forma de gobierno que los protege, y establecer otra que los oprima. De ellos se los vale el fanatismo para proscribir a los sabios que los instruyen.

La opinión es el tribunal grande de los poderes supremos, y la opinión no puede formar sus juicios si no se le presentan los datos necesarios.

Cuando el movimiento del tiempo ha ido consolidando las instituciones de una nación, la antigüedad misma del gobierno impone respeto, la opinión está ya uniformada, y no hay o son muy pocos los malcontentos.

Pero cuando acaba de hacerse una revolución, cuando acaba de abolirse un gobierno y establecerse otro, entonces es preciso que haya en el Estado dos secciones; la de aquéllos que tenían interés en el antiguo y la de aquellos que lo tienen en el nuevo.

Hablo en general. No ofendo a nadie en particular. El espíritu de sátira no es mi género. A toda acción sigue la reacción cuando no hay leyes previsoras que la impidan, ni gobiernos ilustrados que sepan evitarla. Si hubo una acción para abolir el gobierno antiguo, debe temerse que haya una reacción para restablecerlo.

Pero antes de plantear el sistema general de educación, importaría pensar desde luego en una de sus más principales partes. La Constitución que ha organizado la forma de nuestro Gobierno, ha creado tres poderes, y los agentes de ellos deben ser legisladores, gobernantes y jueces o magistrados. Yo deseo pues, que se establezcan tres escuelas o aulas para enseñar al menos los principios de la ciencia de legislar, en la primera; de la ciencia de gobernar, en la segunda; de la ciencia de juzgar, en la a tercera. Si debemos tener legisladores, gobernantes y magistrados, es preciso que haya establecimientos donde se enseñe a serlo; y de otra parte, los pueblos serían víctimas de malas leyes, de malos Gobiernos, y malas sentencias.

Este es el punto grande de las sociedades políticas: lo más decisivo de sus destinos: lo más influyente en su futuro, próspero o adverso. Yo deseo: 1o.-Que en todos los pueblos del mundo se establezca la forma de gobierno más útil, respectivamente, según la totalidad de circunstancias, para hacer que los individuos del Estado tengan la que mayor suma posible de aptitud intelectual y moral; 2o.-Que se deroguen las leyes contrarias y se decreten las favorables a aquel fin; 3o.-Que se plantee el sistema de educación más benéfico para el mismo objeto.

Un sistema de gobierno que acumula en un individuo todos los poderes, somete a la voluntad de uno solo los destinos de millares. Ese individuo puede ser injusto, porque es fácil que quiera aun lo que no puede el hombre que puede todo cuanto quiere. La autoridad, expansible siempre por su misma naturaleza, se va dilatando progresivamente.

El despotismo se presenta al fin sin velos ni máscaras, y para conservarse en el trono hace lo que le inspiran sus intereses. Sabe que un pueblo ilustrado y rico reúne los poderes de la ilustración y riqueza, y armado con ellos hace respetar sus derechos. Obstruye en consecuencia las fuentes de donde fluyen las luces y riquezas;

mantiene al pueblo en la ignorancia y miseria: y eleva sobre su abyección y abatimiento a los que pueden ser apoyo de su tiranía. Mirad el Estado de Roma desde que Augusto usurpó todos los poderes, el de las otras naciones de Europa en los siglos funestos del feudalismo, el de Turquía, el de Rusia y las monarquías absolutas, ¿El cuadro de ellas no ha sido desgraciadamente el de una masa bruta de hombres pobres, ignorantes y miserables, sacrificada al poder, riqueza y orgullo de un número de señores, tiranos subalternos de vasallos o esclavos?

Si todos los poderes se depositan en individuos de una sola clase, se reproduce el mismo fenómeno con caracteres más odiosos. La que tiene la autoridad quiere extender la que ejerce para perpetuarse en el trono, está iniciada en los secretos del despotismo, y posesora de ellos, conoce que un hombre no es dominador injusto, sino quitándole las fuerzas físicas y morales, debilitándole y anonadándole. Todo es nulidad en tal posición. Un orden sólo reúne todas las existencias sociales que ha quitado a las demás clases; y ese orden muere como los individuos. Es un cuerpo siempre existente, es un Nerón siempre vivo.

La nación, que es la universalidad de individuos que la componen, la nación donde reside originalmente la soberanía, parece llamada al ejercicio de los poderes que la constituyen. Todos serían en tal hipótesis legisladores, gobernadores y jueces, la educación se acercaría al grado posible de identidad; y la filosofía no vería oprimidos en una parte y opresores en otra. Pero es imposible la ejecución de un sistema tan brillante en la teoría y tan impracticable en la realidad. Una sociedad de hombres dilatados por una área de 10, 15 o 20 mil leguas cuadradas, no podrían reunirse con la frecuencia que exigen las funciones de la soberanía, sin movimientos dilatados, penosos y costosos.

El pueblo más civilizado no sube jamás al grado de ilustración necesaria para saber dictar leyes y gobernar Estados. No ha habido en la extensión de lo pasado, ni habrá en la inmensidad de lo futuro naciones de sabios; y es preciso serlo para ser legislador.

Puede el pueblo recibir las luces de un senado que tenga el derecho de presentar proyectos de ley; puede oír la voz de oradores inspirados por la elocuencia para defender unos la afirmativa y sostener otros la contraria. Pero no podrá elevarse a la altura precisa para juzgar desde ella el proyecto del senado, el pro de unos oradores y el contra de otros; no podrá reunir toda la masa de conocimiento indispensable para descubrir en el laberinto de los intereses y en el caos de las intrigas, cuál es voz de la razón, cuáles son los acentos de la verdad, dónde está el verdadero bien de la patria. Será juguete del partido más astuto y simulado, creerá voz del patriotismo lo que es vocinglería de las pasiones....

Dividiendo los poderes se evita la acumulación de autoridad, productora casi siempre del despotismo que proscribe las ciencias y a los que las cultivan, y mantiene a los hijos de la nación ignorantes, pobres y débiles.

Todos los poderes tienen influencia muy activa en la educación intelectual y moral. Los representantes de los pueblos, los reyes o jefes, los magistrados y jueces, son los institutores primeros de las naciones. Ellos les dan lecciones más trascendentales que las de un ayo o maestro, con su vida pública y privada, con sus leyes, reglamentos y sentencias-

Los gobiernos constitucionales producen del modo posible, a más de otros, cuatro bienes muy grandes: impiden el despotismo, dan al pueblo el poder de la ilustración y moralidad, dan a los hombres de letras el de la autoridad, forman el espíritu público, garantía la más sólida de los derechos del hombre y los fueros de las naciones.

Uníos en sociedad de amigos del sistema constitucional para conservarlo en los Estados donde existe y plantearlo donde lo repugna el poder absoluto. Organizadas sobre un plan combinado sabiamente para facilitar su correspondencia y armonía y aumentar sus fuerzas multiplicando sus relaciones. Acumulad todas sus luces, hablad todos los idiomas, usad todos los estilos, aprovechad todas las influencias, haced, en fin, volar la razón por toda la tierra, para que no haya en todas las extensión de ella más que gobiernos constitucionales.

Vuestros trabajos han sido hasta hoy victoriosos. Las regiones oscuras del poder absoluto se van disminuyendo, y las de los gobiernos constitucionales dilatando cada día más. No hace muchos siglos que el imperio del despotismo se extendía a todo el globo. La América entera es ahora constitucional, la Europa lo es también en su territorio, la Grecia combate por su libertad y Grecia, que en siglos remotos tuvo el honor de ilustrar al mundo entonces conocido, y de cooperar en el XV al renacimiento de las letras, tendrá tal vez en el XIX la gloria de propagarlas por el África y el Asia. Donde hay comprensión debe haber reacción. Es ley de la naturaleza positiva como la de los cuerpos elásticos. Si ha habido en el mundo días de despotismo, tristes como los del invierno, debe haber días de libertad constitucional, alegres como los de primavera.

Recórranse uno a uno los diversos países de la tierra, y se ofrecerá a los ojos un cálculo siempre triste. Las Repúblicas donde se ha reconocido la soberanía del pueblo, y fiado su ejercicio a él mismo, o a autoridades electas por él, han sido en lo general, comparadas con otros gobiernos, como las luces o fuegos que se apagan poco tiempo después, o casi al instante mismo en que brillan.

Las monarquías constitucionales, donde los poderes están positivamente divididos, y se ejercen por autoridades en realidad independientes, son días tranquilos por la serenidad de la atmósfera; pero raros y de poca duración en el curso de tiempo. Las monarquías absolutas, donde el rey concentra en sus manos todos los poderes, son por el contrario tenebrosas y largas como las noches de los países inmediatos a los polos.

Leed todas las historias, estudiad todos los pueblos. Los Gobiernos que necesitan de la fuerza para sostenerse, los que no pueden existir sin ejércitos permanentes o renovados sin interrupción, los que mandan países donde hay más instrumentos de muerte que de que vida, más fusiles que arados, son Gobiernos precarios, efímeros y de corta duración.

La base indestructible de un Gobierno sólido es el mayor bien posible del mayor número posible. Si no han durado los Gobiernos de Europa, si se han sucedido unos a otros levantándose los segundos sobre las ruinas de los primeros es porque se ha olvidado aquel principio, es porque las legislaciones tienen el sello de la clase que las ha dictado, es porque en todas se advierte que no han sido formadas por el pueblo o sus representantes, es porque tienden a la elevación y riqueza del mínimo y a la depresión y miseria del máximo.

Comparemos unos con otros los instrumentos de la Agricultura que alimenta y de la guerra que destruye.

Arado, azadón, azadilla, hacha, piqueta, trillo, agramadera, espadilla: esto es lo que se ha inventado para labrar la tierra y dar riquezas a los hombres.

Fusiles, escopetas, carabinas, arcabuces, esmeriles, trabucos, pistolas, espadas, sables, cutos, cuchillos, puñales, machetes, espadines, lanzas, flechas, cañones de batir, cañones de campaña, cañones de crujía, morteros, bombas, balas, granadas, mazas, pilos, arietes, etcétera, esta es la nomenclatura horrorosa que ha sido necesario inventar para sostener a los Gobiernos que quieren sacrificar el mayor número al bien del mínimo.

Sed justos, como lo espero, Diputados de la América septentrional, porque sólo siéndolo se puede consolidar el orden y perpetuar la paz, buscad el mayor bien posible del mayor número posible porque buscándolo puede crearse una fuerza grande interesada en mantener el sólo reposo. Meditad los derechos de los pueblos; y fija la vista en ellos, señalando su extensión y demarcando sus límites, prevenid los males más destructores: el despotismo que mata tranquilamente en paz sepulcral, y la anarquía que devora tumultuariamente en el estrépito de las revoluciones.

Los pueblos no son en el siglo XIX lo que eran en el XII. La marcha de las luces científicas sigue leyes tan constantes como el movimiento de los rayos solares. Es preciso que los unos caminen en línea recta o lleguen al objeto según las leyes de reflexión o refracción. Es necesario que las otras marchen también en línea derecha, o descubriendo curvas según los obstáculos que encuentren.

El combate del espíritu de igualdad con el de distinción o privilegio, la lucha del espíritu de libertad con el de dominación, o poder han sido generales en las naciones del mundo. Toda transición de un sistema a otro produce necesariamente dos partidos: el de aquellos que tenían interés en el antiguo, y el de aquellos que tienen esperanzas del nuevo.

Decir que un sistema liberal muda las ideas de los que no eran adictos a la nueva forma de gobierno; y que de lo contrario sería fenómeno verdadero en política es hablar la lengua de la ironía, y olvidar las lecciones de la historia. Precisamente por ser liberal un sistema debe haber individuos de cierta clase que lo repugnen.

Por ser liberal el gobierno de Atenas había atenienses que querían hacer esclava a su patria sujetándola al rey de Macedonia, por ser liberales las pretensiones del pueblo romano las repugnaban los patricios de Roma, por ser liberal el sistema de Génova había grandes que trabajaban para que su patria fuese sometida a potencias extrañas.

Importa abrazar relaciones vastas, ejercitarse en combinaciones grandes, y dar extensión al espíritu. No conoce bien al país donde vive el que no dilata la vista por todos los que pueden tener relación él.

No se puede perder de vista a Bonaparte (dijo un escritor a fines de 1825) siempre que se trate de examinar el Estado del mundo, porque él fue el hombre que produjeron las cosas, y su carrera, su caída, su prisión, su muerte, han creado otras cosas que, unidas a las que no pudo superar, forman al presente una aglomeración de circunstancias tan encontradas que casi es imposible la marcha pacífica de todos los negocios de la Europa y de la América.

No hay una base sobre que apoyar la política, y los ministros se fatigan en vano por encontrarla. Rápidos acontecimientos los atolondran, y a pesar del laberinto de sus ideas, sofocadas con sucesos que ni aún habían previsto, quieren aparentar un semblante sereno como si nada sucediera.

ALGUNAS FECHAS DE LA VIDA DEL SABIO VALLE

1777

Noviembre 22: Nace en la Villa de Jerez de Choluteca, hijo de José Antonio Díaz del Valle y de Ana Gertrudis Díaz del Valle.

Diciembre 11: Lo bautiza José Gabriel Jalón, siendo apadrinado por Miguel Garin, natural de Ciudad de Guatemala, escribano público de la provincia de Tegucigalpa.

1787

Se traslada a la Nueva Guatemala, donde comienza sus estudios en el colegio de Belén.

1794

Diciembre: Con la ayuda de su maestro Fray Antonio de Liendo y Goicoechea y de Pedro Juan de Lara, se recibe de bachiller en filosofía y pasa a estudiar leyes y cánones.

1795

Su madre fallece.

1800

Febrero: Su padre contrae nupcias en la Villa de Choluteca con Adela de la Luz Herrera, viuda del capitán Manuel Ponce, teniente de alcalde mayor en la misma Villa.

1803

Agosto: Se recibe de abogado en la Audiencia de la provincia de Guatemala y se incorpora a ella.

1812

Febrero: Se le nombra regente de la nueva cátedra de economía política de la Sociedad Patriótica de Guatemala.

Octubre 12: En el oratorio de la Capilla Arzobispal de la Nueva Guatemala, contrae matrimonio con Josefa Valera, de la ciudad de Comayagua, hija de José Mariano Valera y Adriana Morales.

1813

Mayo: La Regencia lo nombra auditor de Guerra.

1820

Octubre 6: Publica el primer número de El Amigo de la Patria, publicación a favor de la independencia.

1821

Marzo: Es elegido alcalde de Guatemala.

Septiembre 15: Redacta el Acta de Independencia de Centro América. "El poder de la opinión hizo proclamar la independencia en paz y sosiego, sin sangre ni muertes", escribió Valle.

1822

Enero 5: Contra la vigorosa oposición de Del Valle, la junta Gubernativa de Guatemala declara la anexión de Centroamérica a México.

Marzo 10: La provincia de Tegucigalpa lo elige diputado al Congreso mexicano. Igual honor le confirió la de Chiquimula el 19 de marzo.

Mayo 7: Sale de la capital de Guatemala para Ciudad México a ocupar su puesto en el Congreso mexicano, comenzando sus funciones como diputado de Tegucigalpa
el 3 de agosto.

Agosto 5: Es nombrado miembro de la comisión de la Constitución.

Agosto 24: Por orden del Gobierno es detenido en el convento de la Merced, de donde a los dos días fue trasladado al convento de Santo Domingo. Allí estuvo preso durante seis meses, pero gozando de muchas consideraciones.

1823
Febrero 22: Encontrándose en la prisión es nombrado por Iturbide secretario de Estado y del despacho de Relaciones Exteriores.

Abril 2: Después de la caída de Iturbide, es nombrado secretario del despacho de
Justicia y Negocios Eclesiásticos, encargándole interinamente las demás secretarías de Estado.

Mayo 14: Restituido al Congreso mexicano, es nombrado miembro de la comisión especial
para fijar las bases de la Constitución.

Noviembre: Sale de Ciudad México para Guatemala.

1824
Enero 28: Regresa a Ciudad de Guatemala después de haber triunfado en el Congreso mexicano para que Centro América se constituyera como nación independiente.

Febrero 5: Toma posesión como miembro del Supremo Poder Ejecutivo de Centroamérica.

Noviembre 22: Se emite la Constitución de la República Federal de Centroamérica, sancionada en la misma fecha por el
Supremo Poder Ejecutivo integrado por José Manuel de la Cerda, Tomás O'Horan y José del Valle.

1825

Abril 12: Comienza a publicar El redactor General.

Abril 21: Contrariando el voto de la mayoría de los pueblos, que había favorecido a Del
Valle, el Congreso Federal elige como presidente de Centroamérica a Manuel José Arce.

Mayo 20: Publica el Manifiesto de José Del Valle a la Nación Guatemalana, haciendo una relación de los servicios que ha prestado a su patria, y demostrando la nulidad de la elección recaída en Arce.

Julio 8: Es nombrado enviado extraordinario y ministro Plenipotenciario ante Su Majestad británica y otros Gobiernos de Europa. Valle se excusa.

Octubre 5: La Asamblea lo nombra miembro de la comisión para redactar los proyectos del del código civil y del de procedimientos.

1826

Marzo: Diputado al Congreso Federal por el departamento de Guatemala.

1830

Septiembre 16: El general Francisco Morazán toma posesión de la presidencia de Centroamérica, cargo para el cual fue electo popularmente en competencia con Del Valle.

1831

Marzo 11: A propuesta del Senado es nombrado enviado extraordinario y Ministro Plenipotenciario ante Su Majestad el rey de Francia.

Octubre 24: El Congreso Federal lo nombra presidente de la Suprema Corte de Justicia. Se excusó.

1834

Es electo presidente de la República Federal de Centroamérica.

Febrero 22: Encontrándose en su hacienda —La Concepción‖, distante dieciocho leguas de Guatemala, cae gravemente enfermo.

Marzo 2: Fallece en el camino cuando iba hacia Guatemala para su toma de posesión. Fue enterrado en la catedral de Antigua Guatemala.

CONTENIDO

www.ingramcontent.com/pod-product-compliance
Lightning Source LLC
Chambersburg PA
CBHW071143130626
46553CB00004B/1497

* 9 7 9 8 8 9 2 6 7 5 5 0 5 *